JN090544

Q&Aでわかる外国につながる子どもの就学支援

「できること」から始める実践ガイド

小島祥美［編著］

明石書店

はじめに

　私が暮らす地域にある多くの学校は、COVID-19の感染拡大を防ぐための政府からの要請によって、2020年3月から臨時休校になりました。子どもたちにとって自粛生活が続く3月末、4歳（当時）の息子と近所の公園へ行ったときのことです。見かけたことのない、息子くらいの年頃の子どもたちが、ブランコで遊んでいました。その子たちにポルトガル語で話しかけるママの姿を見つけ、私はつい、声をかけてしまいました。すると、「去年に来日したばかりで、日本語もわからないから怖くて」と話し出すママ。恐怖感に襲われて、この1か月間は子ども3人と自宅に閉じこもっていた、というママの話は止まりませんでした。4月に入ると、近所に暮らす外国につながる子どものママたちからは、「夜勤がなくなって昼勤だけになった」「週3回の勤務になった」など、就労環境が変化していく話を聞くようになりました。「仕事を求めて引っ越すから、子どもは転校することになった」という家族もいました。また、保護者の雇止めや派遣切りによって、「高校受験に合格したけど、制服や定期券などを買うためのまとまったお金がないから」と、高校進学をあきらめる中学生にも会いました。COVID-19の拡大は、保護者の就労だけでなく、発達段階にある子どもの学びや進路をも直撃したのです。

　学ぶことができなかった／止まった時間をどのように取り戻すか。このことは、子どもたちの今後の成長や進路にも大きく関係することでしょう。外国につながる子どもの「不就学ゼロ」をめざして、これまで本気で取り組んできた私。こんなときだからこそ、ポストコロナを見据えて、外国につながる子どもたちの就学を支える体制の強化が必須と考えました。題して、「こんなときだからこそ」プロジェクトです。

　この私からの呼びかけに、情熱をもって活動されている全国の同志や仲間、尊敬する第一人者の研究者や実践者の方々から、賛同していただきました。本書の執筆者の共通点は、情熱をもって「お仕事」されている方であること。そのため、どの方も、かかわる地域や学校などの現場で培った事例や学術的な理論の根拠に基づいた実践から、わかりやすい言葉で執筆してくださいました。本書は、学校現場などで活躍されている、日本語が母語でないスタッフにもお読みいただけることをめざし、専門用語を最少限にしました。

4

＊本書で使う言葉の解説

「外国につながる子ども」

　国籍を問わず、文化的言語的に多様な背景をもつ子どものことです。本書では、学校現場での「外国人児童生徒」という呼称を改めて、「外国につながる児童生徒」と呼ぶことを提案します。

　「外国にルーツをもつ子ども」などの表現もありますが、日本に暮らす文化的言語的に多様な背景をもつ子どもを表現する言葉は、現在統一されていません。こうした子どもを日本の学校現場では「外国人児童生徒」と総称して表現されていますが、そのことにとても違和感をもつ当事者もいます。特に、外国籍であるが日本で生まれてから一度も国籍の国へ行ったことがない子、日本にルーツがあって海外で暮らしていた子、国籍の国よりも日本での生活が長い日系3世・4世にあたる子、在日コリアン4世・5世にあたる子、Japanese-Filipino childrenなど、2008年の国籍法改正によって日本国籍を取得した子たちです。なお、本書では国籍を区分する場合のみ、外国籍の子ども（児童生徒）と示します。

「外国学校」

　インターナショナルスクールおよび民族学校の総称として、また外国につながるカリキュラムにのっとって、外国の言葉で教育をする学校を示します。本書では、これまでの「外国人学校」という呼称を改めて、「外国学校」と呼ぶことを提案します。

　かつて朝鮮人学校と呼ばれたものが今日では朝鮮学校と呼ばれ、「○○人学校」と呼ばれるその他の学校も、当事者はブラジル学校、フランス学校、ドイツ学校…などと呼んでいることにならう言い方です。海外の日本人学校の例にあるように、特に国籍による入学制限を設けている場合は、個別に「○○人学校」と表記されるべきでしょうが、日本国内の外国学校でそのような例は見当たりません。

「ダイレクト受験／生」

　外国において学校教育における9年の課程を修了して、日本での高校入学をめざす受験／生を示します（学校教育法施行規則第95条第1項）。近年は、本国から公立高校へ編入学するダイレクト編入生も増えています。なお、ダイレクト受験生にもダイレクト編入生にも、日本の中学校を卒業した者は含みません。

　本書の特徴は、外国につながる子どもを誰一人取り残さないためにその基本事項をまとめたバイブルとして、ご活用いただける構成になっていることです。そのため、どのページからでもお読みいただけます。なお、登場する子どもの名前は、すべて仮名です。

　本書の出版にあたり、明石書店の深澤孝之氏および閏月社の徳宮峻氏には、編集や調整にご尽力いただきました。執筆者および編集者の方々、相談できる窓口として掲載を快諾くださった各地の活動者の皆さまに、心から感謝を申し上げます。

　前置きはこの辺までにして、外国につながる子どもの「不就学ゼロ」を願う情熱にあふれた執筆者だからこその本文を、お読みください。本書が、外国につながる子どもにかかわる情報を必要としている方々の手元に届くことを願っています。

　2021年2月　　　　　　　　　　　　　　　　　　　　小島　祥美

*目次

第3章
事例編
ケースから学ぶ進路を拓く方法

第4章
資料編

すぐに使えるおススメ情報　241

＊出典記載のない図・表・写真は、執筆者作成・撮影による。

第 1 章

基礎知識編
外国につながる子どもの状況

第1節　外国につながる子どもをめぐる教育30年間の動向

はじめに

　日本に暮らす外国籍者は、就学義務の対象外の扱いです（小島、2016）。つまり、学齢期に「日本国籍がある／ない」によって、「子ども自らが教育を受ける権利をもつ／もたない」が線引きされているのです。

　近年の外国につながる子どもの教育問題は、1980年代のバブル景気による、労働力不足が大きく関係します。この対策として、1989年に出入国管理及び難民認定法（以下、入管法）の一部が改正されました。1990年6月からの施行によって、日系三世とその配偶者と子ども（未婚未成年）に対して、就労に制限のない在留資格「定住者」が与えられるようになったのです。それによって、家族とともにブラジルなど南米で生まれた外国籍の子どもの来日が急増したため、一部の公立小中学校では、日本語がまったくわからない子どもの編入学が激増しました。これが契機となって、1991年度から文部科学省では、日本語指導が必要な児童生徒にかかわる調査が開始され、現在に至ります。

　入管法が改正して30年が経過した今日、外国につながる子どもをめぐる教育はどのように変化したか。この節では、この30年間に着目してみていきましょう。

1.　変化のない就学扱い

　国籍を問わず、すべての外国につながる子どもにも、日本の公立学校に通う道が開かれています。しかしながら文部科学省は、日本国憲法の第二十六条第2項の「国民」を「日本国籍者」と解釈（表1）することで、外国籍の子どもの保護者には義務を課さない、という対応をいまだ行っています。これは、30年の間でまったく変化ありません。その証拠に、文部科学省が毎年行う「不就学学齢児童生徒調査」では、その対象からもわざわざ外国籍の子どもを除いています。「恩恵」として通学を容認されている外国籍の子どもに対して、正確に把握する必要がない、という姿勢がうかがえます。

　しかし、納税の義務を定めた第三十条の解釈はどうでしょう。ここでは「国民」を「居住者」と使いわけて、税金をしっかり取っているのです。

表1　日本国憲法の第二十六条と第三十条（1946年交付、1947年施行）

> 教育を受ける権利と受けさせる義務
> 第二十六条　すべて国民は、法律の定めるところにより、その能力に応じて、ひとしく教育を受ける権利を有する。
> 2　すべて国民は、法律の定めるところにより、その保護する子女に普通教育を受けさせる義務を負ふ。義務教育は、これを無償とする。
>
> 納税の義務
> 第三十条　国民は、法律の定めるところにより、納税の義務を負ふ。

　就学義務の対象外という解釈によって、どのようなことが現実に起こっているか。一番の問題は、親あるいは保護者が就学手続きをしないかぎり、外国籍の子どもは不就学の状態におかれてしまうことです。「日本語を覚えてから」と、窓口で拒む担当者がいまだにいるため、就学手続きができない場合もあります。また、結核検診が自治体間で公費／私費の扱いが違うために、結核検診を受診できないことで就学できない場合もあります。そして、就学できたらかといって、継続できるわけではありません。子どもや保護者が中退を選択できる／させられる場合もあります。いじめなどの様々な理由で一定期間を欠席する外国籍の子どもに「不登校」を認めないで、学校長の判断で退学届の提出を求めることも可能になります。つまり、日本では就学義務は親が子どもを学校に通わせる義務ですが、子どもの立場からすれば、就学義務の確立によって、自らが教育を受ける権利が制度的に保障されるのです。

　このような現状のため、日本国内には学齢期であるにもかかわらず、学校に通っていない不就学の外国籍の子どもが実在します。その実態は、2019年に国が初めて外国籍の子どもの就学状況を把握したことで、ついに明らかになりました（図1）。学齢期の外国籍の子ども（12万3830人）のうち、全体の約6人に1人（18.1%）が学校に通っていなかったのです（文部科学省、2020a）。UNESCOのレポートによると、2018年時点で小学校に通っていない子どもの割合が世界で最も高い地域（サハラ以南のアフリカ地域）では、約5人に1人（19%）でした（UNESCO、2019）。つまり、外国籍の子どもは、世界で最も小学校に通っていない地域の子どもと等しい割合で

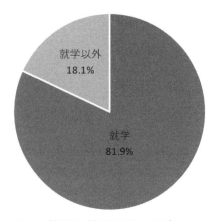

図1　就学と就学以外の比率

出典：文部科学省（2020a）より筆者作成

表2　規定が有る（明示されている）自治体の状況

出典：文部科学省からの提供資料*¹により、筆者作成

---

a「教育委員会の事務組織に関する規則において分掌規定が有る」も、b「自治体の規則・内部規則等において就学案内や就学に関する手続きについての規定が有る」も、いずれも有る**26自治体**
北海道北見市、遠軽町、青森県弘前市、宮城県栗原市、栃木県足利市、真岡市、埼玉県蕨市、千葉県市原市、東京都足立区、神奈川県相模原市、藤沢市、岐阜県岐阜市、可児市、静岡県島田市、焼津市、掛川市、御殿場市、袋井市、清水町、愛知県刈谷市、高浜市、三重県四日市市、松阪市、大阪府大阪市、兵庫県宝塚市、愛媛県松山市

aのみの**107自治体**
青森県今別町、岩手県一関市、葛巻町、山形県鶴岡市、寒河江市、長井市、大石田市、福島県喜多方市、相馬市、平田村、茨城県古河市、栃木県栃木市、佐野市、鹿沼市、壬生町、群馬県伊勢崎市、中之条町、埼玉県さいたま市、深谷市、富士見市、吉川市、三芳町、千葉県流山市、袖ケ浦市、香取市、東京都品川区、豊島区、利島村、神奈川県小田原市、逗子市、大和市、伊勢原市、寒川町、新潟県新潟市、新発田市、十日町市、石川県白山市、野々市市、長野県上田市、駒ヶ根市、軽井沢町、阿南町、岐阜県大垣市、美濃市、美濃加茂市、各務原市、飛騨市、七宗町、静岡県浜松市、富士市、藤枝市、長泉町、吉田町、愛知県豊橋市、豊川市、豊田市、安城市、新城市、東海市、田原市、みよし市、飛島村、三重県鈴鹿市、亀山市、伊賀市、滋賀県彦根市、滋賀県長浜市、甲賀市、野洲市、高島市、東近江市、米原市、大阪府貝塚市、泉佐野市、交野市、阪南市、兵庫県姫路市、相生市、小野市、加西市、朝来市、奈良県奈良市、天理市、鳥取県米子市、岩美町、島根県松江市、出雲市、岡山県備前市、広島県呉市、竹原市、山口県光市、長門市、愛媛県久万高原町、佐賀県伊万里市、長崎県西海市、熊本県合志市、菊陽町、御船町、大分県佐伯市、豊後高田市、宮崎県都城市、延岡市、木城町、鹿児島県鹿屋市、出水市、さつま町、沖縄県沖縄市

bのみの**38自治体**
北海道西興部村、岩手県盛岡市、北上市、滝沢市、宮城県仙台市、栃木県那須塩原市、群馬県富岡市、埼玉県川口市、上里町、千葉県千葉市、東京都新宿区、杉並区、武蔵野市、日野市、神奈川県茅ヶ崎市、中井町、新潟県長岡市、石川県金沢市、長野県長野市、愛知県名古屋市、瀬戸市、半田市、津島市、あま市、東浦町、京都府京都市、長岡京市、八幡市、大山崎町、大阪府枚方市、門真市、兵庫県尼崎市、川西市、奈良県生駒市、鳥取県八頭町、広島県広島市、福岡県北九州市、大分県別府市

あるのです。このゆゆしき事態を放っておくことは、未来にそのまま跳ね返ってくることでしょう。

　この調査では、「外国籍の子どもの教育」についての規定の有無も把握されました。文部科学省が外国籍者を「就学義務の対象外」と扱うことで、全国の教育委員会および自治体の90.2％（1570自治体）では、外国籍の子どもの教育に関わる業務が、「職務」として位置づけられていなかったのです。つまり、ほとんどの自治体では、外国籍の子どもの教育に関わる業務が「担当者しだい／任せ」になっているといえるでしょう。表2は、規定が有る（明示されている）171自治体をまとめたものです＊1（小島、2021）。

　日本で学校に通っていない外国籍の子どもは、実は健康も守られていません。なぜならば、日本では子どもはすべて、学校教育法第一条で定めるところの日本の学校（一条校）に通っていることが当然とされているからです。法的に学校を区分すると、一条校、専修学校、各種学校の三つとなりますが、外国学校はじっさいのところ、各種学校しか選択できません。そのため、朝鮮学校は全て各種学校、ブラジル学校は一部が各種学校であとは無認可、インターナショナルスクールは一条校から無認可まで、という現状です。このようななかで現行では、学校での健康と安全の対策にかかわる「学校保健安全法」「独立行政法人日本スポーツ振興センター法（災害共済給付付）」「学校給食法」は、各種学校を対象外と扱っています。そのため、外国学校では公費で学校健診さえも行うことができないのです。日本の学校に通っていない子どもや外国学校に通う子どもは、ここでも除外されています。

　そこで私は、複数の外国（ブラジル）学校で医師や自治体などの協力を得て、子どもたちの健康診断を行いましたが、両耳で十分に聞こえない子や両目で十分に見えていない子と出会いました（小島、2015）。こんなことが、公然と許されたままでよいのでしょうか。

2.　数字で見る30年間

　外国につながる子どもの変化について、国の統計から数字で確認してみましょう。

1）多様化する外国につながる子ども

　法務省の在留外国人統計から、0歳から14歳までの人数をまとめたものが、図2です。30年間で、約9万人（約1.6倍）も増加したことがわかります。特に、「0〜

16

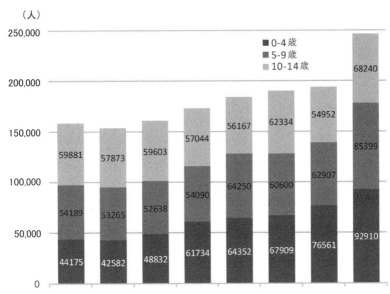

図2　0〜14歳の在留外国人数の推移　　　　　　　　各12月末現在
出典：法務省「在留外国人統計」（各年）より筆者作成

表3　外国につながる子どもの出生数の推移　　　　　　　　（人）

	a 総数	父母とも日本	b 父母とも外国	c 父母の一方が外国	比率 (b+c)/a
1989年	1,253,981	1,234,626	7,179	12,176	1.5%
1995年	1,197,427	1,166,810	10,363	20,254	2.6%
2000年	1,202,761	1,168,210	12,214	22,337	2.9%
2005年	1,073,915	1,040,657	11,385	21,873	3.1%
2010年	1,083,616	1,049,339	12,311	21,966	3.2%
2015年	1,020,035	986,642	14,314	19,079	3.3%
2019年	883,566	847,836	18,327	17,403	4.0%

出典：厚生労働省「人口動態統計」（各年）より筆者作成

4歳」の増加が著しいです。

　そのことは、出生数をみるとよくわかります。表3は、厚生労働省の人口動態統計からまとめたものです。30年間で「父母ともに日本」の子は減っていますが、

「父母ともに外国」と「父母の一方が外国」の子がいずれも増加しています。特に「父母とも外国」の子は、約2.5倍も増えています。2019年に生まれた子の25人に1人が、外国につながる子であるのです。

　そのため、外国につながる子どものなかには、「日本で生まれて一度も国籍の国（地域）へ行ったことがない」という外国籍の子をはじめ、ペルー人の父とフィリピン人の母など、両親が異なる国籍のカップルの間に日本で生まれ育った子、日本国籍であっても国際結婚の両親をもつために、家庭では日本語以外の言語を使う子がいます。兄は外国籍だけど弟は日本国籍など、同じ両親から生まれているが出生時の認知の関係で兄弟間でも国籍が異なる子、日本人の両親をもつが外国での生活が長いために日本語より外国語を得意とする子、将来を考えて帰化する外国籍の子もいます。

　このように子どもの背景は多様であるため、外国につながる子どもとは、外国籍や日本語を母語としない子どもだけではないことがわかります。国籍や母語が、必ずしも出生地や育った地を示すものではないからです。子どもは、生まれ育った場所、移動の経験やその時期、家庭の文化などのさまざまな影響を受けて育ちます。しかし、「外国籍」というだけで、学校などでは行ったこともない国籍の国の文化を強要されたり、就職などでは希望する職種につけなかったりなどで苦しむ子がいます。学校で「通名」を使用する場合、外国につながる子どもとは見なされない状況があり、彼（女）自身のアイデンティティが揺れはじめ、国籍をめぐる葛藤や社会的差別の現実を感じています。したがって、外見や名前だけでは判断できないことに留意すべきです。

2）増加する日本語指導が必要な児童生徒

　1991年度から始まった「日本語指導が必要な児童生徒の受入れ状況等に関する調査」は、公立学校に通う児童生徒を対象に行われています。1991年度から最新の2018年度までの外国籍の児童生徒数を比較したものが、次ページの表4です。調査対象が年によって異なりますが、a計をみると、この間にとても増えていることがわかります。特に、b児童生徒総数に対して、日本語指導が必要な児童生徒数の占める比率が年々高くなっています。2018年度をみると、公立学校に通う外国籍の児童生徒の約2人に1人（43.8％）が、日本語指導を必要としているのです。

　さらに、盲・聾・養護学校（現在は特別支援学校）の調査が開始した1999年度と

表4 公立学校における外国籍の日本語指導が必要な児童生徒数と
　　　児童生徒数の推移 （人）

| | 学校種別　日本語指導が必要な児童生徒数 * | | | | | | b 児童生徒総数 ** | |
	a 計	小学校	中学校	高校	義務教育学校	中等教育学校	特別支援学校等		a/b
1991 年度	5,463	3,978	1,485	—	—	—	—	69,739	7.8%
1995 年度	11,806	8,192	3,350	264	—	—	—	82,164	14.4%
1999 年度	18,585	12,383	5,250	901	—	—	51	80,353	23.1%
2003 年度	19,042	12,523	5,317	1,143	—	10	49	70,902	26.9%
2008 年度	28,575	19,504	7,576	1,365	—	32	98	75,043	38.1%
2012 年度	27,013	17,154	7,558	2,137	—	24	140	71,545	37.8%
2018 年度	40,755	26,316	10,260	3,677	184	41	277	93,133	43.8%

*高校は1995年度から、盲・聾・養護学校は1999年度から調査を実施
**1991年度は小中学校、1995年度は小中高校の総数

出典：文部科学省（各年）より筆者作成

最新の2018年度に注目してみましょう。学校種別に比べると、小中学校は約2倍の増加ですが、特別支援学校等は5.4倍、高校は4.1倍も増加しています。この増加の背景には、2006年度の調査で「日本語指導が必要な児童生徒」が定義された[*2]ことが関係します。その証拠に、b児童生徒総数を比較すると、この20年間で変化していません。つまり、「日本語指導が必要な児童生徒」が定義されたことで、その理解が現場でじわじわと進み、その存在が学校で「認識」されるようになったともいえるでしょう。

　日本語指導が日本国籍の児童生徒数が公表されたのは、2003年度からです。これまでの結果をまとめた表5をみると、15年間で約4倍も増加しています。表3で確認した、外国につながる子の出生数の増加とも関連しています。

　では、最新の2018年度の結果に注目してみましょう。母語別に比べたものが、図3です。日本語指導が必要な外国籍の児童生徒では、ポルトガル語、中国語、フィリピン語、スペイン語の順で多く、日本国籍の児童生徒では、フィリピン語、中国語、英語の順で多いです。しかし、いずれも「その他」も多く、多言語化していることがわかります。そして、公立小中学校の学校数をみると、在籍する学校では「1人」も「5人以上」（100人以上は13校）も多いことがわかります（図4）。しかし、こうした日本語指導が必要な児童生徒が在籍する学校数は、全国の公立小中学校

表5　公立学校における日本語指導が必要な日本国籍の児童生徒数の推移

(人)

	計	小学校	中学校	高校	義務教育学校	中等教育学校	特別支援学校
2003 年度	2,886	2,122	582	166		2	14
2008 年度	4,895	3,593	1,072	197		16	17
2012 年度	6,135	4,609	1,204	273		17	32
2018 年度	10,371	7,669	2,071	495	42	42	52

出典：文部科学省（各年）より筆者作成

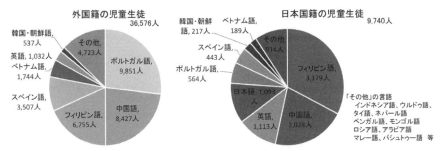

図3　公立小中学校における母語別の日本語指導が必要な児童生徒数

出典：文部科学省（2020b）より筆者作成

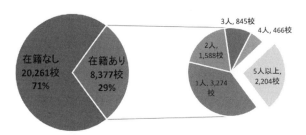

図4　公立小・中学校に日本語指導が必要な児童生徒が在籍する学校数（公立小・中学校28,638校）

出典：文部科学省（2020b）より筆者作成

（2万8638校）のうちの3割程度です。日本語指導が必要な児童生徒の在籍する学校が限られていることから、その受け入れ体制は、自治体間だけでなく学校間でも、大きく異なるのです。

　しかしながら、これまでの各地の実践から、「日本語指導が必要な児童生徒が少ないから」「指導者がいないから」などは、外国につながる児童生徒に対して指導できない理由にはならないことも明らかになっています（第2章Q13／第3章1節参照）。

3.　自治体間の格差が大きい高校進学

　この30年の間、外国につながる子どもが多く暮らす自治体や学校では、子どもの多様性に伴った、豊かな教育実践が行われました。それは、国が何の方策もないままの「現場任せ」にした「無責任さ」から生まれたものです。それに加え、外国につながる子ども自身の努力によって、この30年間で高校進学をめざす子どもは、確実に増えました。しかしながら、高校進学には大きな壁があります。それは、外国につながる子どもにかかわる公立高校の入試制度の違いです。本人の努力とは関係なく、自治体間での制度の違いで高校へ進学できないという問題は、いまだ解決できていません。

　その代表例が、公立高校における入試での特別な配慮事項としての「特別措置」（以下、措置）と「特別入学枠」（以下、枠）の違いです。「措置」とは、一般入試を一般の生徒とともに受験する際に、何らかの措置を受けられる場合を示します。例えば、受験時間の延長、問題文の漢字にルビ、別室での受験、注意事項の母語表記、教科減などです。また「枠」とは、特定の高校で特別な試験を受けられる場合を示します。例えば、県内の3校では学力検査を作文と面接のみで実施などです。

　この実態について、私もメンバーの一人である外国人生徒・中国帰国生徒等の高校入試を応援する有志の会では毎年調べています[*3]。2021年度入学者（外国人生徒）を対象にした入試について、都道府県別に全日制の公立高校での状況を示したものが、表6です（有を「○印」、無を「×印」、その他を「△印」を示します）。「枠」で「○印」がある自治体については、a来日年数、b定員確保（定員数が明確でその数まで合格を認めている）、c定員数の3点を比べることで、「○印」が同じ内容でないことがわかるでしょう。c定員数が、募集数の定員内（枠内）／定員外（枠外）のどちらか、そしてb定員確保の有無が、d合格者数に現れています（dは2020年度入

表6　全日制の公立高校入試における外国人生徒に対する措置と枠の状況
（2021年度入学者入試）

	措置	枠				高校入学後の支援	
		a 来日年数	b 定員確保	c 定員数	d 合格者/受験者*		内容
北海道	△	×					○	学校ごと
青森県	△	×					×	大学の協力有
岩手県	○	×					×	
宮城県	○	×					○	学校ごと
秋田県	○	×					×	
山形県	△	×					×	
福島県	×	○定員外	3年以内	×	7校 若干名	3/3	○	教員加配 （日本語支援）
茨城県	×	○定員外	3年以内	○	全校 2名以上	18/21	×	
栃木県	○	×					×	
群馬県	○	×					○	1校で日本語指導等
埼玉県	×	○定員内	通算 3年以内	△	12校 計90名 以内	30/46	○	日本語支援員を全日制18校、定時制19校に配置
千葉県	○	○定員内	3年以内	×	12校 計概ね106名以内	32/57	○	外国人児童生徒等教育相談派遣事業
東京都	○	○定員外	3年以内		8校 180名	136/212	○	取り出し授業等学校による
神奈川県	○	○定員外	通算 3年以内 就学前除く	○	10校 105名	110/124	○	日本語の授業、教科における個別対応授業、通訳対応等
新潟県	×	○定員外	海外2年以上、入国が3年以内	×	全校若干名	6/6	×	
富山県	○	×					○	双方向通訳機（4校）
石川県	○	×					○	学校によって
福井県	○	○定員内	なし	○	2校 計13名 程度	3/5	○	支援員の配置
山梨県	×	○定員外	7年以内	○	全校 クラス数 相当数	5/5	○	3校にて、日本語指導を特に必要とする生徒を対象にした教育課程
長野県	○	×					○	高校生活支援相談員を派遣
岐阜県	○	○定員外	3年以内	×	全校 3名程度	14/16	○	一部の学校に適応指導員を配置
静岡県	×	○定員内	3年以内	×	9校 若干名	19/26	○	日本語教育、キャリア形成支援等

県名								支援内容
愛知県	×	○定員内	6年以内	無回答	11校5%程度	38/63	○	外国人生徒教育支援員の配置等
三重県	○	○定員内	6年以内	△	15校5名1校10名以内	非公開	○	日本語指導非常勤講師等の配置、通訳・翻訳業務の支援
滋賀県	○	×					×	
京都府	○	×					○	授業サポート、取り出し授業、個別補習等
大阪府	○	○定員内	小4以降編入	○	7校96名	94/116	○	教育サポーター派遣等
兵庫県	○	○定員外	3年以内	○	5校×3名計15名	13/15	○	子ども多文化共生サポーター配置等
奈良県	×	○定員外	小4以降編入	△	2校×5名1校×6名以内	5/5	○	「取り出し」授業で日本語指導、外国人生徒支援員の派遣
和歌山県	○	×					○	1校に日本語指導教員配置、他は学校ごと
鳥取県	○	×					×	
島根県	○	×					○	1校に日本語の授業
岡山県	△	×					×	
広島県	○	○定員外	6年以内	×	全校2名以内	無回答	○	非公開
山口県	×	×					○	事情によって支援内容を検討
徳島県	○	×					○	日本語講師の派遣
香川県	○	×					○	学校ごと
愛媛県	○	×					×	
高知県	△	×					×	
福岡県	○	○定員内	小4以降編入	×	全校定員内	無回答	×	
佐賀県	○	×					×	
長崎県	○	×					×	
熊本県	○	○定員内	小4以降編入	×	全校若干名	非公開	×	
大分県	○	○定員外	6年未満	×	1校若干名	非公開	○	1校日本語指導コーディネータの配置等
宮崎県	○	×					×	
鹿児島県	○	○定員内	海外3年以上、入国が3年以内	×	全校若干名	無回答	○	実情に応じて各学校ごと
沖縄県	△	×					○	補習等、本人の状況に応じた配慮

＊2020年度入試の結果

出典：外国人生徒・中国帰国生徒等の高校入試を応援する有志の会調べより、2020年12月末現在の調査集計に基づき、筆者と高橋清樹（第2章のQ15執筆者）で作成

試の結果）。加えて、どの入試方法で合格したかによって、高校入学後に受けることができる支援が異なる自治体もあります。その一方で、「措置」も「枠」も設けていない自治体もあります。

　こうした自治体間の「違い」が、外国につながる子どもの高校進学での大きな壁になり、子ども本人の進学意欲にも影響を与えてしまっているのです。そのため、すぐにできる中学校でのサポートの充実化（第2章Q14参照）をはじめ、地域での高校進学ガイダンスの実施やそこにつながること（第2章Q15参照）は、とても重要です。

4.　外国につながる子どもの教育を支える通知文

　おかしなことですが、就学義務の対象外の扱いであることで、自治体や学校長の「裁量」によって、外国につながる子どもは未来までも左右されることが多々あります。子どもにとっての「最善の利益」のために、外国につながる子どもの教育関係者は、かかわる最新の情報と事例の把握、多様な機関とのネットワークを築くことが非常に重要です。ここでは、就学にあたって個別の事情に合わせた「柔軟な判断」につながるための根拠となる、文部科学省から出された通知などを紹介します。

　2019年4月、外国人労働者の受け入れを拡大する入管法が施行しました。これによって、外国につながる子どもにかかわる教育の扱いが大きく前進しました。それを示すものが、2020年7月1日に通知された「外国人の子供の就学の促進及び就学状況の把握等に関する指針の策定について」（2文科教第294号）です。これは、これまでの通知など[*4]を包括する内容です（表7）。特に、日本の小中学校に在籍する児童生徒の帳簿である「学齢簿」で、外国籍の子どもも日本国籍の子どもと同様に管理・把握することが明文化された点は、注目すべきです。さらに、外国学校等の在籍状況と出入国記録の確認と自治体の独自調査の実施（第3章11節参照）によって、各教育委員会は外国籍の子どもの就学状況を正確に把握できるようになります。これによって、外国籍の不就学の子どもは確実に減少することでしょう。

　2020年7月1日の通知には含まれなかった、これまでの通知などでは言及済みの、大きな三点をここで説明します。

　一つ目は、在留資格の有無にかかわらず、すべての子どもが就学できることです（第3章9節参照）。このことは、「外国人児童生徒教育の充実について」（18文科初第368号）として、2006年6月22日に通知されました。この通知文の「就学手続き時

表7 「外国人の子供の就学促進及び就学状況の把握等に関する指針」の概要

●外国人の子供の就学の促進及び就学状況の把握
（1）就学状況の把握
・連携して学齢簿の編製にあたり一体的に就学状況を管理・把握
・外国人学校等も含めた就学状況を把握
（2）就学案内等の徹底
・住民基本台帳等の情報に基づいて就学案内を送付
・外国人が日常生活で使用する言語を用いることにも配慮
・個別に保護者に連絡を取って就学を勧める
・連携して様々な機会を捉えて、外国人の保護者に対する情報提供を実施
・プレスクールや来日直後を対象とした初期集中指導・支援を実施するなど、円滑な就学に向けた取組を進める
・就園機会を確保するための取組を進める
（3）出入国記録の確認
・外国人の子供の就学状況の把握に際し、在留外国人出入国記録の照会等の手段を活用
●学校への円滑な受入れ
（1）就学校の決定に伴う柔軟な対応
・通学区域内の学校で十分な受入れ体制が整備されていない場合は、就学校の変更を認める
（2）障害のある外国人の子供の就学先の決定
・言語、教育制度や文化的背景が異なることに留意し、丁寧に説明して十分な理解を得る
・就学時に決定した「学びの場」は固定ではなく、柔軟に変更できるようにする
（3）受入れ学年の決定等
・一時的又は正式に、日本語能力・学習状況等に応じた下学年への入学を認める
・学齢期であれば、本人の希望に応じて年齢相当の学年への編入学を認める
・進級及び卒業に当たり、保護者から補充指導や進級、卒業の留保に関する要望がある場合には柔軟に対応するとともに、校長の責任においてそれらの措置をとる
（4）学習の機会を逸した外国人の子供の学校への受入れ促進
・本人や保護者が希望すれば、公立校への円滑な編入が行われるように措置
・日本語能力が不十分である場合は日本語教室等において受け入れるなど、学校生活への円滑な適応につなげるための教育・支援等を行い、望ましい時期に学校に入学させる
（5）学齢を経過した外国人への配慮
・本人の学習歴や希望等を踏まえ、公立中学校での受入れが可能
・夜間中学を設置している自治体では、入学が可能であることを案内
（6）高等学校等への進学の促進
・中学校等において、早い時期から進路ガイダンスや進路相談等の取組を実施
・公立高等学校入学者選抜において、外国人生徒を対象とした特別定員枠の設定や受検に際しての配慮等の取組を推進

出典：文部科学省（2020c）より筆者作成（太字下線筆者）

の居住地等確認方法の弾力化」のなかで、「柔軟な対応を行うこと」として、「居住地等の確認に関して、一定の信頼が得られると判断できる書類による確認」*5によって就学手続きができることが説明されています。なお、2012年7月5日の「外国人の子どもの就学機会の確保に当たっての留意点について」（24文科初第388号）によって、外国人登録法廃止に伴い、外国人登録証明書から在留カードまたは特別永住者証明書に変更しても、内容は引き継がれています。

　二つ目は、外国の高校から日本の高校への編入学が可能であることです。このことは、「学校教育法施行規則の一部改正について」（文初高第72号）として、1988年10月8日に通知されました。第1学年の途中の場合でも編入学を行うことができることなどが説明されています。2013年5月20日付の「高等学校における保護者の転勤以外の事情により海外から帰国した生徒に対する編入学の機会の拡大等について」（25文科初第243号）でも、同じ内容が再度通知されています。そして実際に、ダイレクト編入学者を多くの自治体が受け入れています（第2章Q16参照）。

　三つ目は、日本で就職を希望する高校を卒業予定の外国籍生徒の在留資格の取り扱いです。このことは、「高等学校等卒業後に本邦で就職を希望する外国籍を有する者の在留資格の取扱いの変更について」（元教参学第50号）として、2020年3月26日に依頼として出されました。子どもの将来を左右する在留資格であるため、中学生や高校生の進路の指導にかかわる人は必読です（第2章Q20参照）。

5．多様な試みを認めあおう

　どんな教育を実践したいか。それは、今の私たちの「知恵」しだいでもあります。近年になって、外国につながる子どもの教育にかかわる二つの大きな法律が施行しました。この法律を生かすことで、地域の実情にあわせた豊かな教育が実践できるからです。

　一つ目の法律が、「義務教育の段階における普通教育に相当する教育の機会の確保等に関する法律」（2016年法律第105号）です。基本理念（第三条の4）として次のように定められています。

　　義務教育の段階における普通教育に相当する教育を十分に受けていない者の意思を十分に尊重しつつ、その年齢又は国籍その他の置かれている事情にかかわりなく、その能力に応じた教育を受ける機会が確保されるようにする

とともに、その者が、その教育を通じて、社会において自立的に生きる基礎を培い、豊かな人生を送ることができるよう、その教育水準の維持向上が図られるようにすること。(太字下線筆者)

これによって、学齢を超えた外国籍者の「教育への権利」(第1章2節)が確立しました。現在文部科学省は、この権利を保障する一つの方法として、すべての都道府県および政令都市に少なくとも1校の公立夜間中学の設置を促進しています。しかしながら、2020年9月現在では、10都府県(34校)の設置のみです。学び直し支援の環境にも、自治体間の格差があります(小島、2020)。早急な解決のためには、該当する人の存在を社会に「見える化」することが必須です。

二つ目の法律が、「日本語教育の推進に関する法律」(2019年法律第48号)です。基本理念(第三条の7)として「日本語教育の推進は、我が国に居住する幼児期及び学齢期にある外国人等の家庭における教育等において使用される言語の重要性に配慮して行われなければならない」(太字下線筆者)とされ、そのための連携強化(第七条)が定められています。子どもの言語発達において幼児期の母語を育てることの重要性は、第1章の4節から明快です。すでに、現場での実践もあります(第2章Q9/第3章13節参照)。この法律によって、例えば、同じ地域にある公立学校と外国学校がともに連携して、母語や日本語の教育のために、第十二条で定められた指導にかかわる教員等の配置に係る制度の整備、養成や研修の充実、就学の支援などを行うことも可能です。

30年間の学びと文部科学省から出された2020年7月1日の方針、そしてこの二つの法律を応用して、多様な連携による豊かな教育実践が今後はさらに各地から誕生することに、私は期待しています。制度の効率化という一側面だけで、ある手法だけが推進され、法整備などによって全国で一斉に実施されることはふさわしくありません。多様な試みを認めあうことが、教育を進化させることにつながると私は信じているからです。

▼注
* 1 文部科学省へ行政文書の公開請求により複写を入手しました(行政文書開示決定通知書の番号等:2020年12月7日、文書番号2受文科教第729号)。
* 2 日本語指導が必要な児童生徒とは、日本語で日常会話が十分にできない児童生徒及び日常会話ができても、学年相当の学習言語が不足し、学習活動への参加に支障が生じてお

り、日本語指導が必要な児童生徒と指す（文部科学省「日本語指導が必要な外国人児童生徒の受入れ状況等に関する調査（平成18年度）」より）。
＊3　外国人生徒・中国帰国生徒等の高校入試を応援する有志の会では、毎年全国の都道府県および市（一部）について調査を行い、その結果を公開しています。
https://www.kikokusha-center.or.jp/shien_joho/shingaku/kokonyushi/kokonyushi_top.htm
＊4　文部科学省からのこれまでの通知等は、文部科学省のホームページ「CLARINET」（第4章資料編p.244参照）で確認できます。
＊5「一定の信頼が得られると判断できる書類」については、例えば、愛知県名古屋市の通知「外国人の就学許可にかかわる事務取扱の改正について」（14教学学事第28号、2002年2月26日付）のなかで、居住地の確認書類の例示として、家主等の居住証明書、賃貸契約書、郵便物等を示しています。

▼文献一覧

小島祥美（2016）『外国人の就学と不就学 社会で「見えない」子どもたち』大阪大学出版会
小島祥美（2015）「ブラジル人学校における日本の学校健診モデルの適用の可能性」『学校保健研究』56（6）427-434
小島祥美（2020）「愛知県における公立夜間中学の必要性に関する考察−学齢を超過した外国人青少年に向けた学び直し支援の充実化の視点から」『基礎教育保障学研究』4、54-71
小島祥美（2021）「外国籍の子どもの不就学ゼロに向けた教育支援の在り方──「誰ひとり取り残さない」ために自治体ができる教育施策の提案」『都市とガバナンス』35（近刊）
文部科学省（2020a）「外国人の子供の就学状況等調査結果（確定値）について」
https://www.mext.go.jp/b_menu/houdou/31/09/1421568_00001.htm（2020年9月1日最終閲覧日）
文部科学省（2020b）「日本語指導が必要な児童生徒の受入状況等に関する調査（平成30年度）の結果の修正について」
https://www.mext.go.jp/b_menu/houdou/31/09/1421569_00001.htm（2020年9月1日最終閲覧日）
文部科学省（2020c）「外国人の子供の就学促進及び就学状況の把握等に関する指針の策定について（通知）」
https://www.mext.go.jp/a_menu/shotou/clarinet/004/1415154_00002.htm（2020年9月1日最終閲覧日）
UNESCO Institute for Statistics（2019）New Methodology Shows that 258 Million Children, Adolescents and Youth Are Out of School
http://uis.unesco.org/sites/default/files/documents/new-methodology-shows-258-million-children-adolescents-and-youth-are-out-school.pdf（2020年9月1日最終閲覧日）

[小島祥美]

第2節　外国籍の子どもにも「教育への権利」が当然にあること

「外国籍の子どもたちにも義務教育を認めてください！」

　2015年5月に開かれた「第4回ブラジル日本教育フォーラム」での共同宣言に盛り込まれた言葉です。日本のブラジル人教育関係者たちが、それ以前からずっと訴えて続けてきたことです。「義務を認めて」なんて不思議な言い方に聞こえるかもしれませんが、日本では「教育への権利」が「義務教育」という言葉で理解されているからのことです。

　「義務教育」は、子どもに対する義務や強制ではありません。それは、保護者が子どもに教育を受けさせる義務のことであり、また政府や自治体がそれを無償で保障する責任のことを意味します。つまり、子どもにとっては「教育への権利」を意味する言葉なのです。ところが日本の国では、義務教育が「国民」だけに認められるものとされ、その結果、外国籍の子どもには教育への権利が中途半端にしか保障されていないという現実があります。

　以下の稿では、その現実について詳しく見るとともに、どうしてそうなってしまうのか、またどうしたらこの現実を変えることができるのかについて考えてみたいと思います。

1．「義務教育のない」子どもに起きうること

　外国籍の子どもに「義務教育がない」ためにどんな問題が起きうるのか、私には「原点」ともいえるある体験があります。最初にそのお話をさせてください。

　私は27歳のときにブラジルを旅していて、そのままその国に恋をしてしまいました。最初はサンパウロのあるファヴェーラ（スラム）でボランティアとして働き、そのあとは日本国際協力機構の専門家としてブラジルに派遣され、行ったり来たりする中で現地の女性と結婚し、ブラジル国籍をもつ子どもと、ブラジルと日本の二重国籍をもつ子どもたちを育ててきました。

　そんな子どもたちを連れて、日本に2年間の長期帰国をしたときのことです。あ

る街で気に入った貸家を見つけて、まずは近くの中学校に長女のことを相談にいきました。長女は、ブラジルで中2を終えたばかりだったのですが、小学校に入るときから一年遅れにしていたので、すでに15歳になっていました。前回の長期帰国で日本に来たときに7歳で、言葉のことも考えて小1から始めさせていたのでした。

　中学校の先生たちは歓迎してくれたのですが、「一応、（年齢のことを）教育委員会に確認してみますね」と電話をかけにいくと、しばらくして顔色を変えて帰ってきました。「お嬢さんは、すでに義務教育年齢を過ぎているので中学校に転入できない」のだそうです。

　先生たちは奥の部屋の電話と応接室の間を行き来しながら、学校教育法を見せて説明してくれました。第十七条の第2項です。「保護者は、子が……満十五歳に達した日の属する学年の終わりまで……就学させる義務を負う」とあります。

　「15歳になる学年まで就学させる」とは書いてあっても、「16歳で就学していてはいけない」わけではないですよね。私は食い下がりました。先生は、「すでに当校に在学していたら、あと一年やってもらうことはできると思います。しかし……」と言います。夜間中学というものもあると言われましたが、娘が望むとは思えませんでした。私はさらに食い下がりました。「義務教育年齢を定める趣旨は、就学を制限することにはないはずですよね。こんなことを言われたら、娘は義務教育を終えられなくなってしまいます。私には、保護者として子どもに初等教育を受けさせる義務があるのではないですか」。

　先生たちは困ってしまって首を振るばかりです。外国籍の子どもには義務教育がないのだそうです。「他校で学齢超過を認めたことがあると思いますが、その子は日本人だった」そうです。私は、膝が震えるのを感じました。私の仕事のためにあちこち連れ回して、娘に取り返しのつかないことをしてしまったと頭を抱える思いでした。

2.　教育はすべての子どもの権利

　私のこんな体験談から始めたのは、いかにくだらない理由で、いかに簡単に、外国籍の子どもが初等教育からはじき出されてしまうものか、一つの実例を紹介したかったからでした。

　私は日本人で、いろいろと相談にのってくれる人もいます。別の自治体では大丈夫らしいと聞いて相談にいってみると、「ピアスを外して登校すること」を条件に

あっけなく入学が認められました。幸い伯母がその街に住んでいたので、早速住所を借りて住民登録をしました。しかし、普通の外国人家庭にあんなことが起きたとしたら、果たして無事に切り抜けられたでしょうか。娘に起きたことは、外国籍の子どもが中学を卒業できなくなってしまうときの、よくあるパターンの一つだということを後に知りました。日本と海外を行き来する子どもは、年齢と学年が必ずしも一致するとは限らないからです。しかもそれは、起こりうるいくつものシナリオの一つにすぎません。

外国籍の子どもが教育を受ける権利について、政府はこれまで「希望があれば、日本人と同じように公立の小中学校に無償で受け入れる」としてきました。世界人権宣言や国際人権規約、子どもの権利条約など、日本が批准している国際条約にきちんと従っているのだとも述べています。本当にそうなのでしょうか。それらの条約はどれも、初等教育が「すべて」の子どもに義務的かつ無償で与えられなければならないと述べています。例えば国際人権規約（社会権規約）には、「初等教育は、すべての者に対して義務的で無償のものとすること（第十三条第2項a）」とあるではないですか（政府訳では、これを「初等教育は、義務的なものとし、すべての者に対して無償のものとすること」としていますが、誤解を呼ぶ悪訳です[*1]）。

外国籍児童生徒の就学をめぐるそんな中途半端な対応に、今、目立った変化が訪れつつあります。2019年に入管法が改正され、外国ルーツの人々の受け入れが拡大されたことがきっかけです。文科省も翌年には通知を出して、外国籍の子どもの就学を積極的に促進する施策を打ち出しました。多文化共生施策への第一歩ともいえる重要な政策転換です。しかし、その通知ですら、「……外国人の子供の保護者については、……就学義務は課されておらず、……学齢簿の編製については、外国人の子供は対象とならないものの」という前置きをしてからはじめて、「外国人の子供についても就学の機会を確保する観点から、市町村教育委員会においては以下の取組を推進する必要がある」と述べる形をとっています[*2]。

日本の政府は、どうしてそんなに煮え切らない姿勢になってしまうのでしょうか。

3. 外国籍の子どもに「義務教育」が否定される理由

外国籍の子どもに義務教育が当てはまらないというのは、実は政府の見解・解釈にすぎず、その気にさえなれば変えられるはずだと言われています。どんな法律にも、「外国籍の子どもは対象外」と書かれたものはないのです。しばしば、憲法第

　二十六条に「すべて国民は、法律の定めるところにより、その能力に応じて、ひとしく教育を受ける権利を有する」（傍点は筆者）とあることが、国籍による区別を設ける理由とされます。しかし、納税の義務（憲法第三十条）も「国民」の義務とされるのに、外国籍の人は税金を納めなくてもいいなどという議論を聞いたことがありません。憲法第九十八条には「日本国が締結した条約及び確立された国際法規は、これを誠実に遵守することを必要とする」とあることからも、現在の解釈は憲法の精神に反しているのではないでしょうか。

　外国籍の子どもに義務教育、つまり教育への権利を認めることが、政府にはどうしてそんなにも難しいのでしょうか。公式な政府見解は、「日本の初等教育は国民の育成を目的とするものであって、それを外国人に強制することはできない」というものです。例えば、外務省の出した冊子には以下のような一節があります。

　　わが国では、初等教育は、心身ともに健康な国民の育成を期して、国民として必須の教育を授けることを目的として行われています。したがってこのような目的の下に日本語で行われる初等教育を外国人に強制的に受けさせることは実際的ではないと考えられることから、希望する外国人に対しては、初等教育を無償で開放することとしていますが、これを強制することまでは考えておりません*3。

　外国籍の子どもの義務教育は、本当に「実際的でない」のでしょうか。日本で育つ子どもは、その多くが大人になっても日本に残り、やがて一緒にこの国を支えていくことになります。その子どもたちが公民としての教育を受け、日本語を身につけることは、本人たちにとっても、日本の社会にとっても重要な課題なのではないでしょうか。

　2019年に入管法が改正され、新しい流れが生まれたと書きました。その現れの一つが、同じ年の「日本語教育の推進に関する法律」の制定です。「多様な文化を尊重した活力ある共生社会の実現に資する」ことを目的（第一条）に、国と自治体がその責務として日本語教育を推進していくことが明記されたのでした。公立学校でも、日本語や教科の指導を充実させるために、「教員等の配置の制度を整備し、教員養成・研修を充実させ、就学支援その他の必要な施策を講ずる」（第十二条）とされました。

　法律には「家庭における教育等において使用される言語の重要性に配慮」する（第四条）ことも明記され、「保護者の理解と関心を深めるため、必要な啓発活動を行う」（第十二条）とも書かれています。外国籍の子どもの義務教育についても、これと同じ姿勢で向かえばいいだけではないでしょうか。

4.　外国学校の位置付けが難しい？

　外国籍の子どもの義務教育について政府が後ろ向きになる本当の理由は、どこか他のところにあるのかもしれません。そのことについて、元文科事務次官だった前川喜平氏はあるインタビューで以下のように述べています。

> 　（外国学校の多くが正規の学校でないため）外国籍の子どもの保護者に就学義務を課してしまうと、子どもが外国人学校に通っている場合は就学義務違反になってしまいます。これも外国籍の子どもの保護者を就学義務から除外する理由の一つです[*4]。

　これは重大な発言です。重大であると同時に、その奥には究極の解決策が隠されているように思います。外国学校が正規の学校として認められていないことが問題なら、①それを正規の学校として認めてしまうか、でなければ、②非正規学校のままで義務教育を果たしているとみなすかの、二つの出口が見えてくるからです。

　外国学校は、せいぜいが「各種学校」という、料理学校や運転免許講習所と同じ種類の資格しか与えられておらず、その資格ももらえずに「塾」のような位置付けで運営されているものも少なくありません。いわゆる「一条校」（学校教育法の第一条で定める正規の学校）として認可されているのは、ごく少数のインターナショナルスクールにすぎません。それを①案のようにどんどん正規の学校に認定していくのは、容易なことではありません。

　それに対して②案の方は、ある意味、解釈変更の問題です。憲法も教育基本法も、よくよく読んでみると、義務教育とは「普通教育」を受けさせることだと書かれていて、「学校」に通わせることだとは書いてありません。「就学義務」は、学校教育法という下位の法律の規定するものなのです。外国学校が正規の「学校」だとは認められなくても、子どもがそこで「普通教育」を受けているのだったら義務教育違反にはならない、そのように考えることができるのではないでしょうか。

　実は、非正規の学校に通っていて就学義務に抵触してしまう子どもは、日本人家庭にもたくさんいます。フリースクールやシュタイナー学校など、オルタナティブ学校に通う子どもたちです。日本国籍の子どもが、インターナショナルスクールやその他の外国学校に通う例もどんどん増えています。学校に通っているのに「学校」に通っていることにならない……、そんなねじれた状態を正常化するために、一条校以外の場所で「普通教育」を受けることについての法律が検討されたことがあります。しかも、曲がりなりにも正式の法律として、成立にまでこぎつけたのでした。2016年に制定された「義務教育の段階における普通教育に相当する教育の機会の確保等に関する法律」です。

　この法律の成立には、「多様な学び保障法を実現する会」という有志の会を通じて、私もブラジル学校の立場を代弁する形で関わりました。会は、非正規の学校に通っていても、あるいはホームスクーリングを受けていても、ある基準を満たしたら「普通教育を受けているとみなす」という案を主張しました。法律名に「普通教育に相当する」という一言があるのは、その名残なのです。

　提案は、あと一歩のところまでいって頓挫しました。多様な学校での学習を普通教育の一形態とみなすことに関する部分が、土壇場ですべて削除されたのでした。国会では、「一条校絶対主義」ともいえる考えが勝ったのでした。フリースクール関係者の側にも、法律がフリースクールを管理することになるのを恐れる声がありました。結局、法律は、不登校の子どもが「学校以外の場において行う多様で適切な学習活動の重要性」（第十三条）について触れるだけに終わりました。

　中途半端に終わった「普通教育の機会確保法」でしたが、その最終版には外国籍の子どもにとって重要な一文がポロッと挿入されていました。「その年齢又は国籍その他の置かれている事情にかかわりなく、その能力に応じた教育を受ける機会が確保されるようにする」（第三条）という箇所です。国籍を問わない教育保障について、国の法律が初めて触れた部分だったのではないでしょうか。外国籍の子どもにとって、「年齢」も重大な問題であることは冒頭で述べたとおりです。

5. 教育を「受ける権利」と「選ぶ権利」

　世界人権宣言の第二十六条は教育に関する条項で、「すべて人は、教育への権利を有する」（傍点は筆者）で始まります。ここで言う「教育への権利（right to education)」とは、「教育を受ける権利」と同じことではありません。どんな教育も、そ

れを受けることを強制されては権利保障にならないからです。例えば、どこかの国で多数派宗教の教育が義務とされても、「教育への権利」が保障されたことにはならないのです。そのため、同条第3項には「親は、子に与える教育の種類を選択する優先的権利を有する」（傍点は筆者）と明記されました。「教育を受ける権利」は、「教育を選ぶ権利」が保障されて初めて、強制の危険から解放されるのです。

　「教育を選ぶ」という感覚は、日本では馴染みが薄いかもしれません。日本政府による世界人権宣言の仮訳でも、二十六条は「すべて人は、教育を受ける権利を有する」（傍点は筆者）と誤訳されています[*5]。教育を選ぶとは、「学校選択」のことではありません。自由を重視する教育なり、シュタイナー教育なり、あるいは外国のカリキュラムの教育なり、教育の「種類」を選ぶという意味なのです。多様性を前提とする社会では、譲れない価値観なのです。

　「日本は単一民族だし、多様性への配慮は必要ない」のでしょうか。いや、日本の学校現場こそ、多様性の抑圧に起因するさまざまな問題に苦しんでいるのではないでしょうか。その抑圧から逃れたいからこそ、「学校」とも認められない多様な形態の学校が生まれ、それを多くの家庭が選ぶようになったのではないでしょうか。

　外国籍の子どもにとって、多様性は最初から自明のことです。親の言語・文化と、自分が育つ地の言語・文化、そのどちらもがたいせつな子どもたちです。多様性を理解しないような種類の教育に身をまかせていたら、どんな言語も文化も身につかないうちに学齢期を終えてしまうかもしれないのです。どんな種類の教育が、どんな風に子どもに生きる力を与えてくれるのか、自分たちで選び取るのでなかったら、人生の成功を約束してくれるものは何もありません。

　そんな中、日本の「単一民族神話」に飲み込まれることを恐れた人たちが作ってきたのが朝鮮学校でした。そして、朝鮮学校を枠外に位置付けた制度にそのままのっかって生まれてきたのが、さまざまなタイプの外国学校でした。古いタイプの朝鮮学校、中華学校、欧米系の外国学校、インターナショナルスクールの他に、今日では、ブラジル学校、インド学校、ネパール学校、そしてさまざまなルーツをもつイスラム系インターナショナルスクールが生まれ、増え続けています。

　国際人権規約は、このような学校が存在するとき、国が「最低限度の教育上の基準」をもうけて制度に組み込むことを想定しています（第十三条第3項）[*6]。しかし、日本の外国学校は「学校」制度の外に置かれているために、日本で通用する卒業証書も出せなければ、国の助成金を受けることもできません。最低限の日本語や日本

史、日本の政治・社会についての授業も義務付けられておらず、学校健診や安全、防災などの、人の命に関わる決まりすらありません。そんなパラレルワールドを生んできたこれまでの制度は、当の子どもたちにも、社会に対しても利益をもたらすものではないはずです。

おわりに

　本稿では、外国籍の子どもにも「教育への権利」が当然に認められるべきこと、について述べてきました。そんなことは、本来、紙面を費やして説明するまでもない、誰にでもわかる常識のはずです。であるにもかかわらず、それができていないのが日本の現状です。どうしてそんなことになってしまうのか、それを理解しようとしてきました。すると、どうしても「義務教育＝強制」という誤解に基づいた議論にぶつかるのでした。「義務」とは「強制」を意味しないこと、つまり「義務教育」とは「権利保障」の別名なのだということ、そのことが理解されない限り、いつまでも堂々巡りの問答になってしまうのです。子どもの「教育への権利」を議論するとき、「強制」の言葉に出番はありません。教育は、子どもに自由の翼をもたらすものであって、子どもを閉じ込めるための箱ではないからです。

　世界人権宣言の前文は、すべての人の「固有の尊厳と、平等で侵すべからざる権利」を認める文章から始まります。すべての人、とは「人類家族のすべての構成員」（傍点は筆者）のことであると表現されています。日本政府の仮訳では「人類社会のすべての構成員」（傍点は筆者）とありますが、これは悪訳です[7]。なぜなら、「人類は家族なんだ、みんなつながっているんだ、運命共同体なんだ」という感覚を強調する部分だからです。だからこそ、その尊厳と権利を認めることが「世界における自由と正義、そして平和の基礎」であると結論づけるのです。

　小さな日本の社会をいくつものパラレルワールドに分断し、子どもの教育においてすら格差を容認していては、自由も正義も、そして平和すらも保障されない社会になってしまうのではないでしょうか。外国籍の子どもにも、当たり前に「教育への権利」が保障されるべきこと、そのことが腹の底で受け入れられたときに、私たちは自由と正義、平和への歩みを大きく進めるのだと思います。

▼注

　＊1 国際人権規約（社会権規約）第十三条第2項aの英語原文は "Primary education shall be

compulsory and available free to all." とあり、英語の "to all"（すべての者に対して）は、"compulsory"（義務的）と "available free"（無償）の両者にかかる。日本政府の訳は外務省のHP：https://www.mofa.go.jp/mofaj/gaiko/kiyaku/2b_004.html より。

＊2 文部科学省「外国人の子供の就学促進及び就学状況の把握等に関する指針」（2020年7月1日）https://www.mext.go.jp/content/20200703-mxt_kyousai01-000008457_01.pdf より。

＊3 外務省『世界人権宣言と国際人権規約——世界人権宣言60周年にあたって』2008年）https://www.mofa.go.jp/mofaj/gaiko/udhr/index.html より。

＊4 毎日新聞（2020）8月4日付朝刊「にほんでいきる」より。

＊5 日本政府の仮訳は外務省のHP：https://www.mofa.go.jp/mofaj/gaiko/udhr/1b_002.html より。

＊6 国際人権規約（社会権規約）第十三条第3項は「この規約の締約国は、父母及び場合により法定保護者の自由を尊重することを約束する」で始まり、それはどのような自由かというと、「公の機関によって設置される学校以外の学校を児童のために選択する」自由、並びに「自己の信念に従って児童の宗教的及び道徳的教育を確保する」自由であると続く。その上で、「公の機関によって設置される学校以外の学校」とはいっても、それは「国によって定められたか、あるいは承認された最低限度の教育上の基準がある場合それに適合するもの」のことである、と説明する。英語原文は、"The States Parties to the present Covenant undertake to have respect for the liberty of parents and, when applicable, legal guardians to choose for their children schools, other than those established by the public authorities, which conform to such minimum educational standards as may be laid down or approved by the State and to ensure the religious and moral education of their children in conformity with their own convictions."

＊7 世界人権宣言前文は "Whereas recognition of the inherent dignity and of the equal and inalienable rights of all members of the human family is the foundation of freedom, justice and peace in the world."（人類家族のすべての構成員の固有の尊厳と、平等で侵すべからざる権利とを認めることは、世界における自由と正義、そして平和の基礎であるのだから）"で始まる（日本語訳は筆者）。日本政府の仮訳は外務省のHP：https://www.mofa.go.jp/mofaj/gaiko/udhr/1b_001.html より。

［小貫大輔］

第3節　多様な言語文化背景をもつ子どもたちの日本語学習支援
——発達に応じて学習・社会への参加を促すということ

1. 学齢期に文化間移動をした子どもにとって日本語を学ぶことの意味

「生活のために必要な二番目の言語」を学ぶ

　海外から日本に移動してきた子どもにとって、あるいは、日々家庭文化と学校文化の間を行き来（移動）している子どもにとって、日本語を学ぶことは、日本語を母語とする日本人の児童生徒が学校で英語などを外国語科目として学ぶこととは全く意味が異なります。子どもたちは、家を一歩出れば日本語の環境です。全く日本語がわからない状態でも、学校では多くの場合、国語科や理科の授業が行われている教室に放り込まれます（ひどい言い方ですが）。サブマージョンといわれる状態です。授業以外の場面でも、例えば学校行事など馴染みのない活動で、また、トイレに行く・アレルギーで食べられないものが給食に入っているといった状況を、なんとか切り抜けなければなりません。日々の生活のために、そして学習に参加するために、「日本語」を学ぶことは切実で必要不可欠なものです。文化間移動をする子どもたちにとって、日本語は母語の次に学ぶという意味に加え、「生活のために必要な二番目の言語」という意味をもつのです。

　また、子どもたちは成長・発達の過程にあります。日本での暮らしの中で初めて経験し、初めて接する事柄もあるでしょう。それらの経験や事柄について日本語を介して学び、知識・概念を形成し、自分の世界を広げて成長していきます。つまり、日本語は、文化間移動をする子どもの十全な成長・発達のために重要な役割を果たしているのです。以下、「文化間移動」、「多様な言語文化背景」「ライフコース」、「市民性」を重視した日本語教育・支援の方法を考えたいと思います。

子どもへの日本語教育の三つ課題

　子どもの日本語教育では、三つの課題の達成が目指されます[*1]。第一に、社会・

学校生活を円滑に送るためのコミュニケーションの力として、日本語の習得を促すことです。第二に、学校の教科等の学習に参加し認知面の力を支えることばの力を育むことです。それまでの学習経験や知識を日本語で発揮し、言語で思考する力を発達させることでもあります。第三に、日本語を使って日本の社会（学校も社会です）に参画することばの力を育むことです。それは、アイデンティティ形成や自己実現にも関わります。キャリア教育等と連動させて日本語教育を実施することが期待されます。

2．連続性を意識した学びの場を創る
——個に応じた日本語コースの設計

　3つの課題の達成のために、文化間移動の視点からは、日本語の学習を「文化適応」（同化ではなく）の問題に関連づけることの重要性が指摘できます。同時に、「多様な言語文化」を生かせる学びの場を提供し、子どもたちの母語・母文化を価値付けることが肝要です。また、年齢による心身の発達の状態（認知面も含む）や、人生の各ステージで社会とどのように関わりどのような役割を遂行するのかという「ライフコース」の視点から、一人一人に適した学習の場を提供することが大事です。この時間軸の視点をもって教育・支援することが、文化間移動で断絶しがちな学びを接合し、連続性を保障することになります。そして、将来、日本社会の一員として働き、よりよい社会をつくる担い手となる子どもたちに、そのための力として「市民性」を育むことが期待されます。

　それでは、上記の視点を、日本語学習支援でどのように具現化するかを検討します。

　何を目標として、どのぐらいの期間、どのような内容を、どのように教えるかというコース設計の考え方で、日本語学習支援や指導を計画的に実施することが重要です。教科書をめくって、その順にその通りに教えればよいわけではありません。目の前の子どもにとって、何が必要かを判断して計画を立ててください。そのときにヒントになるのが、図1のコース設計のイメージです。左側には教える内容のプログラム名、そして、矢印でいつからいつまで実施するかが示されています。

3．文化適応を意識した日本語学習支援 「サバイバル日本語」

　各プログラムの実施上の留意点と具体的な支援・指導方法について見てみましょう。「サバイバル日本語」[*2]は、学校・社会生活のためのコミュニケーションの力を

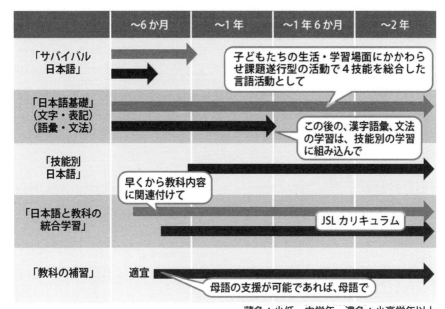

	～6か月	～1年	～1年6か月	～2年
「サバイバル 日本語」				
「日本語基礎」 (文字・表記) (語彙・文法)				
「技能別 日本語」				
「日本語と教科の 統合学習」				
「教科の補習」	適宜			

子どもたちの生活・学習場面にかかわらせ課題遂行型の活動で4技能を総合した言語活動として

この後の、漢字語彙、文法の学習は、技能別の学習に組み込んで

早くから教科内容に関連付けて

JSL カリキュラム

母語の支援が可能であれば、母語で

薄色：小低・中学年　　濃色：小高学年以上

図1　コース設計

出典：文部科学省（2019）『外国人児童生徒受入れの手引き改訂版』p.34

育みます。日本語の必要性から指導項目を決定し、日本語で行動できるようにすることがねらいです。その設計では、文化適応の状況を意識する必要があります。日本への移動後、日本の学校・社会で経験する活動や事柄は、出身国・地域の文化とは異なっているでしょう。子どもも保護者も戸惑い、時には誤解を生む行動を取ってしまうかもしれません。事前に知って対応できるように、日本語の学習に関連づけて学ぶ機会を提供します。健康・衛生面や安全、学校生活、そして関係作りに関わる場面ですぐにでも必要な日本語については、文字や文法の基礎的な学習がまだであっても積極的に取り上げます。日本の学校・社会では「当たり前」になっている文化や慣習を改めて意識し、文化間移動をする子どもにとってどんな困難があるのかを想像し、共感的に理解することが求められます。その困難を乗り越えるために役立つ語彙や表現を選定し、実際に日本語を使って行動させながら困難や問題を解決できるよう指導します。

　ただし、私たちは自身の文化を相対化し、それぞれの文化に価値を認めることが

前提です。日本文化のみが正しいといった自文化中心の考え方で同化を強要してはなりません。

　以下に、例を示します。

対象児童生徒：小学校高学年　来日2か月
場面・状況：学校では風邪予防のために、マスク、手洗い、うがい指導をしている。
目標：マスク・手洗い・うがいが風邪予防のためであることを知り、「注意」を聞いて行動できる。 ★日本語を使って何ができるようになるかを目標とする。
言語事項：風邪、マスク／手洗い／うがいをします

活動の流れ：子どもの活動
1）保健室や公民館の壁などに貼ってある、風邪予防のポスターを見てやりとりしながら、マスク・手洗い・うがいは、風邪予防になることを知る。 2）語彙「マスク、手洗い、うがい」を、絵を見ながらリピート練習、 3）教師が「〜をします」と注意を与え、児童はそれを聞いて行動する。児童が「〜をします」と指示し、他の児童・教師が、それを聞いて行動する。 4）「マスク／手洗い／うがいをします」を使って、風邪予防のポスターを書いて公的な場に掲示する。 ★学習成果を社会的な場面で確認できることが重要。その効力感が動機付けにもなる。

4. 日本語の基礎的知識・技能の指導──「日本語基礎」

　「日本語基礎」は日本語の文字・表記、語彙、文法などの基礎的な知識・技能を学ぶためのもので、他のプログラムの学習の基礎となる力を育みます。いわゆる、語学学習としてイメージされるものです。その指導では、子どもの認知面の発達の状態を考慮することが重要です。

年齢による知的発達

　子どもの認知発達に関する研究の飛躍の契機となったスイスの研究者ピアジェの理論を簡単に紹介します*3。子どもは能動的に知識を構成するとし、右の段階を提示しました。年齢の幅は目安ですが、段階を踏んで思考する力を高めていくといいます。前操作期では、言語の使用や模倣、ごっこ遊びが可能になりますが、自身が見たことを中心とし、他者の視点に立ったり論理的に思考したりすることは難しいとされます。具体的操作期には、目の前にあるものや想像できることについて思考

することができるようになります。ただし、まだ一般化や抽象化して思考することはできません。それができるようになるのが形式的操作期です。

　ピアジェの理論に対しては、個人差があることや成人にも形式的操作が苦手な人がいることを説

ピアジェ　認知発達の段階	
感覚運動器	0〜2歳
前操作期	2〜7歳
具体的操作期	7〜11歳
形式的操作期	11、12歳以上

明できないと、思考の段階的発達に対する強い批判もあります。また、文化による思考の仕方の違いも検討されていません。つまり、この理論だけで子どもの思考力を判断することはできません。それでも、成人とは異なること、年齢によって思考の仕方には質的相違があることは、日本語の教え方を検討するうえで参考になります。

文字の学習

　「日本語基礎」の文字学習について、年齢による適切な指導方法を考えてみましょう。

　次の二つの指導方法で、小学の低学年に適しているのはどちらでしょうか。

ア　ひらがな五十音表を見せて母音と子音の関係を説明して発音練習をしたのち、数行の文字の書き方を教えて何度か書く練習をさせる。1文字ずつ書き取りをさせる。

イ　動物の絵カード（あひる、いぬ、うし、かえる、おおかみ）で、動物の名前を教える。絵カードをとるゲームをしながら、カード裏の文字を見せてあ行の文字を意識化させる。文字カードをとるゲームをする（「あひるのあ」）。最後に文字の書き方を教え、各練習をする。

　皆さんが考えたとおり「イ」です。小さい子どもの場合、見たことがあるものや想像できるものに関連づけて学べるようにすることが大事です。また、模倣も得意ですから、リズミカルにことばを繰り返して唱える学習も適しています。一方、小学校高学年以上であれば、五十音表で母音と子音の関係を分析的に理解して学ぶ力も発達しつつあります。その力を活かして学ぶという点では、「ア」の方法も適当だと言えます。ただし、成人とは違いますから、文字の読み書きだけではなく、文字を学ぶことで何ができるようになるのかを実感できる活動を行いましょう。例えば、学級名簿で学習した文字を探して友達の名前を読む、校内の標示で文字探しをしてその意味を確認するなど、意味のある活動にすることが重要です。

語彙の学習

　小学校の中学年ぐらいまでは、実物を見る、実際に触ったり動かしたりする、絵

42

図・写真を観察する等の体験的な活動を通して、語の意味を学ばせることが有効です。高学年以上であれば、ことばを既習のことばで説明することや、語同士の関係（上位・下位、同義・反義等）を利用して理解を促すこともできます。また、既に母語で学習済みの知識・概念であれば、母語訳を与えてもよいでしょう。ただし、いずれの年齢の子どもでも、何度も言ったり書いたりするドリル練習をするだけでは、運用できるようにはなりません。使う場面や状況等を視覚的な情報とともに示しながら十分に聞かせたり見せたりしてインプットを与え、理解に結び付けることが大事です。そして、その語をどのように使うかを学べるように、多様な場面や状況を設定してアウトプット（話す・書く）の活動を十分に行いましょう。

文法の学習

　文法の学習では、一般には文型を取り上げて教えますが、年齢によって教え方を工夫する必要があります。次のアは中学生以上、イは小学校低学年に適しています。

ア	イ
導入：絵と例文で、動詞の「～たい」形式が願望を意味することを説明。 練習： ①動詞の「たい」形の作り方を説明し、変換する練習。 ②絵を見て、「～たいです。」の文作り ③ロールプレイ「友達と見に行くアニメ映画を決める」（「～たいです」使用）。 まとめ：次の日曜日にしたいことを作文。	導入：実物、写真を見せ、「飲みたい？」「食べたい？」「したい？」と尋ねて導入。 練習： ①導入時の物・写真を見せてQA。 　例　先生：見たい？見たいですか？ 　　　子ども：見たい！ ②サイコロゲーム（ジャンケンで勝った方がサイコロをふって出てきた目（単語）に合わせ「（単語）、見たい」と言う。言えたらポイントを得る。勝敗はポイント数） まとめ：ゲームで言えたことを作文する。 　私は、＿＿＿したい＿＿＿です。

　小学校の低学年の子どもには、文の構造、動詞等の活用、助詞の使い分けなどを説明しても効果がないだけではははなく、学習を楽しめなくなります。表現・文型をさまざまな活動で繰り返し使って、スパイラルに学び、重ねていくようにします。「イ」のようなゲームで、先生や友達が話すことばを繰り返し耳にし、あるいはカードなどで何度も目にして覚えていきます。ごっこ活動では、先生の言い方を模倣し、こういう時にはこう言うんだと、表現を塊として覚えます。両方とも日本語

を使わないと参加できない活動です。子どもにとっては、活動に参加するために日本語を使い、日本語を使いながら学ぶことになります。

　小学校高学年以上になると、文法などの規則を一般化して学べるようになりますので、説明も有効です。ただし、文法用語などを使うのではなく、複数の例から共通のルールを見つけさせる等の方法で教えるのが良いでしょう。中学生になり、本格的に外国語を学ぶようになれば、「ア」のように、文法用語などを使うことも意味をもってきます。ただし、語彙学習同様に、学級での人間関係や教科の勉強、部活動などの場面を設定し、学んだ日本語が使えるように、運用する活動（「ア」の③のような）を行いましょう。

5.　教科学習に参加するための力を高める日本語学習支援

学習言語能力を育むプログラム

　生活のための対面でのコミュニケーションには、「生活言語能力」の発達が、教科等の学習では、「学習言語能力」が必要です。学習言語能力は、言語で認知的に負荷のある思考活動に参加できる力で、読み書きの力とも関連します（第3章参照）。教科学習への参加を支援するために、「技能別日本語」と「内容と日本語の統合学習」で、その力を高めます。日々シャワーのように日本語のインプットを浴びている子どもたちですので、口頭の力は比較的発達が早いです。そこで、「技能別日本語」では文章の読み・書きを中心に指導します。「日本語と教科の統合学習」[*4]は、教科等の内容の理解と日本語の力の両方を高めることをねらいとするプログラムです。思考するための日本語の力を養い、教科内容の理解を促します。

教科に関する学習を通して日本語の力を高める

　近年、統合学習として、文部科学省の「JSLカリキュラム」に基づいた授業を実施している学校現場も増えてきました。内容重視の言語教育（Content-Based Instruction）の考え方を基本とします。ポイントは「教科等の学習」の「思考活動」に、視覚情報や体験の機会を提供して「日本語で参加」させるということです。

　教科学習を支援するという場合、「用語」や「教科書の複雑で難しい文法」等、言語そのものに注意が向きがちです。しかし、用語の翻訳や説明で解決できるのは、児童生徒が既にその教科概念や知識をもっている場合です。日本人の子どもと同じで、教科の学習経験を通して概念・知識を形成していなければ、「用語」や「使わ

れている文型」だけを取り出して説明しても、教科内容や教科書の理解は困難です。学習言語能力を高めるためにも教科の力を高めるためにも、教科内容に関して思考する活動に参加させることが大事なのです。思考活動としては、「観察する／操作して調べる／情報を利用する／分類して考える／比較して考える／条件的に考える／推測する／関連づけて考える」等が考えられます。具体的には、本書の事例等[*5]を参考にしてください。

ロシアの心理学者ヴィゴツキーは、人が自力でできることと、他者の助けを受けてできることとの差を「発達の最近接領域」と呼びました、その力は潜在的能力であり、一人一人違います。効果的な指導は、個々の潜在的な力を教師やクラスメイトの支えによって学習に導くことです。その学習過程で周囲の人々と相互作用を通して言語を学ぶことが、思考力や問題解決力になるといいます。教師による一方向の説明は、子どもの力になりにくいのです。日本語と教科の統合学習においても、一人一人が今自力でできることと潜在的な力を把握し、その子どもにとって一歩先の学習内容・活動を選定します。そして、仲間との言語による双方向の交流によって思考活動を進められるように設計しましょう。

6. 社会的な役割の連鎖を生み出す日本語学習支援

多様な言語文化背景をもつ子どもたちは、日本語はまだ十分ではなくても、母国・地域での経験と母語で培った力があります。これらを働かせて日本語を学び、社会的にも成長します。例えば、病院や役所で親の通訳をするために学校を休む子どもの話をよく耳にします。親が学習機会を奪っていると問題視されることも多いのですが、ライフコースという視点から捉え直してみましょう。ライフコースは、人生という時間の経過において、その人が営む社会的に意味づけられた出来事や役割の連鎖です[*6]。この子どもは、来日して数年、日本語の力を得たことによって、家族のために役所で通訳するという役割を果たしています。母語と日本語の力を発揮し、この活動を通して日本の医療や地方行政の一部を経験的に知ることになったでしょう。それは、社会との関わりの変化であり、世界の拡張です。社会的存在としてアイデンティティを形成し、大きく成長したと考えられます。この例では、子どもがもつ言語・文化の多様性と日本語学習を通して得た力が、社会参加の資源として機能しているのです。日本語学習支援による副次的な実りだとも言えます。

この子どもたちが、出身国・地域や母語での学習経験を資源として、日本社会に

参画することを支援することも、私たち日本語学習支援・指導を行う者の責務です。母語・母文化教育やキャリア教育等を通して、多文化社会を作る成員として社会に働きかけ変革していくような市民性を育むことが重要です。

　地域の状況や学校の日本語指導体制によっては、計画的・体系的なコースを設計して日本語学習支援を行うことは難しいところもあるでしょう。ここまで述べたことを参考にして、それぞれの現場の条件や状況に応じて、子ども一人一人の文化的多様性が活かされ、それまでの経験と培ってきた力が発揮される学びの場をつくるよう工夫してみてください。日本社会を託す子どもたちに、今、どのような学習支援を行うことが意味をもつのかを考え、隣人として彼らのライフコースを伴走しながら、支援・教育を行いたいと思います。

▼注

* ＊1 齋藤ひろみ・今澤悌・花島健司・内田紀子（2011）『外国人児童生徒のための支援ガイドブック——ライフコースに寄り添って』凡人社
* ＊2 国内の中国残留孤児対象の日本語教育で用いられるようになった言い方ですが、子どもを対象とした場面シラバスによる生活のための日本語を教えるものです。
* ＊3 ピアジェ、ヴィゴツキーの理論については、次の書籍でわかりやすく紹介されています。スーザン・ベンサム［著］、秋田清美他［訳］（2006）『授業を支える心理学』新曜社
* ＊4 内容としての「教科」と日本語の統合学習のことです。文科省では学校における日本語指導の一環として実施するため「日本語と教科の統合学習」とされています。
* ＊5 文部科学省のJSLカリキュラムの開発についての報告書に活動例が記載されています。また、拙著になりますが、各地の実践事例が以下に紹介されています。
齋藤ひろみ、佐藤郡衛（2009）『文化間移動をする子どもの学び——コミュニティーの創造に向けて』ひつじ書房
齋藤ひろみ、池上摩希子、近田由紀子（2015）『外国人児童生徒の学びをつくる授業実践』くろしお出版
* ＊6 グレン・H・エルダー Jr.、ジャネット・Z・ジール［著］本田時雄、岡林秀樹［訳］（2013）『ライフコース研究の技法』明石書店

［齋藤ひろみ］

第4節 子どもの母文化を尊重し、母語を伸ばすことの重要性

　多様な背景をもつ外国につながる児童生徒の日本語支援・就学支援は、近年「特別の教育課程」や「JSL対話型アセスメントDLA*¹」の開発など多岐にわたって進展が見られます。母語・母文化支援もその重要性に対する認識が高まり、例えば「母語教育サポートブック『KOTOBA』──家庭／コミュニティで育てる子どもの母語」（愛知県、2013）など特記すべき取組みが見られるようになりました。ただ、母語・母文化支援と言っても、通訳や翻訳、日本語支援や教科指導での母語の活用に留まり、母語そのものを伸ばす行政的施策はどうでしょうか。IT時代、教育戦略時代を迎えて、母文化を尊重し母語を伸ばして、健全なアイデンティティをもち、日本語も母語も使える、バイリンガル・バイリテラル・バイカルチュラルに育てるには、どうすればいいのでしょうか。

1. 日本語も大事、母語も大事

　親に連れられて日本に来た外国につながる子どもは、学校で使う日本語と家で使う母語を必要とします。日本で生まれても、親が外国生まれ・外国育ちの場合は、自分の母語を子育てに親が使うため、家では親の母語、学校では日本語というバイリンガル環境のなかで育つのです。もし学校などで日本語支援と母語支援があれば2言語が伸びるのですが、外国にルーツをもちながら日本語しか使えないモノリンガルに育つのが日本の現状です。日本語支援が必要なことは誰にでもわかりますが、母語支援の方は言葉の壁もあり、その必要性が学校の教員にも地域の住人にも見えないだけに放置されがちです。実は、その見えない母語が、教育上極めて大事な役割をしているのです。

　親の母語は子どもが初めて出会う第一の言語で、日本語はその上に加わる第二の言語です。第一言語がよく伸びていると、第二言語の習得が速く高度に伸びます。第一言語を学ぶと同時にことばそのものについても学ぶからです。母語は親と子を結び、心を通わす大事な言語ですから、子どもの心の安定、自尊感情、健全なアイ

デンティティにつながります。教科学習でも母語がしっかりしている子どもの方が有利です。もし読み書きも2言語でできるバイリテラルになると、思考の柔軟性、創造力、言語の分析力に優れ、異文化に寛容な加算的バイリンガルに育ちます。逆に第一言語の発達が中断され、第二言語も十分に育たないと、引き算になって減算的バイリンガルになり、リミテッド状況[*2]に陥ることもあります。

2.　子どもはことばを使いながら覚える

　母語とは一番初めに覚えたことばで、大人になっても一番よく使える言語です。日本で生まれて日本で育つ子どもの場合は、親の母語である日本語が自分の母語でもあり、母国語でもあります。ただ、国を越えて移動する子どもの場合は、例えば高校生など、母語がすでに形成されている場合は海外に出ても母語は母語ですが、母語が形成過程にある幼児・小学生の場合は、移動先の国の保育園や小学校に通うようになるとだんだんに現地語が強くなり、家でしか使わない母語が弱まっていきます。そして現地語が毎日使う大事な言葉になり、親の母語は、親から受け継ぐ継承語[*3]になっていくのです。このため、継承語には"母語より弱い"、"自信がもてないことば"という意味が込められています。

　0歳から思春期の入り口ぐらいまでの言語形成期の子どもには、周囲の人との接触だけで、ことばを使いながら自然に覚えていく、自然習得の力があります。カナダで子育てを経験した私自身、その力には圧倒されました。両親とも日本人の血を引くわが子だから当然日本語を話すはずという親の意識下の期待とはうらはらに、幼稚園に通い始めた一人息子は、日本語はそっちのけ、現地語（英語）を"自力でもぎ取る"という感じで使い始め、仲間と使う英語のほうが、親と使う日本語よりも大事な言語になっていったのです。

　教室の中で学ぶのとは違って、自然習得では周囲の社会の影響をもろに受けるので、自然に伸びる言語と伸び悩む言語が出てきます。学校で毎日使う言語は自然に伸びても、家でしか使わない継承語は伸び悩むのです。よく耳にする言語、つまり社会一般で使われるマジョリティ言語は自然に伸びても、親としか使わない、政治的、経済的、文化的にマイナーなマイノリティ言語は伸び悩むのです。家で流暢に母語を話していた幼児が、学校生活に根を下すようになると、親が母語で話しかけても答えは現地語となり、だんだん人前で継承語を話さなくなり、現地語ができない親を恥じるようにもなります。

　このような現象は世界共通です。ただこれに対する施策は国によって異なり、移民大国カナダでは、継承語は「5歳までに消える」、継承語の保持・伸長は「親の手を越えたもの」という認識のもと、母文化・母語を保持する権利をカナダ憲法とカナダ多様文化法で保障しています。具体的な施策は州によって異なり、移住者の最も多いオンタリオ州では、継承語を含む「国際語クラス」を幼児から高校まで放課後と週末に無償で提供しています。カナダの西部のアルバータ州では、地域の言語集団の要望で、公立小学校の教科で使う言語を、午前は継承語、午後は英語と切り替えて、二つの言語を同時に育てています。この継承語イマージョン方式で、家で継承語を使わない子も継承語と英語のバイリンガルに育つそうです。日本では2019年6月に日本語教育推進法が制定され、「……幼児期および学齢期にある外国人等の家庭における教育等において使用される言語の重要性に配慮して〔日本語教育を〕行わなければならない」（第1章第三条）と、家庭言語の重要性が認められました。この法律を踏まえて次は外国につながる子どもたちの母文化と母語・継承語を守る権利を保障する法律が望まれます。

3.　親が母語を使うことの重要性

　子どもは、親や周囲の人の声かけに応えるという形でことばを覚えていきます。上智大学の飯高京子教授は、母親が自信をもって安心して使える母語で子どもとやりとりをすることが重要だと、次のように述べています。

　　……最初の母子の見つめ合い、やりとりが、すべてのコミュニケーションの基本であり、学習の前提となります。何故なら、子どもが学習する際、新しい情報は情動の中枢と呼ばれる脳の奥深くの大脳辺縁系へ集められ、そこでまとめられ、機能分担された脳の領域へ転送されるそうです。ですから、飛行場の管制塔の役割を果たしている情動の中枢が安定し、機能していることが大切です。それには、母親の情緒の安定が大きな影響を持ちます。母子交流が何故、大切かという理由でもあります。……そのため、最初の母子交流には母親が安心できる母親自身の母語で、わが子に語りかけることが大切になります[*4]。

　このように、親が自信がもてる言語で子どもに話しかけることが重要なのですが、

そこで複数言語環境で育つ子どもにさらに重要なるのがことばの使い分けです。両親の母語が同じなら家では母語、外では日本語とわかりやすいのですが、両親の母語が違う国際結婚家庭では、それぞれの状況に合わせた工夫が必要です。例えば、中国生まれの父親とは中国語、日本人の母親とは日本語、一家団欒の時の言語は家族みんなで話し合って決めるなどです。また日本に住んでいると中国語が伸び悩むため家族みんなでなるべく中国語を使う、という選択肢もあります。また話すだけでなく、父親が中国語、母親が日本語で（絵）本の読み聞かせをすると、バイリテラルに育つ土台ができます。複数の言語を押し付けられてかわいそうだと思う親もいますが、子どもは、五つぐらいの言語を使い分ける力をもっているそうですから、心配はいりません。

4.　母語（L1）の習得と日本語（L2）の習得の違い

　言語形成期の子どもの母語は、図1のような道筋で伸びていきます。まず5歳ぐらいまでに褒められたり怒られたりして母文化の基本的な行動パターンや価値観が身に付きます。次に「聞く力」、そして「話す力」で、2歳から8歳ぐらいまでに基礎的な対話力が身につきます。書き言葉は、4歳位から文字に興味を持ち始め、読み書きの基礎が出来るのが9歳前後、この力を踏まえて教科学習に必要な高度な読解力や作文力が伸び、抽象的な語彙や漢熟語なども増えていきます。「9歳の壁」は、抽象的思考へのジャンプですが、その壁をL1で越えていれば、L2でもいずれ越えられますが、L1が弱いと時間がかかります。ちなみにカナダの調査では、国

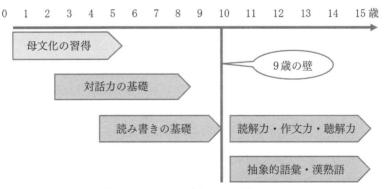

図1　言語形成期の年齢と第一言語／文化の習得
注：中島（2016）p.238の図29をもとに作成したもの。

外から移住した子どもの読解力がネーティブレベルに追いつくのに5年から7年、母語が弱いと10年もかかると言われています。

　外国につながる子どもの日本語も図1のステップを踏んで伸びていきます。その時、日本語の母語話者が動く的（まと）になるので、やっと追いついたと思ったら相手はすでに一歩先という状況になります。そこで下支えになるのが母語の力です。もし母語が順調に伸びていれば、いずれ追いつきます。そこで教師が指導の参考にするために必要なのが、母語の発達状況を知ることです。「ことばがわかんないから……無理！」と思われるかも知れませんが、例えばDLAの語彙カードの単語を母語でどのぐらい知っているか、元気よく答えるか、自信なさそうに答えるか、日本語と母語とを比べて、どちらの言語の語彙が強いかなどを観察するのです。

　継承語保持には、親の熱意とエネルギーが必要です。就労目的で来日した親にはその余裕がないのが普通です。むしろ家で日本語を片言でも使ったほうが、子どもの成績が上がるのではと迷う親もいます。学校教師や支援者が子どもの母語・継承語にも関心を示し、「家で継承語を使う方がお子さんの日本語のためになりますよ」と励ますことが大事です。

5. 就学前・就学初期に要注意

　外国につながる子どもの日本語と継承語の発達にはいろいろな要因が関わりますが、表1は、入国年齢（いつ日本に来たか）、親の出自（親／片親が外国生まれか現地生まれか）と、バイリンガルのタイプとの関係をまとめたものです。

　まず13歳以上で来日した中学生・高校生（1世）ですが、母語の読み書きの力を下支えにして日本語の読み書きもできるようになります。ただ心情面では自分を殺して異文化の行動パターンに無理に合わせるためバイカルチュラルになるわけではありません。6〜12歳で来日した小学生（1.25世）は、家庭で親の母語を使い、現地の学校体験を通して、ことばも行動パターンも考え方も、また心情面でも現地文化に染まるので、加算的バイリンガル・バイリテラル・バイカルチュラルに育つ可能性があります。ただし継承語支援が必要不可欠です。国際結婚家庭でも、同じ結果が期待できます。0〜5歳で入国、あるいは現地生まれの就学前・就学初期の子ども（1.5世／1.75世）は、継承語も日本語も伸び悩む傾向があるので要注意です。母語の発達途上で現地語に急激に触れるため、どちらの言語も伸び悩み、小学校1年ですでに学習の遅れが出ることがあります。ただ親や子どもの努力や、地域の教

表1　入国年齢・親の背景・母語・継承語とバイリンガルのタイプ *5

世代	1 世	1.25 世	1.5 世	1.75 世	2 世
入国年齢	13 歳以上	6-12 歳	0-5 歳	現地生まれ	現地生まれ
親／片親の背景	外国生まれ・外国育ち				現地生まれ
母語・継承語	母語	母語が後退・継承語へ移行	継承語		継承語
バイリンガル／バイカルチュラル	加算的バイリンガル	加算的バイリンガル、バイカルチュラル	減算的バイリンガルになる危険性がある。ただし教育環境や親子の努力によっては、バイリンガル・バイカルチュラルに育つ		現地語モノリンガル。バイリンガル教育によってバイリンガルに育つ

育環境を活用して、バイリンガル・バイカルチュラルに育つこともももちろんあります。一方、親も子どもも現地生まれの定住2世児は、現地語のモノリンガルに育つのが普通ですが、学校にもしカナダのような現地語・継承語のイマージョン方式の教育があれば、バイリンガルに育ちます。

　以上を踏まえて、減算的バイリンガルになる危険性がある1.5世／1.75世児への対策が打ち出されれば、外国につながる子どもたち全体の底上げにつながり、不就学やリミテッド状況の解消にもつながる可能性があります。

6.　地域のサポートと親への支援

　地域の言語コミュニティの活力を「民族的活力（ethnological vitality, EV）」と言いますが、EVが強ければ強いほど継承語の保持が可能になると言われます。ただ母語の継承は当事者が決めることであって、日本人にできることはあくまでも間接的支援です。地方自治体、民族言語団体、NPOなどによる活動が、親の味方になると同時に子どもに貴重な居場所を与えます。特に中学・高校生には、親の文化の担い手としての自分に目覚めるきっかけを与えます。

　異言語環境での子育ての悩み、継承語教師の悩みや要望には世界共通のものがあります。カナダのような多文化・多言語主義の国でも、子育てとなると、親にも教師にもさまざまな悩みがあります。最近地元トロントで継承日本語について「現場の声を聞く会」を開きました*6。保育士、継承日本語教師、保護者など37名から57の意見・要望が集まりました。参考までに［A 家庭内の言語使用］［B 地域に対するの要望］［C 国に対する要望］［D 継承日本語教育機関への要望］に分けて主なものを

挙げると、以下のようになります。

[A 家庭内での言語使用]	[B 地域に対する要望]	[C 国に対する要望]
1. 家庭の日本語使用（英語が多くなって困る）	1. 家族で参加できる日本語の Walk-in Centre のような施設がほしい	〈カナダに望むこと〉
2. 言語発達の遅れに対する危惧	2. 子どもの（絵）本へのアクセス	1. 州によって継承語教育に対する支援が異なるが同じにしてほしい
3. 継承日本語学習の宿題が多すぎる	3. 親の交流会（仲間の支えが必要）	
4. パートナーの理解が得られず孤立する	4. サマーキャンプ（参加費の支援）	〈日本に望むこと〉
	5. 継承日本語学習者の弁論大会	2. 継承日本語の教員資格の認定

[D 継承日本語教育機関への要望]		
1. 年齢、日本語力に合わせた教材がほしい	5. 運営上・指導上・親へのアドバイスがほしい	8. 校舎借用料への支援
2. 教室で私語が英語になること	6. Web 上でのヘルプデスク・教材シェア	
3. 年齢に合わせた指導法	7. 特別支援教育への基礎知識	
4. 教師間のネットワーク		

　最近は海外でも子どもの言語背景が多様化し、往還型、多国間移動型、家族離散型が増えています。それぞれ事情が異なりますが、共通の留意点は、(1) A4のように、家庭のなかで孤立しないように両親がよく話し合うこと、(2) B3、D4、D6のように、地域のネットワークを作って親・教師が互いに助け合うこと、(3) D7の特別支援教育のように、複数言語を伸ばすための基礎知識を共有すること。継承語の教育は、日本語教育や英語教育のようにカリキュラムや教材があるわけではないので、子どもの年齢に合わせて親と教師が二人三脚で豊かな母文化・母語体験を与えることが大事です。

6. 2言語の関係について

　外国につながる子どもの日本語の習得に継承語の力が下支えになると言いましたが、二つのことばは、どのような関係で育つのでしょうか。トロント大学のカミンズ名誉教授は、図2のように、表層面と深層面に分けて、表層面では音声、文字・表記、文法など別個の二つの言語ですが、深層面には共有面があり、共有されるのは認知力や教科学習と深い関係のある「教科学習言語能力（Academic Language Proficiency, ALP）だと言っています。図では、一見L1とL2が対等の立場にあるかのように見えますが、実はL1は外国人児童生徒が持ち込んだマイノリティ言語で、

L2が日本のマジョリティ言語である日本語ですから、大きな社会的格差があります。そのような場合は、L1が大事な役割をすると、次のように述べています。

　　　接触量が少なくて自然にまかせておけば弱くなる言語（L1）で学習することは、L1を強めるばかりではなく、接触量の多いL2も同時に強まるため、マイノリティ言語による学習は、効率のいい投資である。[*7]

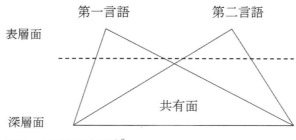

図3　2言語共有説[*8]

　実はこの説の検証には、海外の日本人児童生徒が貢献しました。日本語と英語のように発音も表記法も文法も思考パターンも異なる2言語でも、この共有説が成り立つかどうか調べるために、トロント補習授業校の2・3年生と5・6年生96名の日本語と英語の会話力と読解力を調べたのです[*9]。結果は予想通りで、日本語と英語の読解力の間に高い相関がありました。つまり日本語の文章を読んでその内容を読み取る力がある子どもは、英語の文章の読解力も高い傾向があるということです。カミンズの用語を使えば、日本語と英語のように異なる2言語でも読解力や学習ストラテジーに共有面があるということです。会話力でも、人とどう対応するかという「対面ストラテジー」で共有面があることがわかりました。日本語で無口で人に話しかけなければ口を開けようとしない子は英語でも同じで、積極的に話す子は、片言の英語でも人と関わりをもとうとする傾向が見られました。ちなみに会話力のなかで、英語の文法の正確度も調べたのですが、文法のような表層面のことばの学習には、母語の力よりも滞在年数と関係が深いことがわかりました。同じような調査を国内の外国人児童生徒にも行ったことがあります。小中学生242名のポルトガル語と日本語の会話力を調べたところ、日常的な会話力の習得に2年しかかかりませんでしたが、物語再生のような認知力を必要とする談話力は、入国年齢と関係が

深く、母語の談話力が強い子どものほうが有利であることがわかりました。同じような調査を国内の小中学生242名のポルトガル語と日本語の会話力を調べたところ、日常的な会話力の習得に2年、物語再生のような認知力を必要とする談話力は入国年齢と関係が深く、母語の力が強い子のほうが有利でした*10。

7. 母語・継承語をどう育てるか

　国内の外国につながる子どもの母語・継承語をどう育てたらいいのでしょうか。可能性のある教育の場をA.公立学校の継承語支援、B.地域の継承語教室、C.外国学校の母文化・母語教育の三つに分けて、これまで述べてきた年少者の継承語習得の特徴三つを踏まえて考えてみましょう。特徴三つとは、a.自然習得の力を活かす、b.継承語を学習に使ってALPを伸ばす、c.母語・継承語を使う（学校）体験、です。

　　A. 公立学校の継承語支援

　　　家庭以外で最も継承語の取得にプラスになるのは、同年齢の日本語母語話者がいる地域の学校です。学校教師や級友が、自分の継承語をどう見るかは外国につながる子どもたちの関心事で、その反応で子どもの継承語に対する姿勢も変わります。日本人児童の目を引く発表の場や、成果物展示の場で「すごいね、○○語ができて！」と褒められると、継承語の価値が上がって、「日本語も継承語もできる子」を目指して頑張ろうという気持ちになるし、保護者の関心も強まります。教師が一歩踏み込んでグループ活動などで継承語を使う場を作ると、継承語そのものを教えなくても、家庭で継承語を積極的に使うようになるなどの効果が望めます。

　　B. 地域の継承語教室

　　　「継承語教室」とは、デイケア、プレイグループや幼児教室、週末の継承語学校など、コミュニティ・ベースの継承語教育の総称です。自助努力で運営するところが多く、専門家不在、課外の学習であるため子どもの学習意欲が低いこと、継承語のレベルや背景が異なる「混合クラス」が多いこと、カリキュラム、教材、教師研修の欠如など課題山積です。しかし、何よりも大事なことは、外国につながる子どもにとって家庭外で継承語を使う貴重な場所であること、家族以外の継承語を話す大人や同じルーツをもつ子どもに出会うこと、一緒に学ぶ友達ができること、これは教師の実際の継承語の指導法よりもはるかに大事なことです。

C. 外国学校 の母文化・母語教育

　　海外に日本人学校・補習授業校があるように、b.とc.の観点から、母文化・母語教育をする外国学校は日本にとって必要不可欠な存在です。しかし日本への貢献度を高めるためにはさまざまな行政的改革や、財政的支援が必要です。まず正規の学校として認め、日本語と母語両方で教科の授業をして教科学習言語能力／ALPを強める必要があります。もし週末に補習授業校を開くことができれば、1.5世／1.75世児対策としても、また外国につながる子どもの数が半数以上になった集住地区の学校の児童生徒のためにも役に立つはずです[*11]。

　国によって母語保持には温度差があり、母語を死守する国、母語よりも宗教に重きを置く国といろいろです。世界各地に日本人学校・補習授業校・日本語教室があることを見ても、日本人は母語保持に真摯に取り組んできた国です。この経験をいかして、国内の多様な言語を日本の大事な言語資源として、母文化を尊重し、母語と日本語の両言語を高める新しい教育体制が求められています。以上、言語形成期の子どもを中心に母文化・母語教育の現状と課題をまとめましたが、これからはオンライン上で異文化・異言語体験が可能になり、地域を越えて保護者・教員の支え合いが可能な時代がすぐそこまで来ています。新しい連携の時代に期待したいと思います。

▼注

*1 DLAは「外国人児童生徒のためのJSL対話型アセスメントDLA」（文部科学省初等中等教育局国際教育課、2014）のこと。

*2 リミテッド状況とは、言語環境の影響でどの言語も年齢相応のレベルに届かず、教科の学習などで困難を伴う状況を意味する。

*3 「継承語」はHeritage Languageの訳語として北米でよく使われる用語。他に「コミュニティ言語」「出自語」「家庭言語」なども世界各地で使われている。

*4 愛知県地域振興部国際課（2009）p.64より。

*5 Cummins（1991）、Rumbaut（1994）等に基づいて作成したもの。一般的傾向を示したもので、状況や家族の努力次第では結果が異なる。

*6 中島和子（2020）「継承日本語教育のミニプレゼン と現場の『声を聞く会』(1)：報告と今後の課題」（報告書）

*7 カミンズ、中島（1985）p.169より。

*8 Cummins（1984）p.143より。共有説のほか、氷山説、思考タンク説、2言語相互依存説、

2言語基底共有説とも呼ばれる。
* 9　* 7を参照。
* 10　中島 & ヌナス（2011）　最近は国内でも、日本語とスペイン語（櫻井2016、2018）、
　　　日本語と中国語（真嶋ほか2019）など2言語の関係の研究が行われている。
* 11　中島（2010）pp.193-204。

▼文献一覧

愛知県地域振興部国際課多文化共生推進室（2009）「プレスクール実施マニュアル」
　　　https://www.pref.aichi.jp/soshiki/tabunka/0000028953.html（2020/07/28）

愛知県社会活動推進課多文化共生推進室（2013）「母語教育サポートブック『KOTOBA』
　　　──家庭／コミュニティで育てる子どもの母語」（ポルトガル語、スペイン語、フィリピ
　　　ン語、中国語、韓国朝鮮語）
　　　https://www.pref.aichi.jp/soshiki/tabunka/0000060441.html（2020/07/28）（2020/07/28）

J・カミンズ、中島和子（1985）「トロント補習校小学生の二言語能力の構造」『東京学芸大学
　　　海外子女教育センター　バイリンガル・バイカルチュラル教育研究プロジェクト報告書』
　　　141-179

J・カミンズ、M・ダネシ［著］、中島和子、高垣俊之［訳］（2020）『カナダの継承語教育
　　　──多文化・多言語主義をめざして（新装増補版）』明石書店

櫻井千穂（2016）「スペイン語母語話者児童生徒の二言語能力の相関──物語文の聴解・再生
　　　過程の分析を通して」『日本語・日本文化研究』26、42-61

櫻井千穂（2018）『外国にルーツをもつ子どものバイリンガル読書力』大阪大学出版会

中島和子（2016）『バイリンガル教育の方法──12歳までに親と教師ができること』アルク

中島和子［編著］（2010）『マルチリンガル教育への招待──言語資源としての外国人・日本
　　　人年少者』ひつじ書房

中島和子、R・ヌナス（2011）「日本語獲得と継承語喪失のダイナミックス──日本の小・中
　　　学校のポルトガル語話者の実態を踏まえて」石井恵理子『年少者日本語教育における学
　　　習環境と言語習得の研究』研究成果報告書、5-30

真嶋潤子［編著］（2019）『母語をなくさない日本語教育は可能か──定住二世児の二言語教
　　　育』大阪大学出版会

文科省初等中等教育局国際教育課（2014）『外国人児童生徒のためのJSL対話型アセスメント
　　　DLA』

Cummins, J.（1984）*Bilingualism and Special Education: Issues in Assessment and
　　　Pedagogy*. Clevedon, UK: Multilingual Matters.

Rumbaut, R. G.（1994）"The crucible within: Ethnic identity, self-esteem, and segmented
　　　assimilation among children of immigrants." *International Migration Review*, 28, 748-
　　　794.

［中島和子］

第2章

Q&A 編
日本の学校での受け入れ

第1節　学校や学級にやってくる！

Q1
子どもを受け入れる前に、
学校内および職員間で理解しておくべきことは何ですか？

A1
子どもを受け入れることで得られる教育効果とそのために必要な子どものもつ多様性を認め尊重し、安心して学ぶための組織体制づくりが重要です。

解説

　私が出会ってきた外国につながる子どもとその保護者のことを事例にしながら、三つのポイントを紹介します。

ポイント①　子どもを受け入れることで得られる教育効果への理解

　自分の思いを日本語で伝えることができず、思わず自身の腕に歯型が残るまで噛み続けた中国ルーツの小4のリュウ。日本での生活を楽しみに来日したが、日本語での会話ができないために友だちが作れないと言って登校ができなくなり、帰国を望んでいるタイルーツの中1のシリポーン。誰もが期待と多くの不安をもって編入してきます。その不安の表れが、さまざまな行動として現れます。また、多くの保護者も同様、自分たちの生活を守るために日本での生活を選択されたことでの期待と不安を抱えて来日されています。期待と不安は、子どもたちを受け入れる学校やクラスにおいても同じようにあります。外国につながる子どもたちが、学校やクラスに編入することで「たいへん」「どうしよう」と感じていることがあるかもしれません。しかし、実は、さまざまな「ちがい」をもった子どもたちは、学校やクラ

スに多くの教育効果をもたらしてくれます。

事例1●グローバルな感覚を持つ一歩に

　国語科の授業でルーマニア人の母親から「歯が抜けたときには、枕の下に入れておく」ということを聞き発表したマリウス。住居の学習で母国の移動式住居ゲルを友だちと建てながら説明したモンゴルルーツのギーマ。動物の鳴き声をカタカナで表す学習で母国の動物の鳴き声を発表したコリアンルーツのチアン。その違いに驚き、興味をもって質問を重ねた周りの子どもたち。学習内容の理解が深まったと同時に、世界の「ちがい」を身近に感じることになった。

　子どもたちは、こういった「ちがい」を受け入れる機会を日常的に多くもつことでグローバルな感覚を自然と身につけていきます。また、いじめを許さない学級づくりでもとても大きな教育効果を生みます。子どもたちがもつ「ちがい」を仲間外しの理由とするいじめ等の人権侵害について深く考えるチャンスとなります。「ちがい」を異質なものとして仲間外しの理由とするものではなく、誰もがもつ「ちがい」は、自分たちを豊かにしてくれるものであるということに気づかせるチャンスとなります。このことは、教職員の人権意識の向上にもつながります。

**知って
おこう**　学校、保護者、地域が連携して多文化共生に取り組むことで「チーム学校」としての組織力の向上につながります。たくさんの「ちがい」をもって編入してきた子どもたちは、クラス、学校、地域にとって大きな宝物になる可能性を秘めています。まずは、この可能性を全ての教職員で理解することが大切です。

ポイント②　多様性を認め尊重し、個々の課題にきめ細かく取り組む必要性

　編入してくる子どもたちは、多様な背景をもっています。まずは、子どもたちが持つ一つ一つの「ちがい」を理解することが大切です。その上でその「ちがい」を認め尊重しながらもクラスとしてどのように受け止めるのか、子どもたち全員で考えることが大切です。それが、質の高いクラスづくりにつながります。また、学校としてどのように受け止めるのか、教職員全員で考えることが大切です。それが、適切な支援につながります。そのことが、教職員の人権意識の向上、組織力の向上にもつながります。

事例2●尊重することの大切さ

挨拶がしっかりできたインドネシアルーツの小3のワヤン。その子の頭を撫でようとしたときに「先生ダメです」と声がかかり思わず手を引っ込めた。また、パキスタンルーツの中学1年生のジーナ。上履きに名前を書くように言ったが、なぜか書かなかった。それらは、宗教上、頭はもちろんのこと名前もとても神聖なものなので、けっして触れてはいけない、踏みつけてはいけないという理由からだった。

事例3●なぜ、誘っても来ないの？

母国で友だちと仲よく過ごしていたが弟の面倒を見るために日本に呼び寄せられたフィリピンルーツの小6のアレハンドロ。クラスの友だちの「遊びに行こう」の呼びかけにも反応せず、遊び時間も自分の椅子に座り続け、学習に対しても全く興味を示さなかった。母国に残してきた友だちのことが忘れられないということだった。子どもたちは、どうすればいいのかを考え続けた。子どもたちから地域の支援団体やバスケットクラブへの誘いなど積極的な働きかけもあり笑顔が見られるようになってきた。

ポイント③　安心して学ぶための組織体制づくりの重要性

「お腹が痛くなったらどうしよう？」「帰り道に迷ったらどうしよう？」など、外国から編入してくる子どもたちの多くは、大きな不安を抱えて学校生活をスタートさせます。その子どもたちが安心して学ぶためには、教職員全員がその気持ちを受け止め、組織的に関わることが大切です。例えば、「調子が悪くなって保健室に行っても体調の変化がイラストでわかるカードが用意してある。重要なお知らせは母語で配布される。教室などの表示がイラストなどでわかりやすくしてある」等、教職員一人一人が配慮することで安心感は、全く違ってきます。

また、受け入れる子どもたちが共に学びたいという環境を整えるためにも、教職員の協力体制が不可欠です。例えば、委員会活動で子どもたちに関係した国や地域の絵本を読んだり学校行事などでも文化を紹介する等、積極的に取り入れることで他の子どもたちとの交流がスムーズに図れたりします。特に日本語指導においては、校内体制を確立することがとても重要です。初期の段階では誰が担当するのか、その後は、取り出しなのか、通常の授業の中で行うのかを話し合っておく必要があります。子どもの中には、日常生活で日本語でのコミュケーションが不自由なく取れ

ていても学習に必要な言葉が理解できず、学習意欲をなくしてしまう子も少なくありません。日本語指導担当と学級担任や教科担任をはじめ関わりのある教職員とのきめ細かな連携は不可欠です。

事例4●文字が読めないことで

　放課後、編入してきたフィリピンルーツのダリセイが頬を腫らしてお母さんと共に学校に来た。保険証もお金もなくて病院にいけないということだった。養護教諭が付き添い何とか病院での治療を済ませた。後日、自宅に行って調べてみると保険証を取りに来るようにと書いてある区役所からの通知文が出てきた。字が読めなくて、わからなかったとのことだった。その後、地域の支援団体との連携によって区役所で手続きをすることができた。

事例5●「チーム学校」で高校に合格！

　「私、高校行けへんよ。行かれへん。お金もないし、頭も悪いもん」と言うフィリピンルーツの小5のアミ。厳しい生活環境で暮らすなか、将来の展望を見失っている姿があった。その後、地域の支援団体等と連携して、夜間の学習支援、受験対策、進路指導を行っていくことで、志望する高校進学を果たした。

☞ アドバイス

「チーム学校」の組織体制づくりでは、積極的な学校からの働きがけが大切です。私が校長の時、外国につながる子どもたちの厳しい学力・生活実態に危惧を抱いたことから、切実なる支援の要請を発信し続けました。賛同したNPOなどのボランティア団体や教育関係者など共に実行委員会を結成し、暮らす地域で外国につながる子どもの学習支援と居場所をめざした教室「Minamiこども教室」を開設しました。運営で重視していることは、発足のきっかけとなった「不幸な事件を二度と繰り返さない」の思いを含め、子どもや親の実態の把握と支援内容の共有です。困ったときは学校だけで抱えず、地域のなかで子どもを育てる環境を試みるとよいでしょう。

[山崎一人]

Q2
転入や入学がわかった時に、
担任がすぐにできることはありますか?

A2
どの子にも準備しておくとよいことをベースに、外国につながる児童
生徒だから準備しておくとよいことを加えていくとよいでしょう。

解説

　国籍を問わず、転入や入学の際には書類や教材等の準備が必要となります。その
中で、どんなことが手間取り、どんな支援があればスムーズになるかを考え、学校
内で誰が何を準備し、どんな連携・情報共有をしておくとよいかを把握しておくと
安心です。

　例えば、手続きの流れを可視化して情報の流れを共有したり（図1）、転編入時の
際に必要な書類をひとまとめにして封筒に入れ、表紙に準備の段取りを記載した
「転編入パック」（図2）を作成したりといった準備をしておくとよいでしょう。

ポイント① 学校内で情報の共有は必須

　外国につながる児童生徒の転編入は、不定期・不規則で突然やってきます。転
入・転出ともに保護者の仕事や住居の問題などの影響もあります。教育現場からす
れば突然でも、保護者からすれば必然の出来事と考えることができます。

　準備は、「学級担任としてできるところ」と「組織として取り組むところ」があ
ります。情報の共有、「報・連・相」を円滑に進めることが大切です。

ポイント② 学級名簿作成と氏名の確認

　大切な名前ですので、必ず保護者と確認して、ミドルネームを含めて、学校で用
いる名前と表記方法を決めましょう。その時、母国での発音を日本語で表記する場
合の確認も重要です。例えば、名前のVictorを「ビクトル」なのか「ヴィクトル」
なのか、ミドルネームのFerreiraを「フェレイラ」とするか「フェヘイラ」とする

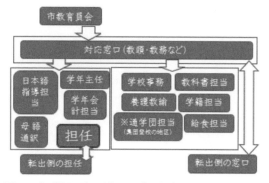

図1　転編入時の流れと担当者の関わり

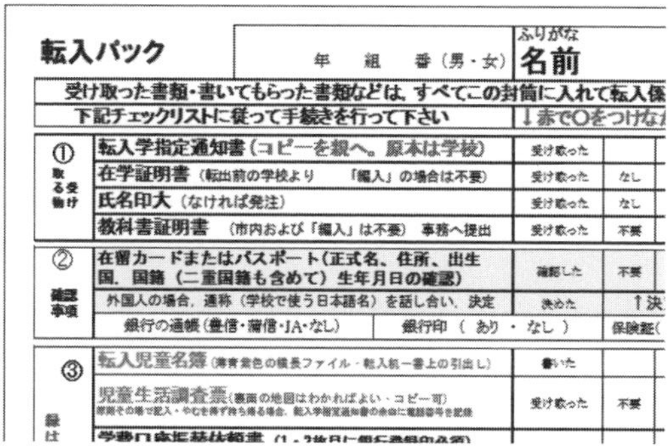

図2　転入パック例（一部）

かなど、学校側で勝手に表記を決めないようにしましょう。なぜならば、名前の確認は、単なる登録だけでなく、その子にとって日本の学校で呼ばれ続けるものとなります。保護者の意に沿いながら、親身になって丁寧な対応を心がけたいです。

　なお、指導要録を作成の際に、保護者名を記述する欄もあります。保護者の氏名の読み方も忘れずに聞き取りましょう。

ポイント③　教科書へのルビつけ・時間割や月予定の作成

　教科書は無償配布されます。担任として準備したいことは、教科名や教科書にルビをつけることです。多くの教科書は、教科名が小学校2年生から漢字で表記されています。教科書が届いたら、教科書を開いて絵や写真などを子どもに見せながら、シールを貼ったり油性ペンで教科名をひらがな書きしたりしていくとよいでしょう。

にほんご『教科名』（　）年　（　）組　（　　　　　　　　　　　　　　　　　）			
かんじ	ひらがな	Português	Tagalog/English
教科	きょうか	Matéria	Subject
国語	こくご	Lingua Japonesa	Wikang Hapon/Japanese
算数	さんすう	Matemática	Mathematic
理科	りか	Ciências	Science（Agham）
社会	しゃかい	Estudos Sociais	Social studies
➡地理	ちり	Geografia	Geography

図3　教科名一覧（一部）

**知って
おこう**　教科名の日本語と母語での言い方（表記）一覧表が用意できると、時間割の確認と併せて説明がスムーズになります（図3）。また、月予定については、単語で最低限の行事・日時・場所があるだけでも、本人やその保護者にとって見通しがもて、安心感を与えることにもつながります。

　なお、母語版の時間割の作成などについては、文部科学省のかすたねっと（第4章資料編p.244参照）からダウンロードして活用できます。

ポイント④　教室内の準備や配慮・係活動への参加

　クラスの児童生徒数が1人増えることとなるので、机や椅子、ランドセルを置くロッカーやくつ箱の準備なども必要です。その際、担任にとって「表情の確認や声かけがしやすい」、また、児童生徒にとって「先生と目が合う・不安が解消される」といった視点で決めましょう。

　担任の「どうせ日本語がわからないだろうから……」といった発想から、教室の後ろで窓際に席が用意されていることもあります。実際に転編入した外国につながる児童生徒の多くは、離席もせず静かに過ごすことができるでしょう。しかしそれは、授業に対して・学校生活に対して無関心・心を閉ざしているだけなのかもしれません。ジェスチャーやイラストで十分です。何かしらの声かけ、働きかけの積み重ねによる信頼関係の構築が、日本の学校への適応・日本語の習得につながります。

　さらには、掃除活動や給食準備など、初日から本人が参加することになる活動もあります。クラスメイトの中でサポートしてくれる子をあてがうのも一つの支援です。ただし、サポートする児童生徒に任せきりにしてしまうのはよくありません。

学級全体でサポートする気持ちで受け入れましょう。

ポイント⑤　育成歴の確認は必須

　転編入に際しては、海外からの編入で日本語が全く話せない子、母国で日本語に触れる環境で過ごした子、国内で移動した子（市内市外からの転入・外国学校からの編入）など、ケースによって日本語の力はさまざまです。母国で日本語を習っている場合もあります。逆に、日本での在住年数が長くても外国人が経営する託児所で過ごし、日本語の力の弱い場合もあります。よって、転編入時のガイダンスの際は育成歴を保護者から聞き取り、実態の把握をしましょう（Q3参照）。個に応じた食物アレルギー対応・宗教的配慮（Q4参照）などの確認も必須です。

　なお、育成歴の作成は、保護者からの聞き取りをしないと作成できない、手間のかかる仕事です。しかし、日本語を使用する生活環境の中で過ごしたのか、漢字圏の子どもなのかなど、背景を紐解くことで日本語指導にいかすことができます。よって、他の先生たちとも共有できる「あると便利な書類」として準備していくとよいでしょう。

☞ アドバイス

　日本の学校が初めての児童生徒やその保護者には、担任や学校から「あなたたちを受け入れますよ」というメッセージを伝えましょう。そのメッセージは、声かけだけでなく、転編入する児童生徒のための受け入れ方・教室環境の準備から発信することができます。

　学級経営としても、日本語がわからない児童生徒がぽつんといたとき、先生も「1人の子だけの対応なんてできない」気持ちにもなるかもしれません。しかし、1人の子を大切にできる先生は、学級みんなを大切にできる先生でもあります。そして、その優しさがすべての子どもたちにも伝わります。「1人ではサポートできないから、みんなでサポートしようよ」といった心構えを、先生とクラスの子どもたちとで共有して、素敵な支援の輪を学級からつくっていきましょう。

[松波良宏]

Q3

本人や保護者と最初に出会った時に
確認すべきことを教えてください。

A3

連絡先や成育歴等、本人について指導上必要な事柄を確認し、
日本の学校生活や提出書類について丁寧に説明しましょう。
そのためには、事前の準備が重要です。

解説

　最初の出会いとなる面談では、確認すべきこと、伝えるべきことがたくさんあります。学校生活がスタートすると、保護者と対面して話す機会が少なくなりますから、時間がかかっても、丁寧に説明しましょう。

　面談は、通訳を入れて行います。保護者が日本語で簡単な会話ができる場合も、市や学校に通訳者がいれば、できるだけ通訳を入れます。子どもの健康や発達、成育歴、進学についてなど、お互い誤解なく理解することが大切だからです。どうしても通訳者が同席できない場合は、やさしい日本語でゆっくり話す、翻訳文書を活用するなどして、理解してもらえるよう努めます。

　ここでは私の経験から面談でのポイント例を紹介します。これだけの内容を扱うと、おおよそ1時間から1時間半、通訳が入ると約2時間かかります。児童生徒の情報を整理して収集できるよう、記録シートがあるとよいです。また、保護者が家庭で見返せるような冊子や資料を用意するとよいでしょう。

ポイント① 児童生徒について確認しよう

1. 児童生徒の名前
2. 校内通称名
　名札などで使用する名前の表記を確認します。保護者や本人の意思を尊重しながら対応をします。
3. 生年月日

4. 国籍

5. 家庭内言語

6. 家族構成

7. 現住所

8. 連絡先

   保護者は日本語でのやりとりが可能か、日本語がわからない場合、通訳をしてくれる親戚や知人がいるかを確認します。保護者の勤務時間は様々ですから、勤務形態（連絡がとりやすい時間）を聞いておくと連絡がつきやすくなります。緊急時、連絡がとれるよう職場の連絡先も聞いておきます。

9. 食物アレルギーや運動制限の有無等、健康上配慮が必要なこと

10. 成育歴（出生国、滞在国、滞在期間、保育園・幼稚園・学校に通った期間、来日時期など）

11. 日本語の学習歴

    面談の時間を利用し、保護者への説明と並行して、子どもの日本語の理解度がチェックできると、受入れの準備に役立てることができます。

12. 今後の予定（日本の学校に進学するつもりかどうかなど）

    特に中学生の保護者には進路ガイダンスなどに積極的に参加をして情報収集するようすすめます（Q15参照）。

13. 宗教上の配慮が必要な場合は、保護者とよく話し合います（Q4参照）。

　　簡単な日本語が理解できるかを調査するツールとして、愛知県内での実践から生まれた『語彙調査』があります。インターネットからダウンロードができ、20分程度で調査できます。日本語の学習歴がある子どもには、平仮名の読み書きをさせてみたり、簡単な計算問題に挑戦させてみてもよいでしょう。これらを行う場合は、子どもの様子をみて、無理のない範囲で、そして温かい雰囲気で行うようにしてください。

　　なお、この語彙調査は、「プレスクール実施マニュアル（愛知県多文化共生推進室発行）」のなかで紹介されています（第4章資料編p.249参照）。

ポイント②　日本の学校について説明しよう

　日本では当たり前のことでも、外国につながる保護者にとって当たり前ではない

ことがたくさんあります。イラストや写真、実物を示しながら、丁寧に説明をします。

1. 日本の学校制度

    義務教育が9年あること、高校から入試があること、新学期は4月に始まり3月に修了すること、長期休業があることなど大まかな流れを説明します。

2. 学校行事

    土曜日に行う行事や宿泊を伴う行事など、学校行事の説明をします。家庭訪問や懇談会には、できるだけ都合をつけてもらえるようお願いをします。

3. 1日の流れ

    日課表や時間割表を用いて1日の流れを説明します。曜日や季節によって下校時刻が違うことも伝えます。

4. 登下校

    小学生の保護者には通学班で登校することを伝え、通学班の集合場所や集合時間を確認します。中学生の保護者には通学班がないこと、自転車通学が許可される場合は、ヘルメットや自転車などのきまりについて説明します。安全のため通学路が決まっていることも伝えます。

5. 給食

    食物アレルギーだけでなく、箸が使えるか、牛乳が飲めるか、野菜や魚など好き嫌いはないかなどを確認しておくと、給食指導に役立ちます。

6. 宿題

    宿題があることを伝えます。家庭学習の習慣がつくよう家庭での協力をお願いします。

7. 費用

    給食費や教材費など、毎月いくらぐらいかかるのか、また集金方法を伝えます。

8. 身なり

    実物や写真を見せて説明します。制服や体操服が購入できる店の場所を地図を用いて説明します。

9. 持ち物

    実物や写真を見せて説明します。お菓子やジュース、お金など学校に持ってきてはいけないものもあわせて伝えます。

10. 学校で購入する教材

    学校で購入が必要な教材の金額や集金方法を伝えます。本人の日本語の理解度や家

庭の経済状況を考慮し、できるだけ必要最低限の教材を購入するよう配慮します。

ポイント③　しっかり伝えよう

1. 欠席、遅刻をする場合は、朝学校に連絡すること
2. 学校からお便りがないかこまめに確認すること
   保護者は日本語が読めるか、読んでくれる親戚や知人がいるかを確認をします。重要なお便りには担任がマーカーペンで印をつけるなど予め決めておくと、保護者の負担が軽減します。
3. 住所、電話番号が変わったときは、学校に連絡すること
4. 転校、帰国する場合は、早めに学校に連絡すること
5. 心配なことがあれば、学校に相談すること

ポイント④　最初だから、しっかり伝えて確認しよう

1. 提出文書について
   転編入時に提出が必要な書類は、できるだけ翻訳文書を用意します。翻訳文書が用意できない場合や、保護者に手伝ってくれる親戚や知人がいない場合は、学校で一緒に記入するようにします。
   〈提出書類例〉
   児童生徒調査票、健康調査票、結核検診問診票、緊急時の連絡カード、口座振替依頼書、日本スポーツ振興センター加入同意書など

2. 初登校日について
   初登校日、登校時刻、登校後どこへ行けばいいのか、どの教員が対応するのかを伝えます。時間に余裕があれば、昇降口や下駄箱、教室の場所を案内します。

3. 下学年編入について
   保護者から相談を受ける下学年編入ですが、文部科学省は可能としています。
   下学年編入をすると、その分日本語学習や教科学習の時間を確保することができます。特に中学生と中学生の保護者にとっては、進学に向けた情報収集や、進学に必要な費用を貯める時間の猶予も生まれます。一方、下学年編入には、次のような注意点もあります。本人にとって、最善の選択となるよう、保護者や本人に丁寧に

説明をする必要があります。

下学年編入の注意点

・正式に下学年編入をすると、義務教育課程修了まで1年遅れのままになります。帰国などを理由に中途退学をした場合、卒業証書がもらえなくなってしまいます。
・日本の滞在年数や編入した学年が、高等学校の外国につながる生徒対象入試の出願資格に影響する場合があります。
・スポーツの試合や大会などの年齢で制限されてしまう場合があります。

4. 結核検診について

　結核高まん延国から来日し編入する子どももいれば、日本国内からの転編入でも、結核高まん延国での滞在歴等から精密検査の対象となる子どももいます。ですから、転編入時に、保護者に結核検診問診票に正しく記入してもらうことが大切です。検査費用については、自治体によって対応が異なります。養護教諭や市町村教育委員会とよく連携し対応する必要があります。

☞ **アドバイス**
　最初の面談は、これから学校と信頼関係を築くうえで大切な場となります。最初の面談では、本人も保護者も緊張していますから、安心感をもってもらえるよう、まずは笑顔で挨拶をし、ぜひ温かい雰囲気で面談を行いましょう。

［越智さや香］

Q4
宗教の違いに合わせて学校でできる支援はありますか？
（お祈り、給食、服装等）

A4

いろいろな支援ができます。保護者や本人と相談しながら、学校でできること・できないこと（保護者に対応してもらうこと）を確認しましょう。

解説

　海外では、国民の多くが信仰する宗教に合わせた形で公立学校を運営したり学習内容を決めたりしていることもあるので、それを「普通」の学校のあり方だと思っていた保護者や子どもは、日本ではそうではないことに驚くこともあるでしょう。一方で、日本の学校側も、日本の「普通」を世界共通だと思い込んでいたり、日本の文化習慣に深く根づいて宗教的な意識が薄れてしまっている振る舞いや行事への参加を、それと気づかずに強要したりしてしまえば、相手の尊厳を傷つけるだけでなく、その人のコミュニティでの居場所を奪うことにもつながります。

　保護者や本人と話し合っておくとよいポイントは、次の7項目です。これらのポイントを押さえながら、入学・転入の段階や行事等の前に個別に話し合いをして、対応を決めておきましょう。聞き取った情報は、必ず教職員間で共有してください。なお、外国につながる保護者のなかには、日本の学校行事の内容などがよくわからないために、行事への参加を全般的に拒否する人もいます。そのため、学校は、柔軟にオプションを用意しながら、学校行事の内容やその意義を丁寧に説明し、児童生徒の行事への参加の可否を家庭とよく話し合うとよいでしょう。

ポイント①　服装

1. 制服、体操服

　　夏服・冬服ともに最初に着用のルールを確認したうえで購入をお願いしましょう。女性が肌を見せてはいけないという戒律がある場合は半袖・短パン等は購入の必要がないかもしれません。また、女子の制服ではスカートをスラックスに変更できるか、ま

た、スカートの下にレギンスやジャージを履くことを認めるか等、柔軟な対応を検討
してください。

2. 装身具等

髪を見せないようスカーフを頭部に被ることが必要となる場合や、ファッションでは
なく宗教的な意味合いをもつピアスやネックレス等の使用を希望する場合もあります。
学校と家庭でよく話し合って、お互い納得のいくルールを予め定めておくことが大切
です。

ポイント② 食事

1. 食べてはいけない食材

イスラム教なら豚肉や豚肉由来のゼラチン等、アルコールを含むみりん等の調味料で
味付けしたものは食べられませんし、鶏肉や牛肉であっても特定の処理をしたもので
なければ食べてはいけないとされています。そのほか、豚肉以外にタコ・イカ・貝類
も食べてはいけないとされているユダヤ教や、牛肉を食べてはいけないとされている
ヒンズー教等、宗教によってさまざまです。アレルゲン除去食のような形の対応をと
ることができるか、月ごとの献立表を渡してメニューによって一部だけお弁当で補っ
てもらうか（実際には判断が難しいです）、すべてお弁当でまかなってもらうか等、
色々な方法が考えられます。

2. 食器や食事方法

食器に生物のイラストが入っていることでその食器に盛られた中身を食することがで
きないと考える人や、イスラム教やヒンズー教等で最も清浄とされる手食にこだわる
人も（子どもには少ないですが）います。

3. 食前・食後の挨拶

食事の前後にお祈りを捧げたいとする人もいます。一斉の合掌や挨拶はしなくても、
給食を食べ始めるタイミングは皆と合わせるよう話し合っておくとよいでしょう。

4. 断食

イスラム教では、ラマダンと呼ばれる断食の時期には日中一切の飲食ができません。
給食の時間には図書室で本を読んで過ごすことを許す等の工夫をするとよいでしょう。
ただし、幼い子どもや生理中の女子等、厳密に実行しなくてよいケースもあります。

ポイント③　学校生活

1. 座席の配置

   男女が隣り合う席に座ることをよしとしない宗教の場合（特に女子）には、席替えで隣が同性同士になるようにコントロールする必要が出てくるでしょう。移動教室や班活動等においても男女の配置については配慮が必要です。

2. お祈り

   イスラム教のように日中お祈りをしたいという要望がある場合には、お祈りのタイミングや場所について事前に話し合っておきます。空き教室等、静かに落ち着いてお祈りができる場所を確保してあげるとよいでしょう。

3. 保健関係

   養護教諭や学校医が男性の場合、イスラム教徒の女子児童生徒に対する日々の応急処置や身体測定、健康診断でどのように対応したらよいかを事前に話し合っておくとよいでしょう。

4. 写真撮影

   自分の姿が写真という形に残るのは偶像崇拝につながる等として、写真撮影を拒む場合もあります。

5. 遅刻、早退、欠席

   宗教的に重要な行事、例えばイスラム教なら毎週金曜日のお祈り（特に男子）やラマダン明けのイードと呼ばれるお祭り等が優先されて学校を休む・早退するということもあります。事前に確認して情報を共有し、生徒の不当な評価につながらないようにしましょう。

ポイント④　学習内容

1. 教科学習の中の特定の活動（特に実技系の教科）

   歌や踊り、生き物の絵を描くことを禁じたり、柔道や剣道のような格技系の実技を禁じている宗教もあります。これらの授業を受けてもよいか、受けない場合はその時間をどう過ごすか確認しておきましょう。体育の水泳の授業では、男女同じプールに入るのはよくないと考える人もいますが、イスラム教徒用の水着であるブルキニやラッシュガードを使用すれば参加できるという人もいます。

2. 宗教的意味をもつ活動

   音楽の授業で賛美歌を扱う場合や、学級内の親睦を深める活動として節分の豆まきを

行ったりクリスマス・パーティーを企画したりする場合等にも注意が必要です。

3. 日本の文化、習慣

日本人は宗教性を感じていなくても、誕生日や端午の節句、父の日・母の日等のイベントは異教の神や迷信と結びついているとして、参加しないことがあります。また、文学作品の中に出てくる「鬼」や「神様」に拒否反応を示すケースもあります。できるだけ活動や学習内容を事前にオープンにし、本人や保護者が嫌がった場合には、無理強いしないようにしてください。

ポイント⑤　学校行事等

1. 校外学習、修学旅行

校外学習や修学旅行等に寺社仏閣への参拝が組み込まれている場合には、参拝を個別に免除するといった対応を考えるとよいです。宿泊そのものが認められない場合には1日だけの参加も検討してよいでしょう。旅行中の食事で別メニューを用意することが可能か、合同浴場ではなく個別のシャワー室が使用できるか等を調べ、本人にオプションを提示することで、参加できるようになるということもあります。

2. 学習発表会等

ダンスや合唱、劇等の活動を拒否する場合もあります。しかし、中には衣装を工夫すれば参加できるというケースや、劇では配役を変えれば参加できるケース（イスラム教徒は豚や犬の配役を避ける）もあります。

3. 式典

国歌・校歌の斉唱、国旗敬礼等、ある特定の活動が戒律に反するとされる場合もあります。その場合は、その活動を免除する、または別室で待機させる等の対応を考えてもよいでしょう。

4. 保護者会、家庭訪問

イスラムの家庭では、対外的な対応は男性である父親が担うことが多いですが、保護者会や家庭訪問に父親が都合で対応できない場合に、母親に対して父親と同じような対応を求めるのは難しいです。特に、教員が男性の場合には、母親単独で来校してもらっての面談や、母親しかいない家への訪問は断られる可能性があります。

ポイント⑥　緊急時の対応（病院での応急処置や治療）

一切の輸血を禁じる宗教の場合、子どもが大きな怪我をして病院に運ばれた場合の一般

的な対応が、後々問題となることもあります。女子児童生徒の場合に、男性医師による処置や治療を拒否するケースもあります。緊急時に保護者と連絡が取れないこともありえますので、応急処置や治療においてどのようなことに配慮が必要か、保護者に電話がつながらない場合に判断を仰ぐ先等、確認しておきましょう。子どもの健康が第一ではありますが、宗教的配慮が全くなければ、保護者の学校に対する不信感が募ってしまいます。

ポイント⑦　進路指導（宗教系の学校に関する情報）

　進学を希望する生徒への進路指導においては、進学先の学校の候補として仏教系やキリスト教系の学校が挙がっている場合、そのことを伝えておく必要があります。

**知って
おこう**　習慣や戒律等は、宗教（宗派）によって異なります（第4章資料編p.246参照）。また、同じ宗教（宗派）であっても、家庭によって（または個人によって）どの程度その習慣や戒律を重く捉えるかは異なります。年齢や性差によっても異なります。「○○教だから△△しなければならない」とか「同じ宗教のAさんがこうしているからBさんにも同じようにしてもらう」とか、一律に対応を決めてしまうのではなく、家庭や本人と丁寧に話し合い、個別に対応を考えましょう。

☞ **アドバイス**

　宗教に配慮して個別の対応をするということについては、他の児童生徒の理解を得ることも重要です。対象児童生徒がひいきされている、わがままを言っている、といった誤解を他の児童生徒に与えないよう、なぜそのような対応が必要なのかを丁寧に説明しましょう。理由を理解することで、児童生徒は多様な価値観を知ることができますし、学校としての対応・態度を通して、自らとは異なる相手を尊重する心を自然と育みます。なお、説明の際には、特定の宗教への偏見を他の子どもたちに植えつけたり助長したりしないよう、教職員自身がそれぞれの宗教に対する理解を深めておきましょう。

［青木由香］

Q5
保護者にはどんなサポートが必要でしょうか？

A5
保護者とは、①顔を見て話すこと、②自国の文化を教えてもらうこと、③つながりを作ること、の三つが大切です。

解説

　みなさんの地域にはどの国から来た人たちが住んでいますか。「通訳者がいないとコミュニケーションがとれない」と心配しているかもしれません。私が活動する愛知県西尾市には、ブラジル、フィリピン、ベトナム、ペルー、中国、インドネシア、ネパールなど、いろいろな国から来た人たちが住んでいます。

　私のこれまでの保護者たちとの関わりから、三つのポイントを順番にその理由を説明します。

ポイント① 顔を見て話すこと

　通訳者がいると伝えたいことが正確に伝わりますが、いつも通訳者がいるわけではありません。ですから、相手が理解できるレベルのやさしい日本語で話してください。伝わります。保護者は「日本語をもっと勉強しよう」「通訳できる人を連れて学校に行こう。もう一度先生の話を聞こう」と思って動いてくれます。何よりも、「先生、家に来てくれてありがとう！」と素敵な笑顔で、とても感謝してくれます。

　ただ、注意しなければいけないのは、やさしい日本語であっても電話では伝わりにくいということです。直接会って、顔を見ながら話すと伝わりやすいです。この一度の家庭訪問により、「なかなか連絡が取れなくて困った保護者」から「協力的な保護者」に変わります。先日、「1年生のときはクレーマーだった保護者が、2年生の懇談会では保護者が担任に泣いて感謝の言葉を伝えた」という事例がありました。担任が家庭訪問をして子どもの様子を伝えることで、保護者と信頼関係ができたようです。

ポイント②　自国の文化を教えてもらうこと

　例えば、「宗教上の理由で修学旅行に行かせない」という保護者がいるとします。修学旅行では神社などにも行くので、仏教徒でない自分の子どもは行かせられないという理由からです。そういう場合は、まず、保護者の国では修学旅行という行事があるのかを聞いてみましょう。保護者の国の学校では、そういった行事がなく、"旅行"や"遊び"と捉えているかもしれません。こちらから「日本の文化を教えよう！」とするのではなく、文化の違いを知ることは大切です。それから日本の学校の修学旅行は「遊び」ではなく、「学習」であることを伝えましょう。歴史的建築物を見たり、集団行動をしたりする勉強であることを理解してもらいましょう。また、修学旅行は子どもたちの学校生活の締めくくりでもあり、修学旅行に行く前からみんなで準備をし、行った後も、卒業して大きくなっても、みんなで修学旅行について話をたくさんします。いい思い出を友達ともてないことで、子どもが悲しい思いをするかもしれないことも保護者に伝えましょう。

　こちらが本やインターネットで調べることも大切ですが、いろいろと心配で頭や心がいっぱいになっている保護者の気持ちを一度全部出してもらうこと、こちらが聞くことが大切です。そうすることによって、こちらの説明を聞いてもらい、理解してもらう余裕が保護者にも出てきます。「今はお金がない」という理由も出てくるかもしれませんので、なるべく早く、「だいたいこれくらいかかります」と伝えることも大切です。お互いの文化を知ることで一緒に問題解決ができます。

　また、周りの私たちが保護者のルーツをリスペクトしている姿を見せるのも大切です。

事例◉尊重することの大切さ

　ママの日本語力をバカにして、ママが間違った日本語を話すのをベトナムルーツのグエンくんは恥ずかしがり、「ママは学校行事に来ないで！」と言いました。そんなある日、地域の国際交流イベントでママがベトナムの料理を教える機会がありました。ママが先生としてみんなに教えている姿、みんながおいしいと言って食べている姿を見てグエンくんのママを見る目が変わりました。保護者が知らない日本語をやさしく教えてあげるようになったり、保護者の文化のことを少しずつ教えてくれたりするようになりました。

ポイント③　つながりを作ること

　「日本語ができないから子どもの勉強を手伝えない」と思っている保護者はたくさんいます。しかし、それは誤解です。日本の学校での勉強の仕方が母国と違っていても、保護者が子どもの学習を見守るだけで子どもは頑張ることができるからです。また、保護者が一生懸命日本語を勉強する姿を子どもに見せることの重要性を伝えることも大切です。保護者の姿を見て子どもも頑張ることができるからです。子どもが思春期（大人になる準備をするとき）になって、保護者がきちんと大切なことを話せる言葉は何語ですか。その言葉を大切にすることが必要です。

　また、保護者と先輩保護者をつなげて、子育ての相談や情報が得られるようにサポートするとよいでしょう。その時、日本人保護者とつなぐことも大切です。海外から来た保護者は「日本人の友達がほしい」と思っています。「この漢字なんて読むの？」と聞ける友達がいるだけで、日本という外国で頑張っている保護者たちは心強くなります。

　なお、サポートとは、こちらが全てサポートすることではありません。専門家につなぎ、専門家にそういう困り感をもつ外国につながる人がいるということを知ってもらうことが重要なのです。それにより、専門家たちが考え、行動し、外国につながる人が困り感を感じる環境を変えてくれるかもしれません。今困っている外国につながる人は1人かもしれませんが、実は他にも同じようなことで困っている外国につながる人たちがいるかもしれません。これから現れるかもしれません。彼らが困らない環境、システム、社会にしていくことは大切なサポートです。1人ではできない変化も専門家と一緒にみんなで考えることで、できることがあります。

**知って
おこう**　保護者に文化（言葉、服、料理など）を紹介してもらう機会を作れるといいですね。"外国につながる人と友達になりたい"、"外国料理の作り方を教えてほしい"、"外国のスポーツを自分の子どもに教えたい"と思っている日本人保護者もいます。外国につながる保護者を講師役で料理教室や武術の紹介などをしている学校もあります。

☞ **アドバイス**

　保護者と直接会話をする中で、スマートフォンやタブレットなどを使って写真やイラストを見せることで伝わることもあります。例えば、宿泊行事（修学旅行、自

外国につながる児童の保護者から、ブラジル武道のカポエラ
を教えていただきました（小学校でのイベント「地域の人に
学ぼう」より）

然教室など）について「「スポーツバッグ」に荷物を入れてもってきてください」
と翻訳して伝えるより、イラストや画像を見せると一発で伝わります。実物を見せ
ることができれば、よりいいです。

　"今、伝わらないこと"は、"今、伝えなくてもいいこと"かもしれません。理解
できるようになるまで、温かく見守ることも大切なサポートです。

[菊池寛子]

第2節　学校生活のスタート！

Q6
担任にもできる初期の日本語指導法を教えてください。

A6

まずは、簡単なコミュニケーションがとれるようにすることが大切です。
言葉を教えるときは、場面と実物や絵、写真などと一致させて
教えるとよいでしょう。

解説

　言葉は使う場面の多い言い回しから、そして名詞は実物、絵などと一致させて教えましょう。担任の先生が、特別に日本語指導の時間を設けることは、難しいかもしれません。でも、休み時間や給食の時間など、ほんの少しの時間でも、毎日子どもと向き合ってあげることで、できることはたくさんあります。ぜひ根気強く向き合ってあげてほしいです。

1. 初めに教えよう

　クラスで先生が使う言葉は「座って」「立って」「見て」「出して」といった指示文が多いので、まず初めに教えるとよいでしょう。2人の先生でペアになって、1人が「座って」といって、もう1人の先生が座るという「話し手」と「聞き手」の関係性を見せながら言葉を教えることで、「〜（し）て」という言い方が指示文であることを理解させることができます。また名詞も、「えんぴつ」と言葉だけ言ってもわかりませんが、実物をみせて「えんぴつ」と言えば、わかります。このように、「名詞」は実物や絵、写真などを用いて教えます。まずは、よく使う「鉛筆・消しゴム・ノート」など身の回りのものから覚えさせ、ある程度覚えたら、「えん

ぴつ出して」といって、初めに学習した内容と組み合わせてみます。

　次に「えんぴつある？」と聞き、先生がふでばこの中をみて、「ある」といい、「ノート　ある？」ときいて、机の中をみて「ない」といいます。そうすることで「〇〇（は）ある／〇〇（は）ない」といったやりとりがわかるようになります。他にも「けしごむ　いる？」「いる／いらない」とか、「トイレ、いい？（許可を求める言い方）」「いい／だめ」というように、2語文でのやりとりを教えると、すこしコミュニケーションがとれるようになってきます。

　そして言葉とともに、できるだけ早い時期に教えておくとよいのが、数字です。子どもたちは、母語でなら、数字がわかるかもしれませんが、日本語でとなると話は別です。必ず1から10までの数字が順に並んでいなくても、一瞬で読めるようになるまで練習をする必要があります。また「0」は「れい」と「ぜろ」の二つの読み方があることを確認します。学年によっては千や万の位まで先に教えたほうがよい場合があり、同時にお金は「〜円」をつけるのだと教えるとよいでしょう。数字がわかるようになると、算数の授業の一部でも参加することができるようになります。

　指導例◉10日間を目安にした内容

　一度教えただけでは、使えるようになりませんので、何度も復習をすることも大切です。

①身近な名詞（身の回りのものと体の部位・家族・くだもの・飲み物・食べ物など）

②基本的な動詞（見る・聞く・言う（話す）・書く・出す・入れる・来る・行く・食べる・飲む・忘れる）と形容詞（痛い・かゆい・大きい・小さい・暑い・寒いなど）

③数字（お金と　時計の読み方もやっておくとよい）

④日にちと曜日・天気

2. ひらがなは読めるようになってから、書く練習をしよう

　日本語がわからない子どもに、ひらがなの50音表をいきなり書かせるのは、あまりお勧めできません。

　まずは日本語が「aiueo」の母音＋子音の組み合わせで46文字があることと、正確な発音を教えてください。子どもによっては「さしすせそ」が「しゃ・しい・しゅ……」となってしまったり、「つ」が「ちゅ」となってしまったりすることがあ

ります。「あ」と「お」、「は」と「ほ」と「ま」、「め」と「ぬ」など似ている文字にもこの時点で注意させ、書く前にきちんと発音と文字を認識させます。もちろん、濁音、半濁音（ぱぴぷぺぽ）、拗音（きゃきゅきょ、ぎゃぎゅぎょなど）も確認します。

そして、50音表のように順番に並んでいなくても読めるようにします。

指導例●ひらがなの指導法の順序

幼児や小学1年用教材のひらがなカードなどで46文字が1文字ずつ分かれているものを使います。

①あ行、か行、さ行と各行ごとに順番に読ませてから、行ごとにばらばらにカードを入れ替えて読ませる。

②あ行〜さ行、た行〜ま行までのように数行に限定し、同じようにばらばらに読ませる。

③②と並行して、先生が言葉を言って、子どもはその発音通りのカードを抽出する。（例）つくえ→　子どもは「つ」「く」「え」というカードを選んで前にだす。

④読めないものだけを集めて、さらに繰り返し、全てのひらがなが、瞬時に読めるまで続ける。

**知って
おこう**

ひらがなが読めるようになれば、子どもの身の回りにある文字に関心が向くようになり、自発的に単語を獲得していくことが期待できます。この段階になれば、単語の習得も、単語カードのように表に絵、裏にひらがな、母語での理解ができるならば、表に母語、裏にひらがなで日本語をかいておけば、自分だけで単語を読んで覚えることができるようになります。また、漢字もふりがなをつけてあげることで、わかることが増えます。

この手間を省いてしまうと、50音表なら書けるけれど、言われた言葉を書くようになるまでにかえって時間がかかってしまう場合があります。少なくとも読むことが6割程度できてから、書かせるようにすることをお勧めします。また、ひらがなを書かせるときは、書き順や形をよく見て書くよう指導し、日本語の文字は「左から右へ」「上から下へ」と書く基本を教えます。このときにしっかり指導しておかないと、今後漢字指導の時にも書き順や形で苦労します。

3.　日本語で伝えるときのポイント

まず、子どもを迎える初日の場面を想定してみます。

「おはようございます。初めまして。私はあなたの担任の田中です。よろしくお願いします。今日からこのクラスで一緒に勉強しましょうね。クラスのみんなもルカスくんに会えるのを楽しみにしていました。何か困ったことがあったらいつでも相談してください。では、自己紹介をお願いします。」

「……（沈黙）……」

「あれ？　日本語がまだわからないかな。じゃあ、今度してもらいましょう。じゃあ、ルカスくん、あなたの席はあそこですから、座ってください。」

こんな感じでしょうか。先生は十分に配慮して、やさしい日本語で伝えようとなさっています。でも、来日したばかりの子どもは、この長さの日本語を聞き取るこ

わかった時は自然と笑顔になります。

学校の宿題にも一生懸命取りくみます。

日本語のテスト。助詞が正しく使えるかを確認します。

認知レベルにあわせて課題を変えます。中学生は不服そう（笑）。

撮影：プラスエデュケート

とができません。また「担任」「勉強しましょう」「困った」「相談して」「自己紹介」などの言葉もわからないことでしょう。そして、さらに「自己紹介ってわからない？自分のことをみんなに説明するのよ。ほら、名前と出身地と、好きな食べ物とか、趣味は何？……」と続けてしまうともっといけません。

　このような状態を「日本語のシャワーを浴びさせている」と私たちは言っています。日本語がわからないのに、日本語で説明されてもわかるはずがなく、子どもは不安と焦りでいっぱいになってしまいます。ひたすら固まって、その場が過ぎ去るのを待っています。

　日本語理解が十分でない子どもには、二語文程度の短い文で主述を明確にして話す、わからないことを「日本語だけで」説明しないようにすることを、意識してください。

☞ **アドバイス**

　日本語がわからない子どもの担任にはじめてなった先生は、コミュニケーションの取り方がわからず、困ることも多いでしょうが、一番不安で心細い思いをしているのは子ども本人です。子どもにとっては、日本に来て、自分に向き合ってくれた初めての先生は、絶対忘れません。数年後も、顔を見れば「先生〜」と手を振ってくれる子が多いです。私も、これまで子どもたちをたくさん指導して、たくさんの笑顔と前向きな気持ちをもらっています。

　さあ、次は先生の番です！　毎日少しでも、子どもと向きあう時間をつくっていきましょう。

［森顕子］

Q7

ルビ付き教科書・テストやリライト教材とは、
どんなものですか?
その活用方法を教えてください。

A7

ルビ付き教科書・テストは、まだ漢字が読めない子どもたちのため
に、漢字のルビがふってある教科書やテストのことです。また、リラ
イト教材は、教科の学習に入っときに、教科学習で使用する教科
書等を子どもたちが理解しやすい、やさしい日本語を使用して書い
たものです。子どもたちは、リライト教材を活用しながら教科の学習
をすすめることで、理解度が上がります。

解説

1. ルビ付き教科書・テストについて

　非漢字圏から来る子どもたちにとって、特に漢字は読むことも書くことも難しい
です。そのため、教科書を読もうと思っても漢字が読めないので書いてある内容が
理解できず、学習が進まないことがあります。また、テストでは漢字が読めないだ
けで、問題の意味がわからなくなります。そのため、漢字が読めたらできたことも、
漢字が読めないためにできなくなってしまいます。そこで、漢字にルビを付けて読
みやすくしたものが、ルビ付き教科書やテストです。ルビ付き教科書やルビ付きテス
トでは、学習対象の子どもの日本語レベルに合わせてルビをつけることが重要です。
　ルビ付き教科書やテストを作成するためには、「手作業」そして「手作業以外」
の方法があります。
　○手作業:教科書やテストに手作業でルビをふる(時間がかかります)。
　○手作業以外:教科書会社は総ルビ付きの教科書を発行していません。しかし、
　　デジタル教科書なら教科によって、総ルビ付き教科書を作成することもできま
　　す。また、教師用指導書には総ルビ付き教科書の情報がDVD-ROMの中に入
　　っています。テストについては、どの教科でも総ルビ付きテストを購入するこ

とができます。テストの値段は、ルビなしと同じです。テストを購入するとき、学校納入業者に総ルビ付きのテストを要望すれば購入できます（図参照）。

図　業者テスト見本に入っているルビ付きテストの案内

2. リライト教材をどのようにつくるの？

①リライト教材の作成について

　基本は使用する子どもたちの日本語レベルに合わせて、理解できない難しい言葉を理解しやすい簡単な言葉に置き換えます。また、複文は単文に直します。子どもがわかりやすい言葉になおしても理解しにくい場合は、図を入れて視覚的に理解できるように支援します。

実践例◉物語文：リライト教科書の作り方

原文　　　　　　　　　　　　　　　　　　出典：青空文庫　有島武郎「燕と王子」

> 　燕《つばめ》という鳥は所をさだめず飛びまわる鳥で、暖かい所を見つけておひっこしをいたします。今は日本が暖かいからおもてに出てごらんなさい。羽根がむらさきのような黒でお腹《なか》が白で、のどの所に赤い首巻《くびま》きをしておとう様のおめしになる燕尾服《えんびふく》の後部《うしろ》みたような、尾のある雀《すずめ》よりよほど大きな鳥が目まぐるしいほど活発に飛び回っています。このお話はその燕のお話です。

　語彙が少ない・2年相当の漢字が読めない・読む速度（音読速度）が遅い子どもを想定してリライトしました。ポイントは、教科書と同じように教科書対で

書かれていることと、原文より文が短くわかりやすい言葉になっていることです。

つばめは、同じところに　いません。つばめは　いろいろなところに行きます。つばめはあたたかいところへ　いきます。今は、日本があたたかいから　外に出て　つばめを　さがしてください。つばめは赤いです。
　　このお話は　そのつばめの　お話です。

つばめ

---

②リライト教材をどのように活用するの？

　学年相当の漢字が読めないから、日本語の文法が全部理解できないから、日本語指導のテキストが終わらないからというさまざまな理由で、いつまでも教科の学習にとりかからなかったために、子どもの学ぶ力に差がでてきてしまうケースがあります。

　いつまでも教科の学習を行わないと、子どもたちの教科学習はどんどん遅れてしまいます。早い時期から教科と日本語の統合学習（JSLカリキュラム）を行うことが必要です（文部科学省「外国人児童受け入れの手引き」p.344　指導計画の作成（2）プログラムの配置とコース設計／本書第4章参照）。

　JSLカリキュラムの授業で理解支援の一つとして使用するのが、リライト教材です。その中で、特にリライトした教科書は、よく使われます。子どもたちが理解しやすいように言葉をやさしくしたり、文を短くしたり図や写真を挿入することで、理解を深めることができるのです。

事例◉適切な時期に教科学習を行った子どもと教科学習に入る時期が遅れた子ども

（1年生の国語「どうぶつのあかちゃん」3学期に学習する説明文の最後の授業より）

　これまでに学習したライオンなどの赤ちゃんについて思ったことを発表して聴きあったあとで、授業のふりかえりとして書いたものです（写真a、b参照）。どちらの子どもも4月に非漢字圏の国ベトナムとブラジルから来日して、それぞれの学校で指導を受けてきました。違うのは、教科学習指導を行ってきたかどうかです。『読んで思ったことを書こう。』というめあてに対して右の子どもは、最初の二文だけ「おもしろかった」「かっこよかった」と書いています。

それに対して、左の子どもは自分の感想を述べてその理由も書いています。また、それぞれの動物の赤ちゃんの特徴もよくつかんでいることが、文書の後半でわかります。

写真a　早くから教科学習指導を行った子ども　　写真b　教科学習指導が遅れた子ども

　では、このような差が生まれてきたのは子ども本人の努力が足らないのでしょうか。そんなことはありません。指導者する人たちが指導計画をきちんと立てていないことに起因しています。

　リライトした教科書を活用するときに大事なことは、子どもの日本語レベルに合わせるということです。目の前にいる子どもたち日本語のレベルについては、その子たちを指導する担当者が一番わかるはずです。子どもの日本語レベルや既習知識に合わせて、漢字のルビをどの程度つけるのかを考えましょう。

**知って
おこう**

　ひらがなの習得がすんだばかりの子どもですと、教科書で使われる書体にも注意が必要です。子どもが混乱しないように、子どもが使用する教科書の活字に合わせて作成するといいでしょう。
　また、子どもの読む速さに合わせて、文字や行と行の間を調整しましょう。読む力が弱い子どもは、読むのが遅いです。指で文字をなぞりながら読む子どももいます。子どもが音読しやすいように、どこを読んでいるのかわかるように、文字や行の間を子どもに合わせて決めるといいです。一つの言葉が、行をまたがないようにリライトすると、一つの言葉として理解しやすくなります。

☞ **アドバイス**

　リライトした教科書を子どもが読みたくなるように、教科書と同じような形で1人1冊ずつ製本するとよいでしょう。教室でみんなが使っている教科書と同じように作成するので、自分だけの教科書ができて学習意欲も高まります。そうすると、教師が指示しなくても、自分が重要だと思ったことをリライトした教科書に書き込んだり線を引いて、確認したりするようになります。

リライトした教科書を読んでいる児童のようす

　また、子どもは授業ではリライトした教科書に合わせたワークシートも活用しましょう。授業の流れを予測したりできるので便利です。

［伊藤敦子］

Q8

算数科での体験活動とは、どのような活動ですか?
そして、それはどのような効果があるのでしょうか?

A8

体験活動とは、言葉でわかりづらいことを活動とあわせながら理解
させていく活動です。子どもたちは、国籍を問わず「身体を使いた
い、表現をしたい」というエネルギーにあふれています。そして、身
体を使って行った学習活動は記憶に残り、思考を支える大きな活動
となります。

解説

　これまで算数は、国語や社会科に比べて、数字という共通の言葉（記号）がある
ため、わかりやすい教科と考えられてきました。しかし、日常ではあまり使わない
日本語も多く出てきます。外国につながる児童生徒にとって言葉の壁は高く、わか
りやすい教科ではありません。

　そこで、これまでの指導経験や研修会でいただいた質問の中から、算数における
体験活動の効果について紹介します。

1．具体物（実物）を使った活動

　文章問題などでは、むずしい日本語表現が多く使われます。その文章問題をわか
りやすくさせるために問題文どおりの実物を使っておこなう活動です。

　「あかいボールが5こ、きいろいボールが8こあります。どちらが、いくつ多い
でしょうか」の文章問題を例に考えてみましょう。

　ここでのむずかしい日本語表現は「どちら」「いくつ」「多いでしょう」です。
「あわせて」や「ちがいは」といった、たし算やひき算でよく使われる言葉は出て
きません。

　そこで、「赤と黄色」のボールを実際に並べながら、文章問題通りに活動をおこ
なってみます。「どちら」→赤それとも黄色、「いくつ」→個数、「多い」→引き算

で比べる等、日本語と活動を連動させながら理解させ、子どものすっきりした笑顔を引き出すことができます。

2. 半具体物を使った活動

　この場合の「半」は、「実物のつもりで」という意味があります。いつも、文章問題通りの実物を使えるとは限りませんね。

　そこで、算数セットの中の「おはじき」や「数(かず)ブロック」「数え棒」の活用です。

　数ブロックを「きんぎょ」「ねこ」「自動車」などにたとえておこないます。子どもたちの想像力を引き出しながら、体験活動と日本語表現とを合わせて支援していくのがコツです。

> **知っておこう**
>
> 3年生で学ぶ「あまりのあるわり算」は、あまりを出すために「わる→ひく」という二つの計算が出てきます。それまでは、かけ算九九を使うと「72÷9は9×8が72だから答えは8」とすっきりと1回で解くことができます。「わりざん、かんたん」というイメージを抱きがちです（もちろん「わりざん、かんたん」も、とても大事な感情ですが）。しかし、かけ算九九では1回で計算できない「あまりが出る計算」では「わりざん、かんたん」が、いきなり「わりざんむずかしい→わりざんきらい」というマイナスの気持ちに動いてしまう場面をたくさん見てきました。

あまりのあるわり算では「つかみ取る」という体験活動を取り入れてみました。

事例◉半具体物で「つかみ取り大会」

　「さぁ、きょうはみんなとつかみ取り大会をします」と、笑顔で授業を始めますが、子どもたちの表情は「……？？？」です。

　「つかみ取る」の意味がまったくわかっていなかったのです。そこで、黒板に「つかむ」と「取る」の言葉を書きだし、それにあわせながら、じっさいにつかみ取ってみせたところ児童たちの表情は一変し、最初にほしかった歓声が上がりました。

写真1
数ブロックのつかみ取り

　数ブロックを見せて、これを何にたとえるかと問いかけました（写真1）。
　「ぼくはチョコレート」「わたしは、クッキー」「（数ブロックは）かたちがに
ているからキャラメル」と、数ブロックを好きなお菓子に見立てて、うれしそ
うに進めてくれました。

☞ **アドバイス**..

　最初につかみ取る練習をしてみました。意外と多くつかめる子、はりきりすぎて
途中でぽろぽろこぼしてしまう子、さまざまでした。わかりやすくするために、用
意した箱の上にのせられた数が「わられる数」ということで統一しました。ゲーム
を取り入れた体験活動では、ルールをはっきりさせるとよいでしょう。
（例：「○人に　同じ数ずつ　分ける」というわり算で多く使われる言葉を確認し合い、
分けていく様子がはっきりするように、はじめはその場にいる3人にしました。）

3.「つかみ取り大会」の授業を通して

　ある子どもがつかみ取った数ブロックは17個でした。「全部で17こ・3人に同じ
数ずつ分ける」の場面で、「17÷3……3の段に17はない、どうしよう」と同じ数
ずつ分けることができない場面にすぐ直面しました。
　「おかしいなぁ」「どうしたらいいんだろう」という真剣な表情がうかびあがりま
した。この場面では、当然ですが「あまり2こ」という考えは出てきませんでした。

写真2　ブロックを分ける

　写真2のように3人に一つずつ分けながらし、気がついたことをどんどん言葉に出させたことにより、「まだ分けられる」「もう分けられない」という除法の基礎につながる宝物の言葉が自然と子どもたちから出てきました。

　まとめ（発信）段階では、本時間の学習内容を担任あてに書かせました。

　ふだんの学習では「今日は〜しました」という作文やっとの児童が「（わり算が）自分でできるようになりました」「わり算のあまりをやってきました。やってたのしかったです」「つかみ取り大会をやりました。わり算のべんきょうをしました。ぼくは、17こつかみました。3にんでわけたら、（1人分は）5こになりました。2こあまりました」というように、短時間で生き生きと担任あてに文章を書くことができきました。

　体験活動と言語活動が結びついた、と感じた一瞬でした。

4.　体験活動も繰り返しが大切

　次の日には「つかみ取り大会パート2」というテーマで、「○○が〜本あります。1人に7本ずつ分けると何人に分けることができますか」という文型で学習を行いました。このように、繰り返すことが大事です。

事例●かぞえ棒を使ってみる

　その日は、かぞえ棒を鉛筆やペンに見立てて進めました（写真3）。

　かぞえ棒なので、ブロックより多く40本以上つかみ取ることができ、じまんそうな表情がたくさん見られました。

　「えんぴつが44本あります。1人に7本ずつ分けると何人に分けることができますか」と、唱えながら写真3のように、7本ずつたばにして分けることができました。問題文を読むときの声にいつもより元気があったことに意欲を感じました。

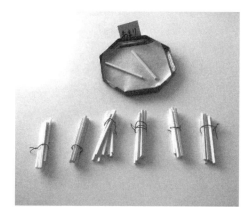

　これらのような活動を「算数的活動」とよんでいます。授業の導

写真3　かぞえ棒を分ける

入場面で体験的活動を取り入れると興味を膨らませることができます。それは、その授業や単元において出てくる学習用語や落とし穴になる言葉に対する、大きな支えとなります。

　外国につながる児童生徒の多くは、昼間は日本語を使って日本文化の中でせいいっぱい生活をしています。そして、家へ帰ると夜は母国の文化の中で過ごしています。言い換えれば、1日の間で「文化間移動」をして日々を過ごしています。

　日本語を聴いて、脳内では母語で考え、日本語で発信している子も少なくありません。毎日毎日、私たちの何倍も脳を使って生活をしています。

　外国につながる児童生徒は、すごいです。これまで述べてきたことを参考に、算数科での体験活動を取り入れて支援していくことは、この鍛えられた脳は「すごい力」へとつながると信じています。

[市川昭彦]

Q9
母語や母文化を大切にしたいですが、どのような実践方法がありますか?

A9
母文化にふれる「多文化共生」の実践、日本語・教科の学習のための「母語活用」、母語の保持や育成を目的とした「母語保持支援」が考えられます。

解説

　母語・母文化を大切にすることは、外国につながる子どもの全人的な発達のために欠かせないことです（第1章4節参照）。日本の学校の中でできることとして、母語・母文化を肯定する「多文化共生」の取り組み、円滑な学校生活や日本語・教科の学習のために母語を活用する「母語活用」、そして、母語の保持や育成そのものを目的とした「母語保持支援」とに分けて考えていきましょう。

　なお、「母語活用」や「母語保持支援」を行う場合は、子どもの母語が使える母語支援者の存在が欠かせませんが、母語通訳者や母語支援員・指導員と呼ばれる人たちを週1回から数回学校に派遣したり、常駐で支援に当たる制度をもっている自治体も増えてきました。例えば、兵庫県では、2002年度から始まった子ども多文化共生サポーター派遣事業で、18言語のサポーターを144校に派遣しています（2019年度実績）。大阪府や愛知県などのように、母語話者教員の雇用を推進している自治体もあります。

1.「多文化共生」の取り組み

「多文化共生」の取り組みは、全国の多くの学校で実践されています。また、学校に母語話者の支援者や教員がいなかったとしても、今日明日からでもすぐに始められることもたくさんあります。

　来日直後で日本語がほとんどわからない子どもに、わかることばで話したり、書いたりしてもいいというメッセージを伝えるだけでも子どもの安心感は違います。

また、母語や母文化の価値づけのために、玄関や教室の壁に母語であいさつや教室名を掲示する、運動会などのイベントで母語でのアナウンスをする、入学式や卒業式で母語でスピーチするといった例もあります。保護者と連携して母国の料理や民族の踊りや歌、遊びを紹介するイベントを行っている学校もあります（菊池、2018）。

2. 学校生活や日本語・教科学習のための「母語活用」
①子どもが学校生活に慣れたり、保護者との連絡のため

来日直後の子どもに学校のルールや日本の習慣について母語で伝える、子どもが母語で気持ちや質問を言える場を作る、保護者への配布物の翻訳、連絡や相談の通訳などの支援です。

②日本語や教科の学習のため

入り込み授業で、子どもがわからないことがあったときに隣で通訳をすることが一般的です。事前に担任（教科担当）教員と支援のポイントを話し合ったうえで、考える活動の際に母語を使って思考させたり、子どもの発表を手助けしたりすると、さらに効果的に来日当初からの授業参加を促すことができます。

日本生まれや幼少期来日の子どもの中にも、どちらの言語でも教科学習言語の習得が十分でなく、特に低学年では文字の習得の段階でつまずくケースがあります。于（2019）では中国ルーツの低学年を対象に、2言語の聞く力、話す力を活用しながら、文字習得や教科学習につなげています。2言語での絵本の読み聞かせ、中国語と日本語の発音や意味を比較しながら行う体験的な文字と語彙の学習、教科書の教材の二言語での音読発表などです。これにより、読み書きへのスムーズな移行を可能にしています。

取り出し授業や放課後での母語を使用した教科学習の先行（予習）型の授業も効果的です。母語で予習をしておけば、日本語での授業理解が進むだけでなく、母語への肯定感や学習意欲を促したり、思考力を高めたりといった効果も期待できます。

3. 母語保持・育成を目指した「母語保持支援」

週1回1時間程度の母語学習が挙げられます。地域のNPOやボランティア教室

などで行われていることが多いですが、数は少ないながらも、公立学校の中での実践もあります。兵庫県では2006年度から「新渡日の外国人児童生徒にかかわる母語教育支援事業」が実施され、県下全域に7言語17校（2008年度実績）の母語教室が設置されました（兵庫県教育委員会事務局人権教育課、2009）。本事業は2010年度末で終了しましたが、神戸市やNPO団体が引き継ぎ、継続して開講している教室もあります（落合、2017）。

　大阪は、小中学校内に設置された民族学級が大阪市内に107校、堺市2校、それ以外の府内に88校ありますが（2019年度実績）、この中には母文化に触れるだけではなく、母語を学んでいる教室もあります。

実践例●ユニークな母語保持支援

　A小学校は、大阪府門真市の中国帰国者の集住地域にある公立学校で、155名のうち22名が中国につながりがあり、そのほとんどが日本で生まれ育った子どもたちです（2020年度実績）。2000年代の前半から国際教室が設けられ、様々な取り組みがなされてきましたが、2020年現在は、中国語母語話者の教員も常駐し、多文化共生、母語活用、母語保持支援の全てに学校全体で取り組んでいます（田・櫻井、2017：永田・田、2020）。

　母語保持支援では、中国ルーツの子ども全員を学年ごとに週1回取り出し、タスクやプロジェクト中心のカリキュラムで、中国語の四技能（聞く・話す・読む・書く）とアイデンティティを育てることを目的とした授業を行っています。また、教室内で完結するのではなく、教室の外の世界とのつながりを意識した活動を行っています。

　例えば、「保護者会の招待状作り」は保護者との、「中国の小学生とのビデオ交流」は中国に住む中国人の子どもとの関わりを取り入れた取り組みです。学校行事や教科学習、在籍学級との関連では、クラスメイトと中国語で「小星星（きらきら星）」を歌う（1年生音楽）、「お手紙」の朗読劇を在籍学級で披露する（2年生国語）、野菜の観察記録を中国語でつける（3年生理科）、市街の地図を作って校内に掲示する（4年生社会）、運動会の中国語プログラムを作る（5年生行事）などを行っています。6年生は、

保護者会の招待状

校区内の市街地図

小学校生活のまとめとして自分のルーツや将来の夢についてポスターにまとめ、保護者やクラスメイトの前で2言語での発表を行います。2019年度からは在籍学級の日本人の子どもたちも参加できる学習活動も取り入れています。例えば、5年生の活動として、中学校の国語の教科書に出てくる「論語」、「春暁」を中国ルーツの子どもが中国語の先生役となって説明し、全員で中国語のリズムを楽しみながら朗唱するといった活動です（永田・田、2020）。

　このような活動を通して、はじめは母語での読み書きが全くできなかった子どもたちも卒業する頃にはできるようになり、もう一つの言語や文化をもっていることを誇りに思うようになってきています。さらに、日本人の子どもたちも、中国ルーツの子どもたちに肯定的な態度を示したり、中国語を学びたいと口にするようになってきました。

☞ アドバイス……………………………………………………………………………………………

　決まった枠組みがある学校の中で、実践例のような取り組みを行うにはさまざまなハードルがあることも事実です。しかし、この実践は、実際に日本の学校で行われていることばかりです。何もなかったところからスタートして、目の前の子どもが「日本語ができない自分」ではなく、「日本語も○○語もできる自分」と思えるようになってほしいという願いが形になったものです。周囲の捉え方次第で子どもたちの今と未来が大きく変わるということを念頭に、できることから一つずつ実践を積み重ねていきましょう。

▼文献一覧

　　于涛（2019）「第7章 公立小学校における母語・継承語を使った日本語指導──中国ルーツ児童を中心に」真嶋潤子［編］『母語をなくさない日本語教育は可能か──定住二世児の二言語能力』大阪大学出版会、159-178
　　落合智子（2017）「第4章 バイリンガルビデオレターによる教授法と母語学習の動機づけ」松

田陽子、野津隆志、落合知子［編］『多文化児童の未来をひらく——国内外の母語教育支援の現場から』学術研究出版、50–63

菊池聡（2018）『〈超・多国籍学校〉は今日もにぎやか！——多文化共生って何だろう』岩波ジュニア新書

田慧昕、櫻井千穂（2017）「日本の公立学校における継承中国語教育」『母語・継承語・バイリンガル教育（MHB）研究』13、132–155

永田耕平、田慧昕（2020）「多文化共生を実現する公立小学校の実践——専任の母語話者教員と日本語指導担当教員の協働のプロセス」『母語・継承語・バイリンガル教育（MHB）学会2020年度研究大会予稿集』19

兵庫県教育委員会事務局人権教育課（2009）『平成20年度新渡日の外国人児童生徒にかかわる母語教育支援事業実践報告書』

［櫻井千穂］

Q10
発達障害が疑われる子どもへの
支援方法を知りたいです。

A10
時間をかけて丁寧に見守り、
複数で支援のためのリソースを探りましょう。

解説

1. 外国につながる子どもが多く暮らす地域で特別支援学級率が高いのはなぜ？

　日本語力が十分ではない子どもに対する日本語指導とは別に、発達障害への対応に関する問題がクローズアップされてきています。支援者や教員の方から「日本語の問題なのか発達の問題なのかがわからなくて困っています」「どうやって指導したらいいでしょう」といった声を聞くことが増えてきました。新聞報道等によると、全国の外国人集住都市25市で外国籍の子どもが特別支援学級に在籍する率は、全体に比べて2倍前後で、特に課題となっています。

　その背景にはいくつかの要因があると推察します。小中学校の現場でよく使われる知能検査「WISC-IV」は、言語や文化の影響を受けやすい検査です。日本語を母語としない子が被験者であっても、数字の結果だけで判断してしまうことがあるかもしれません。もう一つは、日本語指導のシステムが未整備の地域が多いことです（図1）。平均で20%以上の子どもが、「日本語教育が必要」とされながら支援を受けられない状態にあります。日本語指導を受けさせることができないため、その代替として特別支援学級を利用しているということもあるようです。反対に「もしかしたら発達に課題があるのかもしれない」と予想しながらも、不必要に長く日本語教室での「取り出し」を続けて見逃されてしまい、特別支援教育の開始が遅れるようなケースもあると聞きます。

　いずれの場合も適切なアセスメントが必要なのは明らかです。しかし「日本語力の問題」「発達障害」と線を引くことはとても難しいことです。要因が複合的に絡み合っている場合も多く、安易に線引きしてしまうことは危険です。杉山登志郎

(2011) は「発達障害ではなく発達凸凹」であるとし、「障害」という言葉のもつマイナスイメージに気をつけるよう述べています。

2. チームで見守り考えよう

　大切なのは、その子の強みも含めた支援のあり方をチームで共に考えていくことです。「あれ？」と思ったら、その気づきを声に出し、対象の子どもの支援について近くの人に相談してみましょう。他の教員、例えば学級担任や特別支援教育の担当者、日本語担当者の見立てはどうでしょうか。養護教諭やスクールカウンセラーは？　また学校での支援だけでなく、市町村の発達相談センター、児童相談所、学習支援のボランティア教室、放課後デイでは？　特別支援教育コーディネーターやスクールカウンセラーが中心になってケース会議を行い、使えるリソースを探りながら、本人の発達や成長のためにどんな手立てが必要か、ホワイトボードに書き出して共有するのも良いでしょう。

　さらに、「学級ではこんな支援や手だてができる」「日本語教室や放課後デイではこういうことができそう」ということを示しながら、保護者と一緒に子どもの育ちについて考えていくこと、さらに（子どもの知的レベルや年齢によっては）本人も一緒に考えていくことが大切です。

日本語教育が必要な児童・生徒への指導状況 ※開示された都道府県調査票は確定の数値ではないため、文科省の集計と一致しない		日本語教育が必要な児童生徒がいる学校	日本語教育のために配置された教員	日本語教育が必要な児童生徒	無支援状態の児童生徒	無支援状態の比率
	北海道	92	8	176	36	20.5%
	青森県	28	1	47	16	34.0%
	岩手県	20	8	46	18	39.1%
	宮城県	94	43	164	54	32.9%
	秋田県	27	1	49	7	14.3%
	山形県	44	3	66	5	7.6%
	福島県	53	11	102	31	30.4%
	茨城県	226	77	1147	239	20.8%
	栃木県	154	55	801	153	19.1%
	群馬県	175	68	1190	200	16.8%
	埼玉県	577	80	2297	698	30.4%
	千葉県	556	54	1979	486	24.6%
	東京都	1049	138	4017	1129	28.1%
	神奈川県	746	304	5149	1039	20.2%
	新潟県	101	13	229	73	31.9%
	富山県	95	13	352	48	13.6%
	石川県	43	11	134	33	24.6%
	福井県	46	10	144	52	36.1%
	山梨県	102	18	341	6	1.8%
	長野県	171	49	636	180	28.3%
	岐阜県	218	70	1448	506	34.9%
	静岡県	399	77	3010	755	25.1%
	愛知県	850	514	9275	1343	14.5%
	三重県	253	104	2357	930	39.5%
	滋賀県	162	46	1177	252	21.4%
	京都府	142	31	442	113	25.6%
	大阪府	567	121	3030	769	25.4%
	兵庫県	313	52	1214	325	26.8%
	奈良県	76	34	259	55	21.2%
	和歌山県	33	5	54	18	33.3%
	鳥取県	28	1	43	16	37.2%
	島根県	40	22	152	19	12.5%
	岡山県	73	14	157	61	38.9%
	広島県	170	24	605	110	18.2%
	山口県	36	10	106	27	25.5%
	徳島県	42	6	78	8	10.3%
	香川県	47	6	149	26	17.4%
	愛媛県	32	3	59	6	10.2%
	高知県	14	7	20	6	30.0%
	福岡県	192	55	561	125	22.3%
	佐賀県	21	2	37	6	16.2%
	長崎県	31	3	49	30	61.2%
	熊本県	74	8	144	47	32.6%
	大分県	33	2	53	17	32.1%
	宮崎県	24	24	44	8	18.2%
	鹿児島県	35	3	53	23	43.4%
	沖縄県	92	15	293	77	26.3%
	全国	8396	2224	43935	10181	23.2%

図1　毎日新聞2019年5月5日付「外国からきた子どもたち　日本語支援なし　1万人」

©毎日新聞社

ここでは学校における支援のポイントを私の経験からまとめてみます。

3. 支援方法のポイント
①保護者支援に関して
・より共感的な関わり

・正確な情報提供（通訳者の専門性）

・「伝える」より「聴く」態度の重視

　日本語で情報を得ることが難しい立場にある保護者に寄り添い、依頼者の不安を受け止めながら信頼関係を築く必要があります。日本社会や学校に不信感を持っている保護者もいますが、「だから困る」と止まってしまうのではなく、共感からがスタートです。なお、発達障害・情報支援センターのホームページでは「お子さんの発達について心配なことはありますか？」というパンフレットが12言語と「やさしいにほんご」でダウンロードできます。発達障害に関わる用語の対訳表もありますので、活用するとよいでしょう（図2／第4章資料編p.245参照）。

図2　発達障害・情報支援センター
　　　「外国人保護者向けパンフレット（多言語版パンフレット）」
　　　　　　　　http://www.rehab.go.jp/ddis/world/brochure/のリンクより

②特別支援学級、日本語指導教室などでの個別指導
・母語の力も含めた的確なアセスメント

・気持ちを表現できる言葉や文字等、日本語として必要な要素を教えていく

　普段接している先生の観察に勝るものはありません。苦手なものだけではなく、「目」が強いか「耳」が強いか「文字」に強いか……得意なものを利用しましょう。

本人の好きなものを知れば、それを学習へのモチベーションにつなげていくこともできます。

事例◉発達検査だけがアセスメントでない

　あるブラジル人の自閉症の子のケースでは、本人がダンス好きなことを生かして、「ジンギスカン」の曲に合わせて踊りながら「右、右、左、左」と歌って指導しました。この子は、毎日の学習を楽しみに待つようになりました。

見通しを持たせるために学習メニューを表示

　文字の習得にとても時間がかかった子は、学習がなかなか積み上がらず、最初は苦労しました。お勉強に対する抵抗感が強く、「わからない」ことに対して不安になってしまい情緒が安定しなかったのです。しかし積み木やカード等、ありとあらゆる方法を試し、本人に合った方法がピタっとハマってからは、文字の学習がスムーズになりました。そして、ひらがなが読めるようになって時間割を理解し、見通しが持てたので落ち着いて学習に取り組めるようになりました。また「悔しい」「ムカついた」などネガティブな感情表現もあえて教え、それを受け入れてもらえることがわかってから、暴力が少なくなったケースもありました。「行動化」を「言語化」に変えて行った例です。不安の強い子は、見通しを持たせるために学習メニューを書き、できたことについてそのつど、「はなまる」やOKサインを出すことが有効でした。理解できる動詞が増えると互いの要求や指示が通りやすくなるので、動詞の指導は特に大事にしています。

③在籍（交流）学級での一斉指導

・友だちと関わる場面を設定する

・母語や母文化を大切にした教育

　特別支援学級在籍の子であっても、周りの子どもとの繋がりを絶たないように注意する必要があります。子どもたちはお互いの関わりの中で多くを学びます。「教えて」「わからない」と言い合える学級づくりが基盤になります。

　また自尊感情を育むことはどの子にとっても大切なことです。母語や母文化を否定することなく「あなたの言葉や文化、私たちも知りたいよ」というスタンスを態

度、言葉、学習環境で示すことで、学ぶ場所が自分の安心できる居場所になります。

事例◉「ブラジルボックス」を持ち込んで

私はブラジルから持ち帰ったおもちゃ等のグッ
ズや現地で撮ったたくさんの写真を黄色いスーツ
ケースに入れて「ブラジルボックス」を作り、い
つでもどのクラスでも国際理解教育ができるよう
準備してあります。母語指導員や保護者をゲスト
ティーチャーに招き、母語や母文化をいっしょに
学ぶ機会を持ったり、時には子ども本人を「ミニ
先生」として前に出して活躍の場を与えたりする
のもいいですね。

ブラジルボックスを用いた授業
の例

④学校として

・交流（在籍）学級担任、個別指導（日本語指導）担当者、支援員、介助員、母
　語支援者など職員間の連携
・学校外の支援者との連携（"センセイ"が日本の福祉の窓口になる）
・多様性を軸とした学校づくり

学校が「みんな同じ」であることを強いるあまり、ハンデがある人たちを安易に
排除する考えになってしまってはいないでしょうか。食べ物の嗜好、習慣、使用言
語など、外国につながる子どもの立場から見直す視点をもつことで、学校のあり方
そのものを考えるチャンスにもなります。「日本語のできない子」として見るので
はなく、子ども一人一人の持つ可能性を信じ、長い目で見守っていきましょう。

事例◉職員名札をひらがなに

発達に課題のある子や低学年の子にもわかりや
すいようにと、全職員の協力を得て、キャラク
ター入りの名札をつけてもらったことがあります。
自分をイメージするキャラクターは、先生方お一
人お一人に選んでもらいました。名前を呼び合え
る関係性は、多様性を認め合える「カラフル」な
学校であるためにも不可欠です。

全職員の協力を得て、同じよう
なキャラクター入りのひらがな
名札をつけてもらった

文部科学省は「外国人の子どもの就学促進及び就学状況の把握等に関する指針の策定について（通知）」（2020年7月1日）の「(2) 障害のある外国人の子どもの就学先の決定」で、以下のように述べています。

・言語、教育制度や文化的背景が異なることに留意し、本人や保護者に丁寧に説明し、十分な理解を得ることが必要であること。
・就学時に決定した「学びの場」は、固定したものではなく、それぞれの子どもの発達の程度、適応の状況等を勘案しながら、柔軟に変更できるようにすることが適当であること。

☞ **アドバイス**

　気になる子どもがいた場合、「（特別支援学級への）転籍ありき」ではなく、「その子のためにどんな支援ができるか」を一緒に考えてくれる人を増やしていくことで、多様な支援につながります。なお、発達検査の数値は、日本語モノリンガルの子に比べると低く出る傾向があります。何点以下だから知的障害、と単純に線を引くのではなく、あくまでも参考値として留めておいたほうが良いでしょう。

　障害について診断するのはあくまでも医療機関です。「障害名ということばの一人歩き」を避けたいものです。学校や支援者から保護者に気になる点を伝えるときは、通訳の仕方も含めて慎重に行いましょう。

▼**文献一覧**

　毎日新聞2019年8月31日付「外国籍は通常の2倍　特別支援学級在籍率　日本語できず知的障害と判断か」

　杉山登志郎（2011）『発達障害のいま』講談社現代新書

　髙橋脩、清水康夫他（2018）『外国にルーツをもつ障害のある子どもの実態と支援に関する研究』平成28年度〜29年度厚生労働科学研究費補助金障害者政策総合研究事業

　金春喜（2020）『「発達障害」とされる外国人の子どもたち——フィリピンから来日したきょうだいをめぐる、10人の大人たちの語り』明石書店

　藤川純子・田邉正明（2021）「発達障害児を育てる外国人保護者に対する支援の研究（1）——南米出身保護者へのインタビューからの考察」『三重大学教育学部研究紀要　自然科学・人文科学・社会科学・教育科学・教育実践』72 489-504

　住田昌治（2019）「カラフルな学校づくり：ESD実践と校長マインド」

　文部科学省2020年7月1日「外国人の子供の就学促進及び就学状況の把握等に関する指針の策定について（通知）」

［藤川純子］

Q11
ICTを活用して、どんな授業ができるのでしょうか?

A11
ふだんの授業を動画に撮って配信する、双方向で会話ができるライブ授業をする、調べ学習に活用するなど、さまざまな形で活用できます。

解説

「ICTを活用した授業」ときくと、「なんだか難しそう」「高価な機材が必要」と思う方もいるかもしれません。実際には、ノートパソコンやスマートフォンにインターネット接続環境があれば、手軽に取り組めるものも少なくありません。「遠隔教育」や「オンライン(ライブ)授業」と呼ばれる双方向でコミュニケーションをとりながら進められるものや、あらかじめ撮影した動画や教材を配信し、チャットなどを使ってサポートを進めるものなど、場所や時間にとらわれず学びの機会を広げることができます。

1.「予算ない、人材ないから支援できない」状況に、ICT活用で新たな解決策が

では、外国につながる子どもが学校で学ぶうえでICTはどのように授業や学習支援で活用することができるでしょうか。第1章の1節で解説されている通り、学校の中での日本語指導をはじめとする外国につながる子どもの受け入れ体制は、自治体や学校ごとに格差があるのが現状です。いわゆる外国人散在地域(外国につながる住民が少ない地域)を中心に、教えられる人がいなかったり、人材確保や環境整備のための予算がないことなどが理由です。

こうした積年の課題を抱える地域にとって、ICTの活用はその解決につながる新しい手段の一つとなり得ます。日本語を教えられる人が地域にいなくても、オンライン会議システムなどを使うことで、離れた地域にいる専門家と支援を必要とする子どもをすぐにつなぐことができ、少なくともこれまで課題の大半を占めていた「教える人がいない(そのための予算がない)」ことに起因する諸課題は、一定程度解消できる可能性が高まっています。今現在、支援がない「0(ゼロ)」の地域に、

新たな支援機会を一から作り出すことは大きな負担が生じます。しかし、インターネットでつながりあうことで、すでに「100」もっている地域から、必要な「1」を借りてくるということが可能になるのです。この方法であれば、外国につながる人が多く暮らす地域であってもなかなか取り組むことが難しかった、子どもたちの「母語」での支援機会や、通訳によるサポートもより取り組みやすくなりますし、さまざまな理由から学校自体にアクセスすることが難しい不就学や15歳以上の外国につながる子どもの教育機会の拡大にもつながりやすくなります。

事例●前編・オンライン授業で高校受験をめざすアユミさん

　私が運営する、外国につながる子どものための教育支援事業「YSCグローバル・スクール」（以下、YSCGS、東京都福生市）では、2016年よりzoom（オンライン会議システム）を使った遠隔教育プロジェクト「NICOプロジェクト」を立ち上げ、全国各地の「外国人散在地域等」に暮らす子どもの教育機会の拡大に取り組んできました。

　日系ペルー人3世の上田アユミさん（17歳）と出会ったのは、彼女が暮らしている県の国際室担当者からの連絡がきっかけでした。県内のある自治体から、日本語学習と高校進学を希望している子がいるが何とかならないかという問い合わせがあり、県担当者がNICOプロジェクトを勧めたのが始まりです。県内の公立中学校へは義務教育年齢が過ぎるなどしていたため編入することができませんでした。

　同じ県内には、日本語学校やボランティアによる学習支援などもありましたが、いずれもアユミさんが暮らしている地域からは遠く、通いきれる場所にありませんでした。アユミさんはアルバイトをしながら地域の学習塾などに通ったものの、十分に学ぶ機会が得られないことに不安を抱えおり、何とかしたいと考えたアユミさんの母親が自治体の窓口に相談したところ、NICOプロジェクトにつながりました。

　自宅からオンライン授業で学び始めたアユミさんは、持ち前の粘り強さを発揮し、どんどん日本語を上達させていきました。数学や英語といった教科学習にも熱心に取り組んだだけでなく、離れた場所で学ぶ他の外国につながる子どもたちと友情を深め、画面越しに一緒に歌を歌ったり、おしゃべりしたり、楽しい時間を過ごすことができました。

2.「ラスト・ワンマイル」を人の手で
──オンライン支援に不可欠な、地域のサポート

　大きな可能性とメリットをもつオンラインを活用した授業や学習支援ですが、それだけですべてが完結するというわけではありません。オンラインを活用しようとすればするほど、特に外国につながる子どもたちにとっては、地域の中で、地域の人にしか担えない部分も多く存在していることに気づきます。

　オンラインでのサポートは、一般的な日本語教育機会や学習支援機会をどこに暮らしている子どもにも提供できるメリットがある一方で、子どもが、オンライン授業の始まる時間までにパソコンを立ち上げ、インターネットに接続していることなど、授業を受け続けるための環境整備は周囲の大人が担う必要があります。また遠方からの受講の場合は、方言や地域の駅名などの「地域情報」を交えた「生きた学び」を提供することにハードルがあります。公立高校等の進学情報もそのうちの一つで、こうした子どもだけが使える外国人特別入試枠の有無や、日本語が十分でない子どもにも手厚い支援を提供している高校の情報提供など、これら「ラスト・ワンマイル」（最後の一歩）の支援には地域の人の存在が必要不可欠です。

　外国につながる子どもの支援は「日本語ができるようになること」が終わりではありません。地域の中で成長し、進学し、自立してゆく子どもたちには、何よりも地域の生きた情報が届き、生きた人間関係の中で健やかに成長できる環境が重要です。オンラインによる授業や学習支援機会はそれを補完するものに過ぎないため、うまく活用しながら、受け入れ体制、支援体制の整備を進めて行ってください。

事例●後編・地域の支援で高校に合格したアユミさん

　アユミさんも、高校入試が近づいてくる頃にあわせて、地域で彼女の進路相談に乗ってくれたり、県立高校に特化した学習支援をしてくれる地域資源を探し続けました。最終的には、県の担当者が多言語で行われた進学ガイダンスに同行してくれたり、ある学習支援機関が特別に彼女の学習をサポートしてくれたりなど、体制を整備することができたため、高校入試本番の数か月前に地域支援に移行する形で、YSCGSのサポートを終了しました。その後、アユミさんは地域の方々によるサポートを受けて無事に高校に合格し、充実した学校生活を過ごしています。

来日後にがんばって日本語を身につけたり、日本で生まれ育って日本語しか話せないという外国につながる子どもたちが直面し続ける壁があります。それは、「心の壁」とでも呼び得るもので、見た目や名前が"日本人風"ではないこと、"日本人"であれば知っている（はず）の文化がわからないこと、親が外国ルーツであることなどを理由として、少なくない外国につながる子どもたちがいじめや差別を経験しています。そこに、日本語ができるかどうかは関係がありません。

☞ **アドバイス**
「いくら努力して日本語を身につけても、ちっとも受け入れてもらえない」と涙ぐむ子どもたちが後を絶たないのは、この「心の壁」問題に取り組むべき主体が、外国につながる子どもたちではなく、"日本人"の子どもたちであるからです。
　これからは「日本語がわからない子どもをどう支えるか」の先を見据え、共生社会を生きるすべての子どもたちのために、何をすべきかも考えてみましょう。

　　　　　　　　　　　　　　　　　　　　　　　　　　　　　　　［田中宝紀］

Q12
言葉の壁で困っています。
ICTを活用してサポートできませんか?

A12
実は言葉の壁はありません。 これを読んでいますぐチャレンジ!

解説

1. "通じない"は言い訳になりません

　外国につながる子どもの支援者にとって、子どもの母語を理解することは必要でしょうか。「必要ない」と答えたいところですが、母語が理解できれば役に立つに違いありません。

　では、子どもは、母語を理解してほしいと思っているのでしょうか。私は公立中学校で、外国につながる子どもの支援に関わり、数多くの子どもや保護者の悩みに接しました。しかし、不思議なことに、"教員が自分の母語を理解してくれない"と嘆いた子を知りません。このことからも、母語能力は必須でないと言えそうです。

　それでも教員の、"言葉が通じないないから支援が難しい!"という悩みは変わりません。そして、この悩みは、"言葉が通じないのだから（支援できなくても）仕方ない"という言い訳も生んでいます。子どもや保護者も同じです。言葉のせいにして勉強をあきらめる子ども、言葉のせいにして消極的になる保護者。こう考えると、日本語教育は大切ながらも、"通じない"と嘆く三者（教員・子ども・保護者）に、よい方法はないかと考えるのは自然です。学級担任に母語能力は求めずとも、学級担任が自分に関わろうとしないことを悲しむ子どもが多かったことを、私は忘れません。"学級に居場所がない"と悩む子どもは、日本語の習得も遅く、キャリア形成もままなりませんでした。

　散在化も課題です。支援対象数が少ない地域は、国際教室の設置や支援員の派遣が難しいことはもちろん、教員の研修機会もほとんどありません。散在地域では、日ごろ子どもに接する学級担任の役割がより大きくなります。学級担任のための、"言葉が通じないから"と言わないためのツールが必要です。

2. 翻訳ツールによる母語支援の目的を考えよう

　既に翻訳ツールを活用している人もいるかもしれませんが、私は「注意が必要」と思っています。外国人観光客などとは、違う意識をもって使わなければならないからです。日本語習得までの初期支援に使うのか、配慮が必要な子どもに寄り添う目的で使うのか、保護者との信頼関係を築くために使うのか。ただ通じればいいのではなく、「明確な目的と配慮」が必要です。

　支援者は子どもの将来を担っています。どのような支援が効果的か、一人一人に寄り添って考えることが大切です。翻訳ツールは、子どもが環境に慣れ、やる気を起こすまで、信頼関係を築く段階にこそ役立ちます。そこから先は、学習指導も日本語指導もツールではなく教員の仕事です。言うまでもなく、翻訳支援は教育活動の中心ではありません。

3. 種類と機能を知ってこう

　翻訳ツールは、デバイス型とアプリ型に分類されます。デバイス型は、翻訳機そのものが機器として成り立ち、携帯性や即答性に優れます。自ら通信機能を備えているものも多く、手軽に使えることで普及が進んでいます。アプリ型は、スマートフォンなどにインストールして使います。通信環境や、アプリ立ち上げなど手間を要しますが、画面を生かした操作性の良さや、文字による入出力がしやすい利点があります。

　翻訳スタイルも、音声支援と文字支援の二つに分類されると考えています。話しかけると翻訳結果が音声で出力されるものを、音声支援とよぶことにします。しかし、授業中など静かな環境で音が出ることは好ましくありません。そのような時、翻訳結果を文字で提示することを、文字支援とよぶことにします。音声支援に特化したツールは、素早くコミュニケーションを図りたい場面に向いています。文字支援が可能なツールの多くは音声支援もでき、コピー&ペーストにより翻訳結果を他文書に活かせるものもあります。

　翻訳ツールは完璧ではありません。簡潔な文章を入力すれば、正確な結果が得られやすいですが、長文や固有名詞などを含む文章は得意ではありません。音声入力の発音にも左右されます。また、言語によっても性能は異なります。翻訳技術は目覚ましい進化を続けていますが、英語や中国語の

翻訳が正確でも、スペイン語はそうは行かないなど、差があるのも事実です。これは、利用が多いほど高性能になるからです。

　ログと呼ばれる使用履歴の提供が、ほぼ全てのツールに付帯していることも知っておきましょう。性能向上やセキュリティ対策のため、提供者がユーザーの利用状況を把握することが目的です。また、無料の翻訳ツールには、ログデータを広告発信に利用するものもあります。学校での使用においてログの管理が課題になる場合は、ログ消去やログデータ提供メニューのついた有料ツールをお薦めします。

実践例◉VoiceTra の活用法

　実際にアプリケーションを使って解説します。使用するのは、総務省所管の国立研究開発法人情報通信研究機構（NICT）が開発するVoiceTra（ボイストラ）です。これは、スマートフォンやタブレット端末にダウンロードする無料アプリケーションです。開発当初は個人の旅行者が対象でしたが、近年のニーズを受けさまざまな分野の言語情報が加わり、その性能は進化し続けています。音声支援と文面支援が一度にでき、翻訳結果の確認機能があるのも特徴です。

　なお、教育分野では、教科書用語を中心に学校用語数万語を私が登録しており、授業の支援や生活指導にも活用できます（p.113 〜 114参照）。

☞ **アドバイス**..

外国につながる子どもを取り巻く環境はまだまだ厳しく、一度つまずいたらやる気を取り戻すのが大変です。そんな状況を生まないためには、早い時期からたくさんの大人が関わり、頑張りの土台を固めることが大切です。言語の壁なんてありません。それは、"通じない"と思い込む、人々の心の中に築かれています。"言葉が通じない"と自信をなくす前に、多言語翻訳ツールを使って心の居場所を作ってみましょう。

VoiceTraの翻訳例です。上段は【音声認識により文字になった原文】中段が【翻訳結果】、下段は【翻訳結果を日本語に逆翻訳した確認欄】です。長い文章が正確に翻訳されていると感じた人も多いのではないでしょうか。
＊注：2020年8月現在の画像です。システムは更新されるため、常に同じ翻訳結果が得られるとは限りません。AppStoreまたはGooglePlayより無料ダウンロードが可能です。PCまたはmac版は提供されていません。

翻訳例〈1〉保護者に対して

情報通信研究機構（NICT）提供のVoiceTraサポートページには使い方が丁寧に説明されたマニュアルも掲載されています。

外国語の多くは主語を入れることで意味が明確になります。主語のない肯定文や否定文は、話者＝教員を主語とした1人称になってしまいます。

これは1文が長い翻訳例です。伝えたいことを短く区切り別々の文章で入力した方が、より正確な翻訳結果が得られます。

VoiceTraの翻訳エンジンには、学校特有の単語や学習用語も収録されています。学習場面における子どもへの指示や生活指導にも活用できます。

翻訳例はポルトガル語への翻訳ですが、英語や中国語への翻訳は更に高い性能が得られます。音声非対応言語を含め31言語に対応しています。

その他として翻訳履歴を呼び出す機能がついています。翻訳したい言語（相手）が変わっても日本語を再入力する必要はありません。

音声だけでなく文字による入力や、部分的に文字を修正することも可能です。文字入力は入り込み支援など音声が出せない場面で役立ちます。

スピーカーマークを押せば翻訳結果を何度でも聞くことができます。マークが現れない言語の翻訳結果は文字でのみ表示されます。

ここに上げた正確な翻訳結果を得るためのポイントはVoiceTra以外のアプリケーション等にも共通していますので覚えておきましょう。

音声認識技術は学習者の発音練習にも有効です。子どもが日本語を音声入力〜正しい母語に訳されれば、学習者は正確な日本語を話せているという活用方法です。

114

翻訳例〈2〉保健室にて

文を短く区切ることで、シビアな場面でも正確なコミュニケーションが実現します。

翻訳例〈3〉生活指導

「〜ましょう」「〜ください」と入力することで、相手に伝わりやすい文章に翻訳されます。

[若林秀樹]

Q13
散在地域でも、できる支援がありますか?

A13
あります。散在地域だからこその支援のあり方を考えましょう。

解説

1. 散在地域の問題

　日本の多くの地域では外国につながる人たちが散在していますが、大人に比べると人数が少なく、特に学校に行く年齢の子どもたちは、広い地域に散らばっています。そのため、その存在が見えにくく、必要な対応・支援が届かないことが問題になっています。

①子どもがやって来た散在地域

　散在地域の学校では、1人の先生が外国につながる子どもと出会う機会は、教師人生の中で1人だけ、あるいはまったくない、というのが現状です。ですから、日本語ができない子どもが突然やってくると大慌てです。「日本語ができるようになってから来てください」と対応する学校もあります。しかし、どこで日本語を学べるのか、学校に入るためにどのぐらいの日本語力が必要なのか、散在地域ではこのような情報がどこにあるのも、知られていませんし、そもそも子どもが学校に入るために日本語を学べる場が近くにない、ということが珍しくありません。

②散在地域の「4ない問題」

　散在地域には、「4ない問題」があります。一つ目は「しくみがない」、二つ目は「経験や情報がない」、三つ目は「先生や支援者がいない」、四つ目は「お金がない」です。外国につながる子どもが集住する地域・学校では、外国につながる子どもがいて当たり前ですので、教育委員会や学校が子どもの受け入れのしくみを作り、必要なお金や人を準備しているところも増えています。

　しかし、散在地域では、子どもの存在は当たり前ではありませんから、子どもが

来た時には大騒ぎです。けれど、その子がいなくなると、もう問題はなかったことになってしまい、しばらくして次の子どもが来た時に、また同じような騒ぎがくりかえされます。経験が積み重ならずに忘れ去られてしまうのです。いつもいるわけではないことに、行政や学校はしくみを作りませんので、お金も情報もありません。先生は外国につながる子どもや日本語教育について知識がありません。一方、知識や経験のある外部支援者は、いつも子どもがいるわけではないので、仕事として成り立ちにくく、支援を続けることが難しい立場に置かれます。こんな散在地域に来た子どもたちは、どうなってしまうのでしょう。

2. 散在地域でできること──「4ない問題」の解決に向けて

　散在地域は、なんだか絶望的な状況に見えますが、子どもたちを学校に受入れるために、「4ない問題」を解決する方法をいろいろ工夫しています。

①受け入れのしくみ

　子どもがいつもいるわけではない散在地域では、子どもが現れてから学校の受け入れ体制を作っていくことが現実的です。山形では、「山形県外国人児童生徒受け入れハンドブック」で、学校内にサポートチームを作って受け入れる方法が紹介されています。教育委員会から子どもが来る連絡を受けてから、校長、学年主任、学級担任、通訳や日本語指導者などでサポートチームを作るというものです。サポートチームがうまく機能するために、経験や知識のある外部支援者や組織が関わることが大切です。

　散在地域では、教育委員会に外国につながる子どもの担当部署があいまいな場合が少なくありません。そのため、教育委員会に聞いても、情報が見つからない、ということが起こってきます。子どもを受け入れた経験のある学校をさがすのも案外、難しいものです。そこで、「つなぎ役」となるのが、地域の国際交流協会や大学です。宮城県国際化協会では、「MIA外国籍の子どもサポートセンター」を設置し、通訳や日本語学習支援者を派遣して学校と連携した子どもの受け入れを支援しています。学校での支援だけでなく、保護者の支援やいろいろな相談にも乗ってくれる頼もしい存在です。福島県国際交流協会でも、「ふくしま外国の子どもサポートセンター」で同様の取り組みをしています。さらに、青森では、2020年度から文部科学省の事業を利用して、複数の大学が連携し、教育委員会、国際交流協会、民間

支援団体をつないだ受け入れ・支援体制づくりがスタートしています。

　教育委員会や学校だけでなんとかしようとせずに、経験や情報をもつさまざまな機関、団体とつながるしくみ作りが、散在地域では有効です。

②情報

　必要なとき、必要なところに情報がうまく伝わるためには、情報を集めたり、伝えあったりするしくみを作ることが大切です。そこで、教育委員会、国際交流協会、大学、そして、民間の支援団体や支援者がつながり、日ごろから情報交換ができる場を作ることをお勧めします。このような場があれば、バラバラにいる子どもについて情報を集約し、見えない存在になりがちな子どもが見える存在になります。

　岩手では、2008年に県教育委員会、3市の教育委員会、国際交流協会、民間支援団体、大学がメンバーの「いわて多文化子どもの学習支援連絡協議会」を立ち上げ、情報交換と研修を行うようになりました。このしくみによって、他地域の情報をもらったり、学校や教育委員会が外部の支援とつながる機会が増えています。

知って
おこう

散在地域では日ごろ同じ境遇の子ども同士が出会う機会がとても少ないのですが、この協議会が協力して年に一回、子ども、保護者、支援者と大学生が集まり合宿をしています。ここは、子どもの学習支援と同時に子ども同士、また、保護者や支援者同士の情報交換と交流の場になっています。

③先生・支援者

　忙しい先生が外国につながる子どもの指導について知る機会は少ないですし、実際に子どもが学校に来てから手探りで対応を始めることになります。そんな先生にとって、受け入れのしくみや、指導のノウハウにアクセスできたら心強いでしょう。文部科学省のアドバイザー派遣制度や地元の大学・国際交流協会を利用して、指導・支援の方法について研修会が散在地域でも開催されるようになっています。その際、先生だけでなく、外部支援者も一緒に研修に参加することで、ネットワーク作りにも役立ちます。また、散在地域では、遠くの人も参加しやすいリモート研修は便利です。ぜひ、試してみてください。

　教育委員会や国際交流協会に人材バンクを作り、必要な時に支援者を派遣できるようにすることも有効です。秋田市や弘前市の教育委員会には、日本語指導支援サ

ポーター派遣制度がありますし、八戸市では民間支援団体とつながり、支援者を学校に派遣しています。散在地域でも、行政が人材支援のしくみを作ることができます。

④お金

　散在地域でも教育委員会や国際交流協会に支援者派遣制度を作って、お金を準備しているところがあります。また、文部科学省などが行う事業を利用して、必要なお金を動かすこともできます。「ボランティアにまかせておけばいい」と簡単に考えないで、安定した指導・支援のためにはお金が必要だ、ということを、大学教員や長い経験をもつ人、地元議会の議員さんなどから、行政や地域に意見をあげてもらう、理解のある行政の方に、お金が絞り出す知恵をだしてもらう、ということもできるでしょう。一定の年度予算を確保する、あるいは、子どもの支援に活用できる基金を作って柔軟にお金が使えるようにする、など、地域に合ったいろいろな方法を作り上げていけるはずです。

> ☞ **アドバイス**
> 　散在地域の強みは「人のつながりの強さ」です。子どもの存在を知るいろいろな立場の人びととつながることで、「4ない問題」は解決に向かいます。子どもが少ないですから、周りの人がよってたかって世話をする、というのもいいところ。ここであげた例を参考に、まずは人と人がつながって動いてみるとよいでしょう。大切なことは、学校と外部の機関や人との「日ごろのゆるいつながり」と、「子どもが来た時の強いつながり」です。交通が不便で遠くにポツンといる子どもや先生、支援者とも、どんどん整備が進んでいるICTを使って、つながりを作ってください。きっと、散在地域だからできることがたくさん見つかることでしょう。

▼**文献一覧**

中川祐治ほか（2015）「外国人散在地域における『特別の教育課程』による日本語指導」『福島大学地域創造大26巻第2号』pp.49-61
　　http://www.lib.fukushima-u.ac.jp/repo/repository/fukuro/R000004652/18-230.pdf
ふくしま外国の子どもサポートセンター https://www.worldvillage.org/kodomo/index.html
MIA外国籍の子どもサポートセンター http://mia-miyagi.jp/kodomosupo.html
山形県外国人児童生徒受け入れハンドブック
　　https://www.yifa.jp/yamagata-gaikokujinjidou-handbook/3_1.html

［松岡洋子］

第3節　進路保障

Q14
高校受験に向けて、
中学校ではどんな指導が必要でしょうか?

A14
中学校の教員が「外国人だから」と生徒を分けて考えてしまい、「他の生徒のように進路指導ができなくても仕方ない」と思い込まないことが大切です。責任をもって指導要領様式1の進学先・就職先に、他の生徒と同じようにきちんと学校名や会社名を記しましょう。

解説

　すべての中学生にとって、高校進学（進路決定）・受験（都道府県によっては受検）は中学におけるキャリア教育の集大成です。そして義務教育最終学年の生徒にとって、中学校は社会に出る前の最後のセーフティネットです。中学校の学習の積み残しを担ってくれる高校はありますが、高校に進学しなかったり、高校を中退したりしたら、その積み残しを担ってくれる場所は社会にそう多くはありません。中学校においては「中退しない高校選び」「万が一中退してもその後の人生に伴走型で支援できる」指導をしていく必要があります。

　特に外国につながる生徒には、情報がきちんと伝わらなかったり、保護者の進路に関する価値観が日本の一般的な価値観と違っていたりするため、丁寧な指導が必要です。教員は情報を集め、学校以外の地域の学習支援教室やNPO、もちろん都道府県の教育委員会と連携しながら、生徒の学びの継続のために尽力すべきです。以下、1. 入試制度の理解　2. 本人の学力アップ　3. 将来の見通しの確認の3点について、具体的な指導方法を紹介します。

1. 入試制度の理解

　保護者が「日本の高校受験を経験し、高校で学び、卒業した」という経験がない場合、「保護者が日本の高校を知らない」という意識をもって指導に当たります（「自分は高校に行かなくても何とかやってきた」という保護者には、高校卒業の資格はどの国や地域においても重要であること、高校生活で得られる多くの学びや経験、高校に行くことによって広がる本人の可能性などを丁寧に説明しましょう）。

　国や地域によっては、高校入試がなく全員が18歳まで学ぶことができる制度があるところもあります。中学の成績がどれくらい選考されるのか、学力試験や面接の内容、前期・後期試験の仕組み、併願や二次募集、定時制高校の可能性など、通訳を入れて丁寧に説明しましょう。

通訳を介して説明するときのポイント

・通訳の分、いつもの倍以上の時間がかかるので、十分に時間を取ります。

・通訳者を頼んだのに、当日保護者や本人が来ない、ということがないように、通訳者さんから直接保護者に電話で連絡してもらいましょう。前日にリマインドすることも重要です。場合によっては、校長名で保護者の会社に文書で「〇月〇日の〇〇時からは〇〇さんのお子さんの大切な面接があるので、ご配慮よろしくお願いします。」とお願いすると良いです。

・「入試」「評定」「併願」などの用語は、そのまま訳してもらっても概念が違う場合があるため、詳しくかみ砕いた説明が必要です（例えば「入試」なら高校に入るための試験で教科、配点、選考の中の割合など）。

・オブラートに包んだような言い方では伝わりません。あいまい表現は避け、具体的な数字などを示して「入試では合計〇点、内申点は合計〇点以上が合格ラインです」などとはっきり伝えましょう（もちろん、「なんであなたはその〇点に達しないんだ！」と子どもに怒りの矛先を向ける保護者には、きちんとしたフォローが必要です）。

　多くの中学3年生は、夏休み中から高校説明会に参加します。ですが、そのようなしくみのない国や地域につながる家庭は、概念がないため情報に格差が生まれてしまいます。まずは本人の意識を高め、「行ってきなさい」ではなく「一緒に行こう」と同行を申し出ます。もちろん、その生徒の友人に依頼して一緒に行ってもら

うことも良い手です。できれば通訳者を頼んで保護者にも一緒に行ってもらうとなお良いでしょう。実際に高校に足を運ぶことで、具体的なイメージがわきます。一緒にHPを見てあげるのも良いでしょう。

　定時制高校に関して、マイナスイメージをもっている生徒・保護者が多いです。中学の先生や支援者も一緒に高校見学に行き、現場を見てみましょう。多くの定時制高校では不登校を経験していたり学習に困難を抱えていたりする生徒が多く、先生たちはきめ細やかな配慮をしながら授業や生徒との関係作りに心を砕いています。定時制高校であっても、卒業すればその先の上級学校にも進学できることもきちんと知らせましょう。

知っておこう　私立高校の併願（ないし専願・単願）についても十分な説明が必要です。国からの補助金制度*¹があるとはいえ、施設費や修学旅行費などは公立に比べるとかなり割高です。逆にある程度の成績（評定）があれば学費免除などの制度を利用して、手厚い教育が受けられる可能性もあります。

2. 本人の学力アップ

　日本の中学校での成績（評定）はテストの点数だけでなく、授業態度や提出物、長期休業中の課題などを含んだ総合的なものであるということを、外国につながる生徒とその保護者は理解していないことが多いです。しかもその数値が高校入試の合否資料となるので、学力・成績をどうやって上げるのかをサポートする必要があります。担任の先生ならば、各教科の先生に、配点の高い提出課題は何か（必ず提出しなければならないもの）、テストで「これだけは必ずできてほしい」というポイントはどこかなどの情報収集をして、生徒に伝えましょう。また、プリントやテストへのルビ振り、やさしい日本語への変換を依頼することも忘れてはいけません。授業中の個別支援や放課後の指導が可能であれば、ワークやドリルなどの提出課題を一緒にやって、提出物の点数をアップさせることもできます。

　そうは言っても、さまざまな国と地域からさまざまな学齢で来日した子どもの中には、日本語の習得と学習がバランスよく積みあがらず、学力不振に陥っている生徒がいます。そういう生徒には粘り強くエンパワーすることが必要です。「あなたがあきらめても、先生はあきらめないよ！」と励ましましょう。急がば回れで中学生になってからでも、小学3〜4年生の漢字、特に熟語を学び直すことで中学校の

学習内容が理解できるようになった、という事例は数多くあります。

　また、中1や中2の成績も合格者選抜の資料になる都道府県もありますので、通訳を通じた面接時に高校進学の情報を伝えたり、地域で行われている「日本語を母語としない人たちのための高校進学ガイダンス」に一緒に参加したりすることで、本人や保護者に意識させていくことも必要です。

3. 将来の見通しの確認

　2011年に文部科学省が作成した『中学校キャリア教育の手引き』の中で、生徒たちが「働くこと」を通して「自分らしい生き方」を見出していけるよう、単に進学、就職のみならず社会的自立・職業的自立に向けて必要な意欲、態度や能力の育成に取り組むよう指示を出しました。特に中学校においては、職業講話や職場体験、上級学校訪問などの体験的な学習のみならず、各教科においても「基礎的・汎用的能力」*2を高めるための指導をすることが義務付けられています。

　これを外国につながる生徒たちにも照らし合わせて考えると、日本語が不十分であることや情報へのアクセスがしづらい、学費や教育にかかる費用がとても高い日本において、まとまった資金を調達するのがむずかしいなどさまざまな困難があり、一概に当てはまるとは言えません。ですが、やがて社会人になることを見据えて、さまざまな能力を身につけて、自分の人生をいかに造り上げていく（「自分探し」ではなく、自分を「なりたい自分」に造り上げていく力をつける）ことは、どの生徒にとっても大切なことです。

　進路面談で「いつか国に帰るから、高校は行かない」「高校に行かないで働く」という生徒には、「帰国するならその後は進学するのか、高校に行かないで働く先は具体的にどこか、その仕事はあなたがやりたい仕事なのか」ともう一歩突っ込んでみましょう。保護者に言われて、またはいろいろなことをあきらめて、自分の本意ではない進路であることが多いです。

☞ **アドバイス**

　「何もそこまで」と考える自分の考えに疑問をもちましょう。外国につながる子どもたちが日本社会で大きく羽ばたけるかどうかは、関わった大人のもう一歩、あと一歩の踏み込みにかかっています。身近な先生たちの意識を変えることが難しいと感じたら、全国の先生たちに助けを求めましょう。第4章資料編の「進学・進路

相談ができる窓口リスト」を参考にしてください。あなたに共感し、あなたを応援してくれる仲間と出会えることでしょう。

▼注

　＊1 高等学校就学支援金制度（文部科学省）
　　　https://www.mext.go.jp/a_menu/shotou/mushouka/20200715-mxt_kouhou02_2.pdf
　＊2 基礎的・汎用的能力：「仕事に就くこと」に焦点を当て、実際の行動として表れるという
　　　観点から、「人間関係形成・社会形成能力」「自己理解・自己 管理能力」「課題対応能力」
　　　「キャリアプランニング能力」の四つの能力に整理した（国立教育政策研究所）。
　　　https://www.nier.go.jp/shido/centerhp/22career_shiryou/pdf/3-02.pdf

[大谷千晴]

Q15

高校進学ガイダンス（説明会）を企画しています。
ここで伝えるべきポイントを教えてください。

A15

日本では高校進学することが自立した社会参加や自己実現を果たす
うえで必要であることを理解してもらうのが大切です。そのうえで、
高校進学をするために必要な情報を、通訳を介して説明するとよい
でしょう。

解説

　外国につながる子どもたちにとって高校進学は大きな壁となっています。その原
因として考えられるのは、情報不足と受け皿不足です。情報不足は子どもたちだけ
でなく、保護者や支援者、場合によっては中学校の先生も同じです。日本人生徒と
同じ条件で受験すると考えた場合、中学校の成績が低いあるいは成績が欠けている
外国につながる生徒も少なくありません。そうすると、高校受験の情報雑誌などで
受験できる高校を探しても見つかりません。中学校の先生から「あなたの成績では
行ける高校はありません」と言われ傷ついた生徒もいます。

　一方、「情報提供したくても、高校の受け皿がない」と嘆く多くの支援者がいま
す。受け皿がない地域では、課題を地域の支援者同士が共有し、教育委員会をはじ
めとした行政や地域社会に知ってもらうきっかけとしていくことが大切です。

　神奈川では、1995年に高校進学ガイダンスを全国で初めて実施し、現在も継続
しています。これまでの神奈川県での実践と私の経験から企画のポイントやその効
果を紹介します。

1. 高校進路ガイダンスを企画するときのポイント

　高校進学ガイダンスの企画にあたっては、母体となる実行委員会などの組織を作
り、地域日本語学習教室などの支援者や国際交流団体など中間支援組織の関係者、
当事者団体、加えて高校や中学校の先生、教育委員会の関係者などが参加して構成

されるのが望ましいです。それが難しい場合は、可能なメンバーで作り、徐々に広げてネットワークを作っていくと良いでしょう。

作成例◉神奈川県の高校進学ガイダンスのプログラム

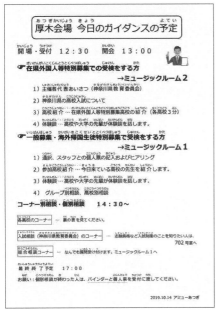
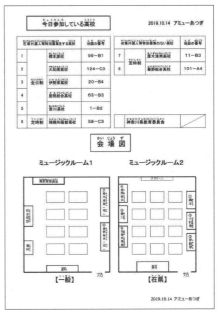

2. 高校進学ガイダンスで良くある質問

　ガイダンスでよくある14の質問を表にまとめました。なお、神奈川県の場合の回答例は、認定NPO法人多文化共生教育ネットワークかながわ（ME-net）のホームページに多言語（10言語）で掲載しています。

Q1　定時制高校や通信制高校を卒業しても、全日制高校と卒業の資格は同じですか？

Q2　工業関係の大学に入るには工業高校がいいですか？

Q3　高校に入らなくても就職（正社員）はできますか？

Q4　高校を選ぶ方法を教えてください。

Q5　大学に行くにはどんな高校に行くのがいいですか？

Q6　中学校の成績が良くありません。それでも行ける高校を教えてください。

Q7　志願変更をするときはどうすればいいですか？

Q8 中学校の先生から私立高校との併願を勧められています。併願した方がいいですか？

Q9 自分に在県外国人等特別募集の資格があるかわからないので教えてください。

Q10 パスポートをなくした時、古いパスポートが手元にない時、また、パスポートに出入国のスタンプがない時はどうすればいいですか？

Q11 海外で高校1年を修了して日本に来た場合、高校の編入は可能ですか？

Q12 勉強の方法がわかりません。教えてください。

Q13 部活動をやっていると面接が有利になりますか？

Q14 英語で授業を受けることができる高校を教えてください。

3. 高校進学ガイダンスで得られる効果

①教育委員会との連携

　ガイダンスをきっかけに神奈川では、県教育委員会や各市町村教育委員会との連携が強まりました。始めた頃は、県教育委員会には後援をお願いし、来賓あいさつをしてもらうところからでしたが、2006年には高校進学ガイダンスを協働で開催することになり、高校進学ガイドブック（10言語）を協働で編集・作成することになりました。現在は、県教育委員会からの委託事業として実施しています。委託助成金の規模は160万円（ガイドブック印刷料を除く）です。

　高校進学ガイドブック（10言語）は県教育委員会を通じて各市町村教育委員会が県内全中学校における言語別必要部数を調査し、それを基にME-netが郵送しています。

②地域のネットワーク

　神奈川県内には100を超える外国につながる子ども向けの日本語学習支援教室があります。そこで、学ぶ子どもたちが高校進学を希望する場合、県内6か所で実施している高校進学ガイダンスに参加できます。そこで、子どもや保護者が情報得ると同時に、支援者同士がつながります。ガイダンスには中学校の先生や高校の先生も参加します。そこで、高校に入学した外国につながる生徒の状況などの情報交換が中学校と高校の先生同士で成立します。

　このようにガイダンスの実施をきっかけに地域のネットワークが構築され、1人の子どもの課題に対しても、地域で課題解決に向けて対応する事例も多く報告され

ています。

③高校での支援へ

　高校進学ガイダンスは、高校の入口支援として始まりましたが、教育委員会や高校との連携が強まり、高校に入った生徒への支援の必要性が共有され、高校での日本語指導や母語支援、キャリア支援など包括的な支援を行うことにもつながります。

ガイダンスの様子

　神奈川県では、特別枠のある高校13校すべてで日本語の授業や補習、教科での個別対応授業（取り出し授業）を行ったり、さらに外国につながる生徒の在籍が多い高校を含め、20校以上で多文化教育コーディネーターやサポートをME-netが派遣したりしてさまざまな支援を行っています。

④人材育成のサイクル

　ガイダンスでの先輩の話に参加したり、お手伝いで参加したり高校生は、後輩のために何かしたいという気持ちが強く、高校卒業後も学習教室でのサポートや通訳補助などさまざまな活動に関わっていきます。神奈川では、ガイダンスで関わった大学生などが、「多文化ユースプロジェクト」というグループを立ち上げ、高校生向けに進路情報や体験談をあつめたWebサイトを作って、活動を広げています。高校進学という壁を前にした子どもにとって、彼ら彼女らの存在は心の支えとなり、自分の将来像を描くロールモデルとしても意義があります。また、今後のガイダンス等の活動の担い手としても期待できます。

**知って
おこう**　全国各地で高校進学ガイダンスが実施されています。次ページの表は、都道府県別の実施団体をまとめたものです。

2020年度全国高校進学ガイダンス実施機関と状況

	都府県名	実施回数	コロナウィルス予防のためオンラインでの開催や例年実施していたが、今年度は実施見送りも含む 【後援】、【共催】は教育委員会のみ記載
1	宮城県	1	（NPO法人）宮城県国際化協会（MIA）
2	福島県	1	こおりやま日本語教室
3	茨城県	1	（一般財団法人）つくば市国際交流協会
4	栃木県	1	宇都宮大学多文化公共圏センターHANS部門「だいじょうぶネット」、【後援】小山市教育委員会
5	群馬県	1	外国にルーツをもつ子どもたちのための支援研究会、【共催】太田市教育委員会
6	埼玉県	4	埼玉県、（公益財団法人）埼玉県国際交流協会、（公益財団法人）埼玉県産業文化センター 2020年高校進学ガイダンス実行委員会（所沢）、川口市、ケリア日本語学習支援教室（川越）
7	千葉県	1	房総多文化ネットワーク・進路ガイダンス実行委員会
8	東京都	7	（NPO法人）多文化共生センター東京、（公益財団法人）武蔵野国際交流協会（MIA）IWC国際市民の会、（一般社団法人）レガートおおた、日本語を母語としない親子のための多言語高校進学ガイダンス実行委員会、八王子国際協会、YSCグローバル・スクール　あだち
9	神奈川県	6	（認定NPO法人）多文化共生教育ネットワークかながわ事務局（ME-net）、神奈川県教育委員会
10	石川県	1	（公益財団法人）金沢国際交流財団
11	山梨県	1	山梨県立大学地域研究交流センター事業
12	長野県	1	（公益財団法人）長野県国際化協会（ANPI）
13	静岡県	1	富士市国際交流ラウンジ（FILS）
14	愛知県	1	（公益財団法人）名古屋国際センター（NIC）
15	三重県	1	四日市市教育委員会指導課
16	滋賀県	1	（公益財団法人）滋賀県国際協会（SIA）
17	大阪府	10	大阪府教育委員会
18	兵庫県	4	兵庫県教育委員会、神戸市教育委員会、西宮市教育委員会、姫路市教育委員会 丹波篠山市教育委員会
19	奈良県	1	奈良県外国人教育研究会
20	福岡県	1	福岡市教育委員会、【後援】福岡市教育委員会
21	大分県	1	大分県人権教育ワークショップ研究会　【後援】大分県教育委員会
22	熊本県	1	（NPO法人）外国から来た子ども支援ネットくまもと、（一般財団法人）熊本市国際交流振興事業団

出典：中国帰国者支援・交流センター調べより筆者作成

☞ **アドバイス**

　ガイダンスを始めるきっかけとなったのは、目の前にいる当事者（外国につながる子どもや若者）の存在でした。外国につながる子どもたちが自立した社会参加や自己実現を果たせるよう、ガイダンスをきっかけに関係者で課題解決に向けて取り組んでいくことがその意義であり、醍醐味です。そこにある社会的な課題に向き合い、解決するためにどうすればいいか、地位や立場や利害を乗り越え、できることから共に取り組んでいきましょう。

[高橋清樹]

Q16
学齢を超えた外国につながる青少年がいます。
出身国でも日本でも義務教育を終えていませんが、
日本で高校進学できますか?

A16
進学できます。五つの方法があります。

解説

　日本では義務教育が9年間（小学校6年間＋中学校3年間）であるため、日本の高校へ進学したい人は、「9年の課程の修了」がポイントです。

1.　高校進学できる五つの方法
①近くの市区町村教育委員会や中学校に相談すること

　2020年7月1日に文部科学省から出された「外国人の子供の就学促進及び就学状況の把握等に関する指針」のなかの3の（5）「学齢を経過した外国人への配慮」として、「外国又は我が国において様々な事情から義務教育を修了しないまま学齢を経過した者については、市町村教育委員会の判断により、（中略）公立の中学校での受入れが可能であること」が示されています（第1章1節参照）。よって、昼間の公立中学校に編入学して卒業することで、高校受験ができます。

　しかし、「公立の中学校での受け入れが可能であること」の判断の基準がなく、自治体によっても学校長によっても、判断が異なります。1〜2年の超過者については認めている事例もありますので（第3章8節参照）、この文部科学省の指針を示しながら、担当者に相談しましょう。

②公立夜間中学に入学すること

　公立夜間中学とは、夜の時間帯に授業が行われる公立中学校の夜間学級を示します。この中学を卒業することで、高校受験ができます。

　しかしながら、公立夜間中学を設置している自治体は、10都府県に34校です

（2020年9月現在）。現状ではすべての自治体に公立夜間中学はないため、希望するすべての人が通うことができる学校ではありません。

③中学校卒業程度認定試験（中卒認定試験）を受験して、5教科の試験に合格すること

　中卒認定試験とは、中学校を卒業した者と同等以上の学力があるかどうかを認定するために、国が行う試験です。要件を満たしている場合には、国語と外国語（英語）の試験の免除や、ふりがなを付けた問題冊子での受験ができます。毎年10月末に一度しか試験は行われないため、申込と受験の準備が早くから必要です。

　　事例●正社員として就職したフィリピン出身のキミコさん

　　フィリピンで8年間の教育課程を修了して再来日した15歳のキミコ。1年前の初来日時は公立中学校に編入学しましたが、馴染むことができませんでした。そのため、中卒認定試験での高校受験をめざしました。NPOが開く教室に通いながら受験勉強に取り組み、2年間かけて中卒認定試験に合格できました（1年目は3教科合格、2年目は2教科合格）。

　　公立高校の入試では特別な配慮事項の「特別枠」での受験で見事に合格。高校を卒業し、現在は高校の近くにある企業の正社員として活躍しています。

④日本国内にある外国学校の中等部（中学校）を修了すること

　都道府県知事が認可した各種学校（2020年5月現在128校）をはじめ、海外の政府が認可した学校、国際バカロレアなどの国際的な教育プログラムを導入する学校など、実にさまざまな外国学校があります。外国学校の高等部修了者についての日本の大学の入学資格の扱いは、国がその基準を定めています（Q21参照）。しかし、中等部修了者の公立高校の受験資格の扱いは、各都道府県教育委員会による「判断」です。次のQ17を参考にして、準備をしましょう。

⑤出身国（海外）で9年の課程を修了すること（ダイレクト受験）

　証明できる書類の提出で、受験資格が認められます。受験資格の有無への判断に時間がかかるため、受験したい高校やその高校がある都道府県教育委員会には早めの相談が必須です（第3章4節参照）。

表　外国学校の中等部修了者の受験資格扱い・ダイレクト受験生とダイレクト編入生の状況*

出典：外国人生徒・中国帰国生徒等の高校入試を応援する有志の会調べより、2020年12月末現在の調査集計に基づき、筆者と高橋清樹（Q15執筆者）で作成

	外国学校中等部修了者の受験資格扱い**			ダイレクト受験生の有無（2020年度）	ダイレクト編入生の有無（2020年度）
		理由***	受験希望者の有無（2020年度）		
北海道	△	d	不明	不明	不明
青森県	△	a	無回答	有（1）	なし
岩手県	×		なし	なし	なし
宮城県	×		なし	なし	なし
秋田県	○	a	把握せず	把握せず	把握せず
山形県	△		なし	なし	なし
福島県	×		なし	把握せず	なし
茨城県	×		なし	把握せず	有（2）
栃木県	×		有（1）	なし	なし
群馬県	×		把握せず	把握せず	把握せず
埼玉県	○	b	把握せず	なし	なし
千葉県	○	d	把握せず	把握せず	把握せず
東京都	○	a	把握せず	有	把握せず
神奈川県	○	b	有	有	有
新潟県	○	a	有（1）	有（2）	把握せず
富山県	×		なし	なし	なし
石川県	○	a	なし	把握せず	なし
福井県	○	a	なし	有（6）	なし
山梨県	○	a	なし	なし	なし
長野県	○	a	なし	有（2）	有（3）
岐阜県	×		把握せず	把握せず	把握せず
静岡県	×		無回答	把握せず	把握せず
愛知県	×		無回答	把握せず	把握せず
三重県	×		把握せず	把握せず	有（1）
滋賀県	○	未回答	なし	把握せず	把握せず
京都府	○	b	なし	把握せず	なし
大阪府	△	d	有	把握せず	有（12）
兵庫県	無回答	選抜要綱に基づく	有	有（4）	把握せず
奈良県	○	a	なし	なし	有
和歌山県	○	b	なし	有（2）	なし
鳥取県	×		なし	把握せず	なし
島根県	△	d（例があれば検討）	なし	把握せず	把握せず
岡山県	×		把握せず	把握せず	有（1）
広島県	○	a	有	なし	なし
山口県	×		なし	なし	有（1）
徳島県	○	d	なし	なし	なし
香川県	×		なし	なし	なし
愛媛県	×		なし	把握せず	把握せず
高知県	△	c	なし	把握せず	把握せず
福岡県	×		把握せず	把握せず	把握せず
佐賀県	○	a	なし	なし	なし
長崎県	○	a	なし	なし	なし
熊本県	△	c	なし	把握せず	把握せず
大分県	×		なし	非公表	なし
宮崎県	○	a	なし	なし	なし
鹿児島県	△	c	なし	なし	なし
沖縄県	○	a	なし	把握せず	把握せず

*（　）内の数は、人数を示す。

**可を「○印」、不可を「×印」、その他を「△印」で示す。

***aは「外国学校中等部の卒業者には、そのまま他の生徒と同様に高校入学者選抜の受験を認めている」、bは「学校教育法施行規則第95条第5項に定める「中学校を卒業したものと同等以上の学力」があるかどうかの確認を、中卒認定試験・特別入試等とは別途、高校入試に先立って行っている」、cは「個別判断」、dは「その他」を示す。

2. サポートで注意すべきこと

　自治体によって、高校進学の入試方法も受験資格の考え方も異なります。そのため、自治体の特徴を把握したうえで、高校進学を希望する外国につながる青少年の就学歴にあわせたサポートが重要です。

　各自治体の特徴について、私もメンバーの一人である外国人生徒・中国帰国生徒等の高校入試を応援する有志の会では毎年調べています。最新の調査の結果をまとめたものが、前ページの表です。

　先述した五つの方法の④の外国学校の中等部修了者の受験資格扱いについては、2021年度入学者に対して「認める」自治体が19（秋田県、埼玉県、千葉県、東京都、神奈川県、新潟県、石川県、福井県、山梨県、長野県、滋賀県、京都府、奈良県、和歌山県、広島県、徳島県、佐賀県、宮崎県、沖縄県）ありました。そして、可否の理由は自治体で異なりました。なお、2020年度入試で「外国学校の中等部修了者の受験希望者が有」の自治体は、7（栃木県、神奈川県、新潟県、石川県、大阪府、兵庫県、広島県）でした。

　加えて、先述した五つの方法の⑤のダイレクト受験生については、2020年度入試で「有」の自治体が8（青森県、東京都、神奈川県、新潟県、福井県、長野県、兵庫県、和歌山県）ありました。また、「ダイレクト編入生が有」の自治体が8（茨城県、神奈川県、長野県、三重県、大阪府、奈良県、岡山県、山口県）ありました。

　このように自治体によって扱いや状況は異なりますが、学齢を超えた外国につながる青少年は日本で高校進学できることがわかります。「前例がない」だけで「進学できない」と窓口で言われてしまう場合がありますので、他の自治体の例を示しながらあきらめずに、担当者と話し合いましょう。

**知って
おこう**　公立高校入試では外国につながる生徒を対象に、一般の生徒と受験するときに何らかを受けることができる「特別措置」（例：漢字にルビあり、時間延長など）と、特別な試験を受けることができる「特別入学枠」（例：在住期間が6年の者は県内すべての県立高校で作文と面接のみで受験可能など）があります。その内容は自治体によってまったく違うことは、第1章の1節で述べたとおりです。外国学校の中等部修了者やダイレクト受験生などが、特別措置や特別入学枠の対象の可否も、自治体によって判断が異なるため、事前の確認は必須です。

☞ **アドバイス**

　学齢を超過した外国につながる青少年のサポート方法は、地域で活躍するボランティア団体には多くの蓄積があります。入試方法や入学後のサポートにも自治体や学校によって特徴があるため、第4章の資料編「全国の進学・進路相談ができる窓口リスト」にある各団体に具体的に相談するとよいでしょう。

▼**文献一覧**

　外国人生徒・中国帰国生徒等の高校入試を応援する有志の会
　https://www.kikokusha-center.or.jp/shien_joho/shingaku/kokonyushi/kokonyushi_top.htm

［小島祥美］

Q17

高校に外国学校を卒業した生徒が入学しました。
外国学校とはどんな学校でしょうか？

A17

主に、日本で暮らす外国につながる子どもが、自らの国籍の国や
ルーツのある（父母や祖父母など）国・地域の言語を用いて、日本の学
習指導要領以外の学習課程を行う学校のことです。

解説

　日本国内には様々な外国学校がありますが、外国学校の定義が法律上なされて
いるわけではありません。法的処遇も多様で、学校教育法134条に基づく「各種学
校」として認可された学校もあれば、NPO法人が経営する学校、またはなんら国
内における法的身分を持たない任意の教育機関もあります。一方、学校教育法第一
条に認可された、いわゆる「一条校」として国内外の教育課程の混合型で実施する
学校もあります。

1. 外国学校の始まり

　日本における外国学校の始まりは、戦前にさかのぼります。在日華僑たちによっ
て民族教育を目的とする横浜大同学校が1898年に、神戸華僑同文学校が1900年に、
その後に東京においても同様の学校が設立されています。こうした華僑系学校が、
日本で初めて設立された日本に暮らす外国につながる子ども向け学校であると言えま
す。

　一方、外国学校の存在が社会的争点となったのは、「朝鮮人学校」です。日本の
敗戦で植民地支配から解放された日本国内の朝鮮半島出身者たちが真っ先に取り組
んだのが民族教育でした。支配期の皇民化を脱し、民族自決の原則に立脚した学校
でした。

　ただ、「朝鮮人学校」は弾圧の対象となります。1948年4月の文部省学校教育局
長通達「朝鮮人学校の取扱について」により、大半の朝鮮学校が閉鎖の対象となり

ました。朝鮮人が多かった阪神地域では学校を守ろうとする大きな運動がおこり、朝鮮人代表者らが閉鎖回避を求めて交渉を繰り返しました。しかし、GHQと日本政府による敵視は変わらず、官庁前に集まったデモ隊に対する警官隊の発砲などで、死傷者が出るなどの犠牲が生まれました。1949年1月に「朝鮮人学校閉鎖令」が出され、最大530校あまりあった学校の大半が閉鎖されました。

　唯一、強制閉鎖にならなかったのは大阪の白頭学院だけでした。白頭学院の存続は、GHQと日本政府に対して政治的中立を表明したことと、実業教育が実施されていたことを強調し、戦後復興に役立つ人材育成を説得材料としたという逸話が残されています。

2. 外国学校の処遇

　華僑系学校は、そのまま今日まで存続しています。また、「朝鮮人学校」も強制閉鎖後、1955年以降に再建され、現在の朝鮮学校になっています。ただ、華僑系学校、朝鮮学校などの外国学校を認可せず、卒業資格を認めないなどの制約は戦後一貫してその後も続いています。そのために、外国学校から日本政府の認可校（一条校）への転校や大学受験などにおいて、外国学校の生徒や卒業生らに大きな負荷を背負わせてきたと言えます。

　他方、経済大国として歩んできた日本国内にも国際化の波を押し寄せます。日本国内には朝鮮半島や華僑系学校以外にもさまざまな外国学校が設立されるようになりました。朝鮮学校に続いて学校数が多かったのは、ブラジル学校です。また、欧米系学校、インド学校、ネパール学校など、国際化は学校教育の分野においても広がりを見せています。

　前で説明した通り、外国学校の法的処遇は必ずしも安定的ではありません。学校教育法第一条に基づく「一条校」や第百三十四条に基づく「各種学校」を除けば、なんら公的援助を受けられない学校も多いです。さらに各種学校であっても学校経営に直結する運営助成金は少額にとどまっており、各種学校も含めて全般的に授業料が高いという傾向があります。そのため希望するすべての外国につながる家庭に、外国学校での教育機会が恵まれているわけではありません。

　また、政治的理由によって補助金の支給が左右されるなどの問題が起こっています。朝鮮学校への補助金が中止されている事実は、政治の恣意的判断で容易に経営に圧迫が加えられることを示しており、各種学校認可を受けていても外国学校は大

きな不安定要素を抱えさせられていることがわかります。

3. 外国学校から公立高校への進学

　私の暮らす大阪府内には、10校の朝鮮学校、1校の華僑系学校、2校のインターナショナルスクール、1校の韓国系学校が、各種学校として大阪府から認可を受けています。加えて2校の韓国系の一条校があります。では、各種学校認可の外国学校から公立学校への転入希望が出た場合、どのような扱いになるのでしょうか？

　大阪の事例から言えば、公立小中学校への進学と転入は可能です。また、各種学校認可の外国学校中等部の卒業生も、公立高校への受験を認めています。ただ、公立学校どうし、または私立学校から公立学校への転出入の手続き、さらに通常の高校入試手続きと比べると、準備すべきことは多いです。

　ここでは、朝鮮中級学校に通う生徒のパクさんの大阪府立高校への入試についての手続きを再現しながら説明します。

事例●大阪府教育庁との連携

　パクさんは、満6歳の年齢で朝鮮初級学校に入学し、6年間の学習課程を終えました。その後も朝鮮中級学校に進学し、3年間の学習課程を終えて全部で9年間の義務教育相当の教育課程を朝鮮学校で終えました。本来ならばそのまま大阪朝鮮高級学校への進学をめざしたかったのですが、大阪府からの補助金中止や、朝鮮高級学校だけ高校無償化の対象から除外されていることによる学費負担を考慮し、大阪府内の公立学校への進学を決意しました。パクさんは、中級学校の担任にそのことを伝えました。すると、高級学校にぜひ進学してほしかったと残念がりましたが、公立高校への進学手続きに不備がないよう丁寧に取り組もうと言ってくれました。

　パクさんの担任の李ソンセンニム（先生）は、他の公立高校進学希望者がいないかを確認するために、学級の保護者懇談会を終えるまで待ったうえで、2学期後半に大阪府教育庁に連絡を入れました。電話口で対応したのは、大阪府教育委員会高等学校教育課学事グループの指導主事でした。李ソンセンニムは面談のために、後日訪問することになりました。

　訪問日に合わせ李ソンセンニムは、パクさんが高校3年間で学んだ学習内容がわかる教育課程の日本語版を印字し、パクさんの成績表も準備しました。加えて、パクさんと同じように公立高校の進学希望者であるぺさんの書類もそろ

え、教育庁訪問に備えました。この準備は、各種学校卒業予定者が公立高校や一条校への受験に必須となる応募資格の審査にあたります。

　年始になって李ソンセンニムは府教育庁を訪問ました。5階の会議室に通されて、担当の指導主事にパクさん、ぺさんの書類をもとに学業成績について説明しました。パクさんもぺさんも成績はともに学年でもトップクラスで、大阪でも有名な進学校への受験を希望しています。対応した指導主事は、これまで複数回、朝鮮学校からの応募資格審査の手続を経験しているため朝鮮学校の教育課程が日本の学習指導要領にほぼ沿っていることを理解しています。パクさんとぺさんが高校受験に必要な教育課程を経ていることから資格要件を備えているとの解釈を示しました。そのうえで受験日程や、受験に必要な入学志願書等の準備物について注意事項を説明し、その日の訪問は終わりました。

**知って
おこう**
外国学校の教職員が大阪府教育庁に足を運ばなければならない手間はありますが、大阪府立高校への外国学校からの受験は、比較的にスムーズに進められます。大阪府教育庁の担当者に話を聞くと、朝鮮学校のみならず、他の各種学校の法的処遇を持つ外国学校の扱いも同じだとし、受験件数は朝鮮学校が多いと述べました。また、朝鮮学校の教育課程の確認はすでに対応事例が多く、比較的に短時間で済むことが多いと説明しました。

☞ **アドバイス**

　外国学校中等部から公立高校に入学した生徒への対応として、どんなサポートが必要でしょうか。各種学校の教育課程によって生徒への配慮は変わりますが、ブラジル系学校やペルー系学校の場合は、高校入学後に日本語指導の必要なケースが多いです。もちろん、受験を経ていますので、一定の日本語能力はありますが、定員割れ校の受験で合格した場合は、日本語能力が十分でなくても入学が決まることがあります。そうした学校に外国学校卒業生のみならず、外国につながる生徒が集中する傾向がありますので、入学後に日本語学習の機会を積極的に設けていきましょう。

　また、外国学校からの入学生は、「日本の学校文化」に慣れていないことも多いです。担任の先生が生徒と丁寧な意思疎通を図り、学校活動の中で取り残されることがないよう、しっかり支援していきましょう。

［金光敏］

Q18
高校でも、個性を生かせるようなコースや授業とは
どのようなものでしょうか?

A18
学校の特色を生かしながら、生徒を中心にした支援の在り方を、保
護者・教職員・語学支援員・地域支援者などと共有することで、多
様な展開が可能です。

解説

1. 取り組みの成果

　私の勤務校の「夜間定時制高校」は、昼間働きながら、夕方登校して学ぶことが
できる学校です。この高校には、日本語への不安だけでなく家庭の経済状況によっ
て、全日制高校入学をあきらめた生徒が多く在籍しています。仕事と勉強を両立さ
せながらの学校生活は、日本人同様、かなり大変です。

　私は10年前に着任しましたが、当時の退学者の多くが外国籍生徒で、入学者も
外国籍生徒が目立つような学校でした。そこで、着任して2年目に、日本語の初期
支援を「国語」という教科で導入し、語学支援員にも入ってもらいながら手厚い指
導体制を整えることにしました。今では、勉強に集中できる家庭環境の生徒であれ
ば、在籍しながら公立の通信制高校の併修生として不足科目の単位を取得し、さら
に高卒認定試験に合格した単位を認めてもらって、3年で卒業できる生徒も出てき
ました。何より、外国籍生徒の退学者が減ってきています。

　現在、卒業生は、それぞれの得意分野を伸ばし、さまざまな分野で活躍していま
す。看護学校への進学を決めた生徒もいれば、空港で地上スタッフとしてしっかり
働いている生徒もいます。頑張る卒業生が母校の後輩の支援にかかわってくれると
いう、ありがたい循環もできつつあります。

2. 支援のポイント

　このような成果を上げるに至った支援のポイントを3点ご紹介します。

①「国語」教科での習熟度別クラス編成と語学支援員の配置

「国語」は、「国語総合」を1年次・2年次の2年間で分割履修しています。3年次では「古典」、4年次では「現代文」を履修しますが、「国語総合」「古典」において、日本語に不安のある生徒向けに「取り出し授業」を設け、1・2年次で初中級「日本語」、3年次では中級「日本語」を指導しています。語学支援員には1・2年次を中心に入っていただいています。1クラス2展開、同時開講で実施し、成果物の提出やテスト点を含めた絶対評価をつけます。取り出しクラスの目標は、さまざまな日本語の表現に慣れてもらうことと、他教科につながる言葉も理解できるようにすることです。さらに外国籍生徒には、進学・就職に必要なこともあり、「JLPT（日本語能力試験）」や「実用日本語検定試験」などの受検を勧めています。「JLPT」のN1・N2レベルの取得は、勤務校では、必修科目の「国語」修得を裏付けるものとなっています。

　日本語の授業では、他教科につながる「トピック」を立てて、関連する短文・長文の読み取り、文章内の漢字の読み書き、聞き取り、発話という流れで展開しています。多少難しい文型や言葉が入っていたり、形容詞や動詞の活用にとまどったりしていても、他教科に出てくる言葉に触れつつ、教室の外でも使えるきっかけを作ります。

　母語が使える生徒には、母語に応じた語学支援員を配置し、取り出し授業だけでなく、他教科の授業に入り込んで支援を行うなどの対策も取っています。しかし、語学支援員の方々には、授業の補佐だけでなく、日本語が通じない保護者とのやり取りや生徒の不安に寄り添っていただくといった繊細な仕事をお願いすることが多く、担任が拾えない友人関係の悩みや心の問題について、指導上重要な情報をいただけるため大変助けられています。昨年からネパール国籍の卒業生が、ネパールのみならず、フィリピン・スリランカ・パキスタンなど英語圏生徒の支援にかかわってくれるようになりました。自身が受けてきた支援を後輩につなげる仕事に、一生懸命取り組んでくれています。身近なモデルケースが生徒のモチベーションを高めることにもなって、貴重なモデルとなっています。

②校内・校外の理解と連携

　新年度の立ち上がりでは、現職教育の機会を設け、生徒指導上の注意事項など、職場での共通理解を図っています。そこには、「プリント類へのふりがなつけ」は

140

もとより、LGBTや宗教など配慮すべき情報なども加えてもらうようにします。勤務校は併置校なので、「お祈り」のために使う場所などについては、全日制課程の管理職にも共有してもらいます。一度、情報交換の機会をもっておくと、関係職員には、折に触れて気づいたことを口頭で伝えたり、伝えられたり、臨機応変に対応できるようになるので支援の動きがスムーズになります。そういう点でも職場内の風通しは良くしておく必要がありますが、何より管理職の意識が高いと支援体制もより充実させることができます。

知って
おこう

入学前の生徒の学校見学の段階から、私は生徒がつながっている地域の日本語支援者との連携を意識的に深めるようにしています。おかげで、NPOや支援団体を通して、生徒が置かれている家庭環境が明らかになり、不登校傾向のある生徒をつなぎとめることができた事例など、有形無形の側面支援を受けることができています。ときどき、大学生や地域の日本語支援者など、様々な立場・年齢の日本人に授業に参加していただき、リアルな会話を楽しむ機会を設けています。こうした交流の時間を生徒たちはとても楽しみにしています。なかには、大学生とのやり取りで発奮し、得意な英語を使って、AO入試で大学入学を果たした生徒もいます。

③それぞれの個性を生かすために大切なこと

私の学校では、生徒の国籍も成育歴もさまざまなため、個性に応じた指導は欠か

せません。例えば、最近増加しつつある日本生まれの外国につながる生徒。まったく日本語ができないわけではないので、支援の対象から外れてしまうことがあります。生徒の背景を理解し、歩み寄り、必要な対策を講じるという地道な指導を重ねていくことが重要です。

事例●日本生まれのフィリピンにつながるエミさん

　自分は、他の外国籍生徒とは違うという気持ちが強い生徒でした。小学校ではいじめを受けて教室に入れず、中学でもほとんど保健室登校の状態のまま定時制高校にやってきました。入学後も学習意欲が上がらず、なかなか自信がもてなかったエミさんですが、体育でその身体能力の高さを認められ、陸上の全国大会への出場を果たすという成果を出しました。その後、体力を買われて引っ越し会社の正社員として就職することができました。しかし、研修後の配属先で、仕事に必要な日本語が使えず、上司や顧客との意思疎通が図れず、半年もたたずに退職してしまったのです。在校中に、もう少し本人の課題について、本人と共に考える機会をもつことができれば、違った結果になっていたかもしれません。

事例●フィリピン国籍の過年度生のジョアンさん

　日本で働く母親の呼び寄せで来日し、ほとんど日本語がわからないまま入学してきた生徒でした。当初、日本人の義理の父と折り合いが悪く、日本での生活になじめず学校も休みがちでした。しかし、日本語はできないけれど、英語は得意。将来は、英語を生かした仕事に就きたいと進学を考えていました。ジョアンさんには夢をかなえるための目標を可視化して、校内外のサポートを受けてもらいながら、日本語とともに、英語の勉強も頑張ってもらいました。おかげで、JLPTはN2、TOEICでは700点台を取り、観光専門学校に進学し、空港のグランドスタッフとして就職することができたのです。ジョアンさんが頑張っている姿は、義理の父親の態度も変えていきました。家族の応援を引き出すことができたことも、成功要因となりました。

☞ **アドバイス**

1　高校にはさまざまなタイプの課程・コースがあり、それぞれに一長一短があります。ミスマッチを防ぐとともに入学後の支援がどのように行われるのかについて、受験前には必ず学校見学や授業見学をしてチェックしておきましょう。

2　外国につながる生徒のために、本人の希望に応じて、教科としての「日本語」を教育課程で取り入れ、初期支援が集中的にできるようにしましょう。リライト教材を取り入れたり、語彙のレベルをコントロールした教材を使ったり工夫することで、他教科の学習にもつながる学習ができます。指導上の配慮について、職員間での意思疎通も欠かさないように注意しましょう。

3　生徒の自立を促すために、折に触れさまざまな人々と関わる機会を設けると、身近なモデルが見つけやすくなります。あらゆる場面で、生徒のモチベーション向上のきっかけを作りましょう。

[笹山悦子]

Q19
高校でできる居場所づくりやキャリア教育はありますか?

A19
学校での授業や放課後の時間を活用して、外部団体と連携しながら取り組む高校があります。

解説

1. 未来を描きづらい外国につながる高校生たち

　外国につながる高校生が卒業後の進路を考える機会として、キャリア教育は大変重要です。そのことは、2018（平成30）年度の文部科学省が実施する「日本語指導が必要な児童生徒の受入状況等に関する調査」に、中退率や進学率の項目が初めて加わったことで、その深刻さが明らかになりました。全高校生等と比較した場合、日本語指導が必要な高校生の中途退学率は7.4倍、就職者における非正規就職率は

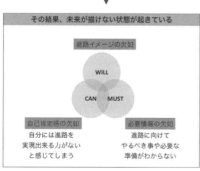

図1　生徒の抱える課題

9.3倍、進学も就職もしていない者の率では、2.7倍ととても高い状況です。また、進学率では全高校生等の6割程度でした。

　このような状況がなぜ生まれてしまうのでしょうか。そこには、外国につながる高校生にとって、未来を描きづらいことが関係します。特に、①日本語ができないことや文化の違いから、学校で友達ができずに孤立してしまう、②保護者が日本語ができない、保護者との関係性が良くないなどの家庭事情から身近に相談ができる大人がいない、などがあります。言語や文化の違いに加えて、複雑な家庭環境や経済的な困難など複合的な課題が絡むことで、外国につながる高校生は外からは見えにくい困難を抱えているのです。

2. 居場所づくり×キャリア教育のポイント

　複合的な課題の解決法として、高校生自らが悩みを話せる場としての居場所が、大きな役割を果たします。その居場所に、具体的に進路について考えることのできるキャリア教育の機会と組み合わせることで、より充実したサポートを高校生に提供することができます。

　では、どんな居場所とキャリア教育の方法があるか、具体的に紹介します。

(1) 居場所づくりについて

　居場所づくりの方法として、例えば、放課後の時間を活用しながら、学校内のスペースで「居場所カフェ」を設けたり、「多文化交流部」といったようなお互いの言語や文化を紹介したりするような部活動をつくるなどの実施形式があります。

　居場所づくりでは、自分が受け入れられていると感じられる「安全・安心の場」であることが重要です。そして、ここに来れば、普段の授業や学習とはちょっと違った体験や人との出会いがあるという「発見の場」であること。そして、自分にとってチャレンジや次のステップにつながるような「行動の場」の要素が居場所の機能に加わると、さらに高校生にとって充実した居場所につながります。

ポイント①　安全安心の場づくり

　高校生に役割をつくることです。例えば、部活動を通じて外国につながる生徒が自らの文化について文化祭で紹介する、日本人生徒と一緒に多言語を学ぶ機会を設けるなどがあります。高校生がそれぞれの国籍や文化的な背景が異なりながらも、

居場所づくりとキャリア教育

居場所づくりとキャリア教育を連動しながら実施することもあります。

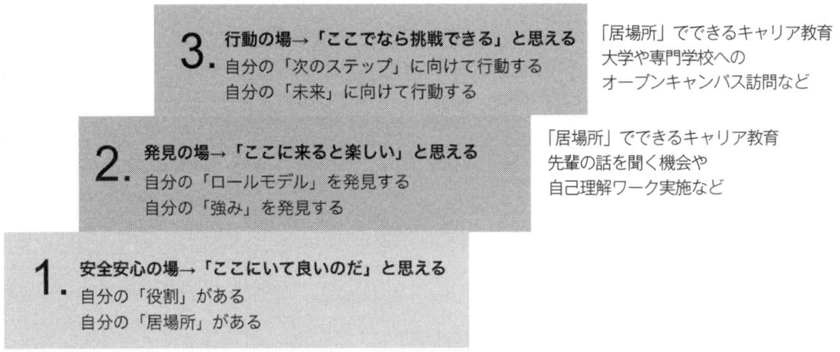

3. 行動の場→「ここでなら挑戦できる」と思える
自分の「次のステップ」に向けて行動する
自分の「未来」に向けて行動する

「居場所」でできるキャリア教育
大学や専門学校への
オープンキャンパス訪問など

2. 発見の場→「ここに来ると楽しい」と思える
自分の「ロールモデル」を発見する
自分の「強み」を発見する

「居場所」でできるキャリア教育
先輩の話を聞く機会や
自己理解ワーク実施など

1. 安全安心の場→「ここにいて良いのだ」と思える
自分の「役割」がある
自分の「居場所」がある

図2 居場所とキャリア教育

一つのイベントや目的にむけて互いの強みを生かして役割を担う機会は、高校生にとって居場所への参加を促すと共に「自分はここにいて良いのだ」という居場所への安全・安心感につながります。

ポイント② 発見の場

ロールモデルとの出会いをつくることです。例えば、外国につながる高校生にとって少し年上のお兄さん・お姉さんといったような、身近な存在の大学生や専門学校生、若手社会人、または留学生といった外部人材の協力を得ながら、高校生と交流の場をつくるなどの取り組みがあります。そこでは、交流を通じてロールモデルとなる大人と出会い、先生や親といった大人には話しにくいような相談や、普段感じていることなどについて、少し年上の大人と話すことができます。

ポイント③ 行動の場

進路のイメージをつくることです。例えば、校内カフェや部活動などの居場所の活動の延長として、希望者で大学や専門学校のオープンキャンパスに行ってみるなど、進路選択につながるようなアクションを踏めることができ、行動する機会をつ

くるなどの活動も、一つの試みとして取り入れると、さらに居場所の機能の幅が広がります。

(2) キャリア教育について

ポイント①　自らの進路を知る

　外国につながる高校生には身近にロールモデルとなる大人がおらず、日本社会の中で、自分にどのような進路の選択肢があるのかイメージしづらいことがあります。そのため、同じように外国につながる先輩（大学生・専門学校生・社会人など）に体験談を話してもらう取り組みは有効な手段の一つです。ロールモデルとの出会いと対話を通じて、外国につながる高校生が可能な選択肢を具体的に考えることにつながります。

ポイント②　自分の強みと弱みを知る

　外国につながる高校生が、自分自身の体験を振り返り、自らの強みを認識することも大事です。日本語ができないことで学校の勉強がついていけなかったり、差別や偏見などを受けてきた経験のある生徒は自分に対して自信をもつことが難しい場合があります。自己肯定感を育む方法として、来日してから現在までの自らの体験を振り返り、どのような挑戦や壁があったか、それをどのように自分が乗り越えたかについて語ることを授業や活動に取り入れるとよいでしょう。生徒自身が、自分自身で自らの力を認識し、体験について自信をもって語ることは、自分への自信につながります。なお、このあとの事例に参加した高校生からは、「これまで自分が外国ルーツであることは、ハンディキャップだと思ってきました。でも、自分が人と違う経験をしてきたことや、日本で頑張って日本語を勉強をしたり、学校生活に馴染もうとしたことが、例えば「困難にあっても立ち向かう力がある」という風にポジティブに自分を捉えることもできるんだって気づいて、すごく嬉しかった」などの声が寄せられました。

知って
おこう

　外国につながる高校生のなかには、日本での学校生活で身につけてきた異文化適応能力のみならず、自らの母語やこれまで教育を受けてきた日本語以外の言語の力がある生徒がいます。しかし、それらが自分の強みであることに気づいていない場合が多いです。そのため、生徒が自分にも「でき

ることがある」「語れる経験がある」と、自ら認識する場づくりが大切です。

事例●自らの強みを発見する人生マップ

　NPOと都内にある公立高校がコラボし、授業内の時間で実践した「自らの強みを発見するライフマップ」を紹介します。実施にあたっての「事前準備」と「当日の授業スケジュール」はつぎのとおりです。

事前準備

1．コラボでの実施にあたって確認したこと

①活動のねらい

・先輩（大学生）との対話から、これまでの経験を振り返り、自分の中にある強みを発見し、自分に自信をつける。

・自分の体験を振り返る中で、そこから得た学びや自分の強みについて語れるようになり、AO入試や就職の面接の練習にもつなげる。

②参加者の人数と授業時間の想定

・人数：計23人（高校生15人／大学生8人）

・授業時間：90分（45分×2コマ）

③役割分担の確認

・NPO：全体のコーディネート、授業実施準備の進捗管理、大学生への呼びかけと事前研修の実施、参加した大学生へのアンケートと振り返りのまとめ授業の進行補助、活動後の報告書づくり

・高校：学内調整と高校生への参加呼びかけ、当日の授業進行、参加した高校生へのアンケートと振り返りのまとめ

2．NPOが行ったこと

①大学生への事前研修

a）外国につながる高校生の背景や取り巻く環境、b）訪問先の学校や生徒の様子、c）高校生と接する上での注意点などの3点を周知します。

②大学生によるライフ・マップの作成

大学生が自らの越境体験（Crossing Border Experience）について、図やグラフなど画用紙に描きます。これまでの人生の中で、a）自分にとっての挑戦やチャンスについて、b）挑戦を乗り越えてチャンスをつかむ時に発揮した自らの強みの2点を3分で話せるように準備します。

148

当日の授業スケジュール

●1日目「先輩（大学生）との対話セッション」

1. アイスブレーキング（10分）
・グループ分けをし、それぞれが自己紹介をします。
・1グループの全体人数は9人以下。大学生1人に対して、高校生1人から2人の構成が目安です。

2. 先輩（大学生）からの話（20分）
・大学生は、自らの「越境体験」として、国や超えて暮らした経験や、日常の文化の違いについて語ります。
・ライフマップを見せながら、これまでどのような挑戦やチャンスを経験し、自分の強みを使ってどう乗り越えたかについて話します。

3. 高校生からの質問、対話（10分）
・高校生から大学生に対して、自分の感想や考えたことなど話します。
・高校生から大学生・留学生に対して、もっと聞きたいことなど質問します。

4. まとめ（5分）
・次回の実施概要を共有します。
・画用紙を配り、高校生自らの「ライフ・マップ」を作成してくるように伝えます。

●2日目「高校生の発表セッション」

1. アイスブレーキング（5分）
・前回のグループで簡単に振り返りをします。

2. 高校生の「ライフ・マップ」作成・発表（30分）
・ライフ・マップを見せながら、これまでどのような挑戦やチャンスを経験し、どう自分の強みを使って乗り越えたかについて発表します（図3）。
・大学生から高校生に対して、もっと聞きたいことなど質問します。
・大学生・留学生は、高校生の国や超えて暮らした経験や、日常の文化の違いについて、話しやすいような雰囲気作りをします。

図3　高校生によるライフマップ

3.　まとめ（10分）

・大学生は、高校生の話を聞いて、自らが感じたその生徒の強みをカードに書き、グループ内で、生徒に対して共有します。

・最後に、全体発表をし、それぞれのグループから感想をもらいます。

☞ **アドバイス**⋯⋯⋯⋯⋯⋯⋯⋯⋯⋯⋯⋯⋯⋯⋯⋯⋯⋯⋯⋯⋯⋯⋯⋯⋯⋯⋯⋯⋯⋯⋯⋯⋯⋯

　外国につながる高校生を対象とした居場所づくりやキャリア教育の取組は、小学生や中学生へのサポートと比べると、まだ事例も限られています。そのため、学校内ではノウハウが少ないです。その場合、経験のある外部人材や団体と連携した実施を試みるとよいでしょう。外部連携による実施は、外国につながる高校生にとっても、多様な大人や先輩と接する機会となります。また、外部と連携することで、多言語対応などこれまで高校のリソースのみでは難しい言語面での支援の取り組みも進めるきっかけとなります。それらは、生徒が求める進路選択に必要な情報提供の充実化にもつながるでしょう。

[海老原周子]

Q20
高校で取り組むべき進路指導を教えてください。

A20
外国につながる高校生の背景を把握し、生徒に寄り添い、学校外とも連携して取り組みましょう。

解説

まずは、公立高校に通うフィリピン籍のユリの事例から考えてみましょう。

事例●消防士になりたかったユリ

ユリには消防士になりたいという夢がありました。しかし、「外国籍」であることから断念し、民間のホテル会社で働く道を選びました。内定後、日本で働くためには就労可能な「在留資格」が必要であることを友人から聞きました。そこで、1人で入国管理局（以下、「入管」）に行って、在留資格の変更を申請しました。しかし、入管窓口で申請書類を受け取ってもらえなかったのです。

外国につながる高校生のなかには、ユリのように、日本で働くための「固有の壁」で悩む高校生がたくさんいます。この壁を乗り越えるためには、学校外の専門家や支援者の協力を得ながら、進路活動をすすめることが大切です。なお、ユリから相談を受けた高校の担任教員は、進路部の教員と協力し、知り合いの弁護士に相談しました。改めて書類を揃え、弁護士と担任教員がユリに付き添い、再度入管に申請しました。その結果、ユリは在留資格の変更が認められ、日本での正規の就職に結びつきました。

日本では、国家公務員や警察官など国籍の壁で就けない仕事があります。消防士はごく一部の自治体しか認められていません。地方公務員では、応募できる職種とできない職種があります。公立学校の教員にもなれますが、校長など管理職に就くことはできません。かつては、外国籍を理由に民間企業で採用を拒否された例、弁護士になることを拒まれた例もありましたが、多くの人々の取り組みで道が拓かれました。現在は、民間企業でも弁護士でも、外国籍者の活躍は日常化しています。

1. 就職する生徒への指導ポイント

　外国籍の高校生は、原則として在留資格をもっています。しかし、在留資格の種類によって、日本で就労できるかどうか違いがあります。「家族滞在」など、日本での就労が認められていない在留資格は、入管に申請し許可されれば（週28時間以内）、就労が可能です。ただし28時間を超えないように注意します。さらに、高校卒業時に、就職活動で内定をもらい、在留資格の変更が許可されれば、28時間を超える正規（フルタイム）の就労ができます。なお、現在は各都道府県にある職業能力開発校も、「家族滞在」等の在留資格を理由とした応募の制限はなくなりました。

　法務省は「家族滞在」等の高校生が、就職で内定がもらえた場合、在留資格の変更により、28時間を超える正規の就労ができるように制度の改定をしました（2020年）。17歳までに日本に入国していること等が条件です。しかし、いつ日本に来日したかにより、許可される在留資格の種類（「定住者」か「特定活動」）は異なります（下図参照、やさしい日本語・英語・中国語・韓国語・ポルトガル語・ベトナム語・タガログ語でも法務省HPからダウンロード可）。変更が許可されるまで数か月前かかるこ

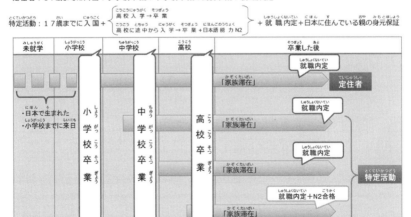

図　在留資格の変更のしくみ　　　　　出典：法務省のHPより

ともありますので、卒業式や入社日までに間に合うように、早めに手続きをすすめましょう。変更の手続きも申請書類も日本語が難しく、入管での手続きも複雑です。専門家や支援者からアドバイスをもらうことをおすすめします。

2. 進学する生徒への指導ポイント

　ポイントが二つあります。一つは、奨学金のことです。日本で高等教育（大学、短大、専門学校）に進学したい外国籍の高校生は多くいます。現在では国籍や在留資格の壁はありませんが、奨学金の利用では注意が必要です。なぜならば、高校生や保護者の大きな心配の一つが、進学するための学費であるからです。

　いま日本ではおよそ2人に1人の学生が奨学金（給付型と貸与型）を利用しており、2020年度からは「高等教育の修学支援制度」も始まりました。そこで注意したいのは、「家族滞在」等の在留資格の高校生、大学生には申請資格がないことです。「家族滞在」の外国籍の大学生が、日本学生支援機構の奨学金に採用されたにもかかわらず、あとから奨学金を取り消され返還させられた例もあります。なお、「国の教育ローン」（日本政策金融公庫）や民間の教育ローンなどの利用もできますが、金利や借り過ぎには注意しましょう。

　もう一つが、特別入試のことです。難民認定されている高校生や中国引揚者等の高校生向けに特別入試のある大学があり、新たに外国籍の高校生を対象とした特別入試を始めた大学もあります。ただし「外国人のための特別入試」を設けている大学では、日本語能力試験N2以上などの条件が示されている場合がありますので、大学に直接確認が必要です。なお、日本語能力検定等の受験料に世帯の収入により給付金が出る自治体（東京都など）もあります。

知って おこう　母語や母文化を強みにして、大学進学する高校生がいます。なぜならば、母語で受験できる大学もあるからです。例えば、都立高校に通っていたフィリピンの高校生が、「英語」の1教科で私立大学に進学したケースもあります。よって、母語や母文化など複数の言語や文化をもち、グローバルな世界で活躍できる可能性に目を向けた指導をしたいです。

☞ **アドバイス**..
日本にはどんな産業や仕事があるのか、就職活動にはどのような心構えが求めら

れているのか。少ない情報のなかで進路を考えなければならない外国につながる高校生たちです。就職指導では「統一応募用紙」を用いますが、漢字で記入することの大変さ、日本の面接試験の形態、就職用スーツをそろえる費用なども大きな壁です。さらに会社の求人票を取り寄せ、内容を把握し、勤務条件などを確認しながら、会社見学、選考へとすすむことは大変な労力です。ことばの壁だけではありません。就職活動を通して、複雑な日本の雇用や社会の制度に向き合うことになるのです。このため担任や進路部の教員による支援と協力なしには、前にすすむことができません。

　日本語ができないから「このような仕事にしか就けない」と決めつけるのではなく、素晴らしい母語や母文化をもち、母国と日本の架け橋となる素敵な若者たちです。よって、生徒たちの能力を活かし、夢を叶えるために支援することが進路指導と考え、取り組んでいきましょう。

▼文献一覧

法務省「「家族滞在」の在留資格をもって在留し、本邦で高等学校卒業後に本邦での就労を希望する方へ」
　http://www.moj.go.jp/isa/publications/materials/nyuukokukanri07_00122.html
文部科学省（2019）「日本語指導が必要な児童生徒の受入状況等に関する調査（平成30年度）」の結果について
　https://www.mext.go.jp/b_menu/houdou/31/09/1421569.htm

［角田仁］

Q21
海外の学校や外国学校の卒業生も、
日本の大学に入学できるのでしょうか？

A21
入学できます。ただし、次に示すような要件を満たしている場合です。

解説

　日本の場合、大学入学資格は高等学校又は中等教育学校を卒業した者、特別支援学校の高等部又は高等専門学校の3年次を修了した者のように12年の学校教育を修了した者、文科大臣が指定した専修学校の高等課程を修了した者、及び、高等学校卒業程度認定試験の合格者に認められます。

1. 要件のポイント

　外国では、国によって教育制度が異なりますから、「12年の課程の修了」と「文科大臣が指定」がポイントです。図の①〜⑩の場合に認められます[*1]。

**知って
おこう**　図中の⑤の文科大臣が指定した日本にある外国学校には、特定の国のカリキュラムで教育を行う施設として、ブラジル学校、インドネシア学校、フランス学園、ドイツ学園、韓国学校、中華学校などがありますが、指定されていないブラジル学校や朝鮮学校[*2]などの場合は、⑨の高等学校卒業程度認定試験や⑩の個別の入学資格審査にパスして入学資格を取得します。

2. 事例から考える

　事例を通じて、どのように要件が満たしていると判断されているか、みてみましょう。

事例1●日本とブラジルを往き来したラウラさん

　ラウラさんは、図中の⑤の高等学校相当として文科大臣が指定したブラジル学校の12年の課程を修了しました（ブラジルの教育制度は2006年に改正し、基

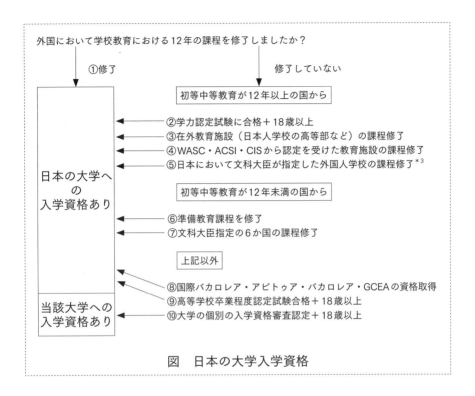

図　日本の大学入学資格

礎教育が1年増えて9年間になったため、高校部卒業までに12年となりました）。ブラジル学校在学中は日本の大学の入学資格があることは知りませんでした。

　卒業後、工場で働かなくてもいいように勉強しようと、日本語を学べる地域のNPOの日本語教室に通い始めて、初めて大学受験ができることを知りました。漢字には苦労しましたが、NPOの支援を受けながら1年間、新聞記事の音読・要約、センター試験の過去問などで受験勉強を続け、センター試験（国語と英語のみ）受験で名古屋外国語大学国際ビジネス学科に合格しました。

　ラウラさんは4歳で来日後、日本の保育園と小学校（小2から小6まで）で学び、中学校3年間はブラジル帰国、小学校1年次と高校以降は日本のブラジル学校で学びました。また、英語は高校2年から3年間、週1回英会話教室に通いました。NPOのスタッフが希望する大学に電話で問い合わせたところ、出願資格があるのは名古屋外国語大学だけでした。奨学金をめざして猛勉強し、2年次には、学科で成績最優秀者として授業料が半額免除になり、3年次では、

156

大学の留学費用全学支援制度の審査（成績・面接・エッセイ）にパスして、イギリスへ半年間留学することができました。そして、これまでの努力が評価され、学部代表として卒業しました。

事例2●ペルーの5年間の中等教育を修了して再来日したユリコさん

　小5で来日し、日本の小学校と中学校であわせて4年間学び、帰国することになりました。その時はスペイン語の読み書きはほとんどできない状態でしたが、ペルーの中等教育5年間を修了して、2019年に再来日しました。ちょうど文科省が2019年1月31日に「大学入学資格関係告示の一部改正」を交付した時期でした。ペルーも文科大臣指定の6か国に仲間入りして、課程修了した者は日本の大学への入学資格ありと認められたのです。図中の⑦に当たります。ペルーは初等中等教育合わせて11年のため、準備教育課程が必要とされていましたが、それが必要でなくなったことは朗報でした。教育熱心な親の後押しや、小学校時代から地域の日本語教室で支援していたスタッフの応援、大学のオープンスクールでの情報提供もあり、受験準備に熱心に取り組んでいましたが、残念ながら、コロナ禍のなかで父親が失業し、やむなく受験をあきらめることになりました。

　なお、ユリコさんの父親は定住者ですが、母親が特別永住者であったため、ユリコさんの在留資格は特別永住者でした。大学によっては、外国人留学生入試の出願資格として永住者・特別永住者を除く場合がありますので、在留資格を把握して出願資格の有無を確認しておくことが大切です。

事例3●国内のYインターナショナルスクール卒業生

　Y校には、日本国籍の帰国生や、外国籍、日本国籍と外国籍の両方をもっているダブルなど多様な生徒がいますが、図中の④のWASC、及び⑧の国際バカロレア機構の認定を受けているため、卒業生は日本の大学の入学資格があります。政府が2008年に「留学生30万人計画」を策定し、「国際化拠点整備事業（グローバル30）」を始めたことから、日本の大学をめざす生徒が増えました。

　グローバル30に採択された13大学では、英語による授業のみで学位取得が可能なコースを開設し、専攻できる分野も文系のみならず、物理系・化学系・生物系など多岐にわたっているからです。他にも日本の大学を希望する理由として、AO入試で受験できる大学や学部が増えたこと、安全な日本に住みたい、

日本が好き、アメリカより学費が安いことなどがあります。

3. 不慣れな大学が多いという実態

　政府は2020年までに留学生を12万人から30万人に増やそうと、「グローバル30」や「スーパーグローバル大学創成支援事業」を進め、大学の国際化に取り組んできました。そして、そのことは留学生にとどまらず、帰国生、外国につながる生徒などの大学への受入れの多様化にもつながりました。

　制度は少しずつ変わって、整ってきています。しかし、大学の担当者がその制度を知らないこともあります。異動があって、不慣れな場合もあるかもしれません。その実態を知るために私は、愛知県内の国公立の6大学と私立の9大学に対して、ブラジル学校の12年の課程を修了した者の一般選抜の出願資格の有無について、メールで問い合わせてみました（2020年8月）。その際、そのブラジル学校は、文科大臣が指定した「我が国において高等学校相当とした外国人学校一覧（2019年3月28日現在）」に記載されている学校であることを伝え、次ページの注＊1①と＊3のURLもお知らせしました。その結果、一つの大学から、出願資格がないので、出願の前に「入学資格個別審査」を受ける必要があるとの回答とともに、その大学の出願資格が記載されている入学ガイドの添付ファイルが送られてきました。そこで、その出願資格を確認したところ、「外国において学校教育における12年の課程を修了した者および2021年3月31日までに修了見込みの者、またはこれらに準ずる者で文部科学大臣の指定した者」という記述を見つけました。再度、根拠となる＊1①などのURLを送って説明しましたところ、誤回答のお詫びと出願資格があるとの回答が届きました。結局、15大学すべてから出願資格を認めてもらうことができました。

　　☞ **アドバイス**

　入学資格を判断するうえで大切なことは、(1) 早めに行きたい大学を複数選んで出願資格や提出書類について問い合わせること。その際、大学ごとに一般選抜以外の多様な選抜があり、学部特有の選抜もあるため、受験生の立場を証明する資料（次ページ注＊1や＊2など）を提示すること。在留資格も確認すること。(2) 外国の教育制度も、日本の入学資格に関する制度も改正される可能性があるので、大使館に確認したり、文部科学省のホームページをチェックして最新情報を入手したりし

て、わからないことは問い合わせることです。

　いずれにしても、手遅れにならない支援を心がけましょう。

▼注

　＊1　〈解説〉の図は以下のサイトをもとに筆者が作成しました。

　　（いずれもサイトは2020年8月20日最終閲覧）

　　①文部科学省高等教育局大学振興課「大学入学資格について」（2019年1月時点）

　　　https://www.mext.go.jp/a_menu/koutou/shikaku/07111314.htm

　　　このサイトから具体的な教育施設や文科大臣の指定の詳細、準備教育課程などへリンクが張られています。

　　②「日本の大学入学資格について」（①の参考資料）

　　　https://www.mext.go.jp/content/1232840_1_1.pdf

　　③入学資格に関するQ&A（2019年1月31日現在）

　　　https://www.mext.go.jp/a_menu/koutou/shikaku/07111319.htm

　　④文部科学省高等教育局大学振興課「大学入学資格ガイド」2019年6月

　　　https://www.mext.go.jp/a_menu/koutou/shikaku/__icsFiles/afieldfile/2019/06/06/1222303_001_1.pdf

　＊2　朝鮮学校生が高校卒業程度認定試験に合格していたにもかかわらず、2018年に関西医科大学が入学資格を認めなかったという記事が、毎日新聞で報道されました（2020年7月25日付）。文部科学省が認めていても、大学がその決定に従わない例です。

　＊3　外国学校一覧（2019年3月28日現在）

　　　https://www.mext.go.jp/a_menu/koutou/shikaku/07111314/003.htm

　　　　　　　　　　　　　　　　　　　　　　　　　　　　　　　　　　　　　［松本一子］

第 **3** 章

事例編

ケースから学ぶ進路を拓く方法

第1節　地域連携のつくり方

　佐賀県は外国につながる児童生徒の散在地域で、他県と比較すると日本語指導が必要な児童生徒数は少なく、学校に1人しか在籍していない割合が高い地域です。そのため、学校現場における認知度は低く、土屋（2014）や中川（2015）等が述べているように、散在地域においては「連携」は必至です。その連携体制を構築することができれば、県全体としてスムーズな受け入れ体制の中で、個々の子どもに応じた適切な指導ができるようになることでしょう。

　ここでは、日本語教育の視点から、関係機関との連携、学校現場での指導者との連携、さらに地域との連携を図り、どのように子どもたちを支援しているのか、佐賀県の日本語支援体制づくりの経緯と、具体事例を紹介し、その成果と課題を述べます。

1. 県全体としての支援体制づくり

　2016年に初めて佐賀県に「日本語指導担当教員」が配置されるのを受けて、佐賀県教育委員会（以下、県教委）が「帰国・外国人児童生徒等への日本語指導担当教員配置に係る連絡協議会」（以下、連絡協議会）を立ち上げてから（文部科学省「帰国・外国人児童生徒に対するきめ細かな支援事業」）、佐賀県の県全体としての日本語指導体制づくりが進んでいきました。ここに至るまでの経緯を以下に説明します。

日本語指導が十分でなかったころ

　学校現場における県教委の「帰国子女等対応非常勤講師」（以下、日本語非常勤講師）配置は、20年以上前から小学校にはありました。県全体で統一されたものはなく、各市町にその対応は委ねられていました。佐賀市においては、その当時の日本語非常勤講師の採用条件は、教員免許状を有しかつ指導する児童の母語が話せる、という2点でした。これは、当時の行政や学校現場では、「外国人には通訳を」という考えが主で、日本語指導に対する認識不足が考えられます。この二つの条件では指導者確保が難しく、長期間全く支援がされないこともありました。日本語指導

が受けられないということは在籍学級の授業が理解できず、学習についていけない
状況が続くということです。

日本語指導の必要性が認知されたころ

　ある外国人保護者から「自分の子どもは半年間全く日本語指導を受けていない」
とか、学校の先生から「来日したばかりの子どもが授業中泣いてばかりいて困って
いる」という相談を受けることがありました。このような対応を個人で行うには、
限界があります。2010年に私を含む大学の日本語講師と国際交流協会の職員等で
組織した「佐賀県日本語学習支援CASTANETs 〜 *Citizens from Abroad to Saga,*
Teaching Assistant NETworks 〜」（以下、カスタネット）を立ち上げたのは、行政
の手の行き届かない支援の必要性を考えたからです。その中の活動の一つが、「カ
スタネットforキッズ」の子ども支援です。同年に佐賀市国際交流協会から委託さ
れ「こども日本語サポーター養成講座」を実施し（早瀬他、2012）、この受講生が
サポーターとなって学校現場に「ボランティア」として、子どもたちの日本語指導
の支援を開始しました。日本語の基礎学習を行うことで、子どもたちが文型や語彙
を増やし教科書理解が容易になったことや、個別指導で学習面に不安がなくなり精
神面でも安定してきたことなどの成果がありました。これによって、県の関係者に、
日本語教育の視点をもった指導の重要性を認識してもらうようになりました。その
結果、2011年の日本語非常勤講師任用の際は、日本語教育の知識を有しているこ
とが第一条件となりました。さらに同年には、中学校にも配置されるようになりま
した。当初ボランティアだったサポーターは、2013年から（公財）佐賀県国際交流
協会（以下、県協会）の「子ども日本語サポーター」として、有償になりました。
なお、現在この制度は「子ども日本語学習サポーター」と名称が変わっていますが、
県教委の「日本語非常勤講師」が配置されるまでの補完事業として継続しています。
この制度があることで、来日直後からの指導も可能になっています。

　この時期から、少しずつ教科学習につながる日本語指導が行われるようになりま
した。しかし、まだ「特別の教育課程」を編成した指導は、できませんでした。担
任の先生の要望で、取り出し指導ができないことや日本語指導ではなく教科の補助
をすることも多々ありました。

連絡協議会設置後の連携の取れた支援体制

　佐賀県が大きく変化したのは、前述したように、県教委が2016年から支援体制の整備に取り組み始めたことからです。県教委、関係課、日本語指導担当教員の配置された2市の教育委員会、県協会、大学、民間支援団体（カスタネット）による連絡協議会を設置し、佐賀県の日本語指導の充実と支援体制の整備に取り組んでいます。この連絡協議会は「指導体制の構築」が最大の課題ですが、それぞれの活動が可視化され連携を容易にし、それがダイレクトに外国につながる児童生徒の適切な支援につながっていて、少しずつですが成果を上げています。①県教委が外国につながる児童生徒の日本語指導に関わり始めたことで学校現場の外国につながる児童生徒への意識が大きく変化したこと、②学校に日本語指導の専任教員「日本語指導担当教員」が配置されたこと、「特別の教育課程」による日本語指導、日本語能力を測定するDLA（対話型アセスメント）の実施等で日本語の指導内容が充実したこと、③これまで個別に開催していて情報共有ができていなかったものを、県教委・県協会・カスタネットの連携講座として開催することができ、幅広い人に外国につながる児童生徒の問題を周知できたこと等、さまざまな変化がありました。

　現在、佐賀県下の外国につながる児童生徒支援に継続的に関わる人として、学校の専任教員である「日本語指導担当教員」（佐賀市、伊万里市）、県教委の「日本語非常勤講師」、県協会の「こども日本語学習サポーター」「子ども通訳・メンタルサポーター」、そして、地域日本語教室のボランティアなどがいます（図参照）。

2.　具体的な支援事例

　「連携」をキーワードに、これまで日本語非常勤講師、DLA支援員（日本語能力測定、学校への助言等）として私が関わってきた子どもたちの具体的な支援事例を紹介します。

行政との連携──スムーズな受け入れ体制

　小5で来日したジョー君の場合も、編入初日に、県教委／県協会担当者、学校の管理職・担任等と、日本語指導者（子ども日本語学習サポーター＆日本語非常勤講師）、通訳者、DLA支援員等が集まりました。これだけの人たちが一同に集まり、「あなたの子どもをサポートする」という説明をジョー君とその保護者に直接説明したことで、保護者はとても安心されました。

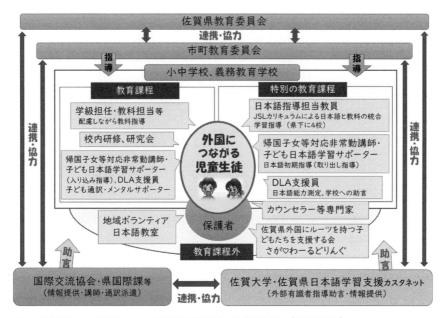

図　佐賀県の外国につながる児童生徒支援体制（2020年）

　DLA支援員は、子どもの日本語力を測定すると共に、担任の先生や日本語指導者と共に指導計画を立てます。行政のバックアップがあることは、学校にとってもとても安心なことのようです。ジョー君の学校でも、学校全体の課題として捉え、校内研修を開いて教員全体に外国につながる児童生徒についての理解を周知させ、日本語非常勤講師だけでは足りない指導時数をいろいろな先生方で補充しての万全の体制づくりでした。その後ジョー君は小学校を卒業して中学校に進級しましたが、事前に小学校の先生がこれまでの指導内容等一式を中学校に申し送りされていました。それによって、中学校でも校内研修が実施されました。

学校と指導者間の連携

　中1の春に来日したトシ君は、母国では祖父母に育てられていて学習習慣がついておらず、勉強嫌いのうえ、文化の違いで友だちとトラブルが絶えませんでした。そのため、中学校に通い始め、1年が経過しても、なかなか学習が進まない状態でした。トシ君には、当初から3名の日本語指導者が配属されていました。通常は日

本語基礎が身につくまでは集中的に日本語指導をするのですが、状況に合わせてトシ君の場合は、日本語指導担当教員は英語を中心とした教科につながる指導を行い、日本語非常勤講師は日本語指導を行い、母語の分かる日本語非常勤講師がメンタルのサポートをしました。

　現在は初期の指導を終えて、高校進学につながるように、また将来日本社会で生活できる力をつけるために、担任の先生と3名の指導者は常に連携を取りながら指導を続けています。散在地域では、日本語指導者間の連携も重要です。「佐賀子ども日本語指導者研修会」は、日本語指導担当教員と日本語非常勤講師が共に学び合い、情報を共有し合う場となっています。

地域との連携──子どもたちも保護者たちもをつなぐ

　小3で来日したハナちゃんは、母国で小学校に行っていませんでした。日本の小学校に編入後、ハナちゃんは学校という集団生活に馴染めず、しばらく落ち着かない行動を繰り返していました。日本語非常勤講師は、ハナちゃんに寄り添いながら、学校生活になれる手助けをしました。また、ハナちゃんの一番上のお兄ちゃんは、学年を一つ下げて中3に編入しました。県教委の指導時間では学習支援の時間が不足していたため、地域のボランティア日本語教室（以下、日本語教室）にもハナちゃん兄妹の支援を依頼することになりました。ハナちゃん兄妹は、日本語教室へは今もずっと通っているそうです。地域の人たちの温かいサポートを得て成長しています。

　日本語教室に通う子どもたちが楽しみにしているのが「さが♡わーるどりんぐ」（佐賀県外国にルーツを持つ子どもたちを支援する会主催）という年3回佐賀県下の外国につながる小中高の子どもたちが集まるイベントです。午前はゲームをして楽しみ、午後は、自分の悩みや夢を語り合います。大学生になった先輩たちは、将来の夢を描くロールモデルになってくれます。前述のジョー君もトシ君も参加しています。ジョー君は1年前に来た二つ上の先輩に憧れ部活の話を嬉しそうに聞いたりします。トシ君は同じ国の友だちを見つけ母語で思いっきり話します。

　ここでは子どもだけでなく、保護者のつながりもできます。さらに、佐賀市国際交流協会が開催する「聞かせてよ、お母さん」という外国人の母親の悩みを話し合う会や、佐賀県下の各市町にある日本語教室も集う大切な場になっています。

3.　成果と今後の課題

　佐賀県の取り組みの成果として特筆すべきことは、①佐賀県全体として外国につながる児童生徒への支援の体制づくりが進んでいることです。さらに、②さまざまな機関の連携が取れ支援がスムーズになったこと、③学校現場や地域への周知が広がり意識が変わったこと、④学校に日本語指導担当教員が配置され「特別の教育課程」を編成して指導計画を基に指導を行うことができるようになり、指導の質が向上したこと、⑤「佐賀子ども日本語指導者研修会」で日本語指導者が情報を共有することで指導力の向上と連携が取れるようになったこと、⑥学習言語獲得までの長期的指導時間が確保されるようになったこと、等が挙げられます。

　佐賀県全体での指導体制構築のための枠組みができたので、今後さらに日本語指導の内容を充実させるため、①受け入れから指導までの流れを体系化させること、②佐賀県全体としての日本語指導を統括する日本語コーディネーターをつくること（その子どもにどれだけの指導時間が必要でどんな指導が適しているかを見極め専門的な視点で指導計画を立てるため）、③各地域に拠点校を設置し指導体制を整えること、④日本語指導者の指導力向上のための研修会や指導者育成の講座を充実させること、⑤就学前支援や高校進学ガイダンス、及び高校での支援体制をつくること、⑥現在の連携体制を維持しつつ、さらにカウンセラー等の専門家や地域の日本語教室などと連携を広げて、散在地域ならではの支援ネットワークを構築することです。

▼文献一覧

　土屋千尋（2014）「外国人散在地域における外国につながる子どもの教育支援の連携・協働
　　　──山形と福島を事例として」『帝京大学教育学部紀要』2、147-155
　中川祐治（2015）「外国人散在地域における「特別の教育課程」による日本語指導」『福島大
　　　学地域創造』26（2）49-61
　早瀬郁子・貞松明子・有瀬尚子（2012）「散在地域におけるJSL児童生徒支援の現状と課題
　　　──「こども日本語サポーター養成講座」の取り組みから」『佐賀大学留学生センター紀
　　　要』11、37-54

［早瀬郁子］

第2節　地域でつくる "支える"学習環境

1. はじめに

　2005年、私を含む4人の発起人で宮城県仙台市を拠点にした「外国人の子ども・サポートの会」（以下、サポートの会）を始めました。日本で再婚した母親に呼びよせられた中学生が少しずつ増え、その高校受験が課題となっていたからです。私たちは、①小中高生の日本語と教科の学習をサポートする、②サポーターをサポートする、③ネットワークをつくる、を三つの柱にして、16年間必要とされていることを一つ一つ実現してきました。

　発足以来「子どもたちにどうしたら役に立つ活動になるか」を常に考えてきました。10年以上たったころ、その答えが自然と活動から現れてきました。小中高生の学習サポート活動に、子どもたちのことを思い応援しようという意思をもった人が集まってきたのです。この方たちが熱心に活動するようすを見て、事務局の役割とは、「こうした思いをもつ人がしっかり活動できる場をつくること」と、気づきました。

　どのように私たちが思いある人たちに囲まれて活動を継続できているか。本稿では、私たちサポートの会を事例に、地域でつくる"支える学習"環境のつくりかたを紹介します。

2. 三つの活動の柱と事例紹介

①人と人をつなぐ

　サポートの会は、会員、サポーター会員、生徒会員で構成しています。会員は年会費で運営を支え総会の議決権を有します。2020年度の状況は、サポーター会員は約60人（社会人が約20人、大学生が約40人）で、小中高校生の学習サポートをしています。生徒会員は約50人（小学生と中学生が各約15人、高校生が20人）です。

　サポーターとして活動に参加する前のオリエンテーションでは、「自分の弟や妹と勉強するような気持ちで、いっしょに考えたり、問題を解いたり、調べたりして

ください」とお話しします。これが学習サポート活動の根底を支える考え方です。サポーター専用のファイルには、県内の子どもの状況と支援のしくみ、サポートの会の役割と学習サポートの方法、事務局の仕事、教材リスト、会則がまとめてあります。サポーターから資格や経験が必要かと聞かれることがありますが、特に不要です。希望にできるだけ沿うようにコーディネーターが生徒とマッチングをしていきます。自分が既にもっているものは提供しやすいものです。お互いの得意を活かすマッチングを大切にしています。ただ、日本語の初期指導は経験のある人や日本語教育を専攻した人に、高校生の教科学習はその教科に強い人にお願いしています。

　サポーターの募集は、最初の何年かは希望者が来るのを待っていましたが、現在は市内の各大学の先生が参加希望の学生を会につなげてくれ、活動の継続の大きな力になっています。サポーター同士の口コミ、新聞などの紹介記事の力もあります。

事例●高校受験の趙くんの学習サポート

　趙くんは、中国で中学卒業後、日本にいる家族と同居のために来日しました。サポートの会では、中学卒業後に来日した生徒は、高校入試の合格だけでなく、入学後の授業についていく力をつけることも目標に、数学と英語に必要な日本語の学習もすぐに始めます。サポーターは3～5人でチームをつくり各教科を担当し、チームメールで報告を共有します。趙くんは英語が苦手だというので、中学生で来日した中国出身の先輩の杉山くんに母語で英語の力の確認をしてもらいました。趙くんは英語が嫌いで勉強をしていなかったようです。趙くんに覚悟をもって勉強にとりくんでもらうために、高校で勉強を続けるのは容易ではないこと、教科書を読みレポートを書く力が必要なこと、苦手でも英語を避けて通れないことを話しました。母語で英語の学習を続けられなかった趙くんが、日本語でそれをするのは無理だと判断し、引き続き杉山くんに英語の担当をお願いしました。

　杉山くんのような先輩の大学生は、来日したばかりの中高生には心強いサポーターで、優しさと厳しさをもった目で接しています。大変さを体験しているから後輩に伝えたい思いがあるのでしょう。生徒たちは自分も後輩のためにサポーターになりたいと思うようです。

事例●花さんの学習サポート

　大学附属の小学校に通い小学1年からサポートの会で勉強をしていた花さんは、日本と中国のダブルで、快活な、少し負けず嫌いな女の子です。イベント

にはいつも家族と参加しています。4年生の交流会で最後に感想を述べるとき、それまで元気だったのが、言葉につまり母親に走り寄って泣き始めました。母親の話では、学校で3年生から取り出しで個別指導を受けることが多くなり、4年生になって、先生から仙台市立の小学校の特別支援学級に転校を勧められたとのことでした。両親のショックは大きく、それから1年間は母親の悩みを受け止める時間になりました。花さんは、友だちからつらいことを言われ、次第に教室で勉強するのをいやがるようになり、6年生から市立小学校の特別支援学級に転校しました。家からも近く落ち着いて学校に行くようになりました。ハンディをもった子どもたちの就職支援をしていた人が、退職後、花さんのサポートを担当しました。担任の先生、母親、サポーターで相談の場を設け、学校でのようす、先生からのアドバイス、中学卒業後の進路の選択肢、高校卒業後の自立の知識、そのために今何をするとよいか相談しました。母親とサポーターの信頼関係をつくることもでき、先生に勧められた教材、日記、詩集、大好きなクロスワードパズルなど工夫をして学習サポートをしています。

　文化も教育も違う日本で、親は子どもを導いていくことが難しいと感じています。その中で「親の熱心さ」が子どもの道を開くのを見てきました。親が子どもの可能性を広げる場に連れていくと、子どもはそこで自分の力で進路をさがしていきます。親は子どもの一生のサポーターです。親が自分で情報を手に入れることが欠かせないと考え、保護者のために社会保険労務士による税金、年金、健康保険、労働法などの研修会も開いています。

②サポーターの活動をサポートする
〈二つの学びの場〉

　活動の中心の「サポーターの学びの場」と「子どもたちの学びの場」は、必要から生まれました。「サポーターの学びの場」は、2004年に自分たち自身を養成するための月1回の定例の勉強会から始まり、現在もサポートの会の土台です。この組織自体がこの勉強会を通し学び続けています。会員でなくても、ここに来れば勉強ができます。子どもの学びに関する知識、教材、方法、社会保障の仕組みなどの情報を集め、話し合い、考え、それをもとに教材を作成したり、講師を招き研修会を開いたりしてきました。緩やかなネットワークのような形態で、他県の教室で活動

している方たちと情報交換もできます。

　「子どもたちの学びの場」では、サポーターと小中高生が1対1でそれぞれ毎週決まった曜日に勉強をしています。そこは仙台市の外郭団体のオープンスペースで、仙台駅に近いため生徒もサポーターも集まりやすい場所にあります。サポーターが大学や職場の定期を使えることも、ボランティア活動をしやすくしています。「テーブルが一つ、イスが二つあれば勉強できる」と考え、この場所を選びました。子どもたちは、お弁当を食べる人、勉強する人、手話でおしゃべりをする人、キッズコーナーの親子を見ながら勉強しています。小学生の場合は母親が連れてきて、子どもが勉強をしている間に日本語の勉強をしたり、友だちと話をしたりしています。勉強が終わるとサポーターと勉強の様子や家や学校でのようすを話すこともあります。

〈教材の準備〉

　教材を整えることも学習環境の大切な要素と考えています。子どもたちの学びの場のロッカーには、小中高の教科書や教材を備え、サポーターの希望に合わせ、生徒と同じ教科書を1年間貸し出しています。

　また、日本語学習に集中する間で教科学習が2年程度遅れてしまったり、出身国で学習していない内容もあったりします。そのため、小学校1～6年の算数の文章題、中学校1～3年の数学の基礎の問題を集めたワークを用意しました。これでわからない部分を見つけ重点的に学習できるようになりました。

③ネットワークづくり

　私たちは家族を取り巻くネットワークづくりも常に心がけてきました。成人対象の集中日本語講座と連携すると、母国で中学を卒業した生徒は、短期間に効率よく日本語指導を受けることができます。

　事例●雪さんの学習サポート

　中国出身の雪さんは、2015年3月に来日しました。午前中は宮城県国際化協会の週4日の日本語講座で初級を学習し、午後はサポートの会で4人のサポーターと英語・数学・読み・作文の学習をしました。中国出身の留学生が、母語と日本語で英語を担当しました。入試の2か月前には数学の教科書が読め、文章題にも取り組めるようになりました。夏休みには「日本語を母語としない

子どもと親のための進路ガイダンス」で進路の多言語情報を得ました。高校入試の合格後、入学説明会や学期末の親との面談で必要な場合は、宮城県国際化協会、仙台観光国際協会の通訳ボランティアが学校に派遣されました。そして、高校入学後も放課後はサポートの会で日本語と教科の勉強を続け、大学に進学しました。

3. 成果と今後の課題

　会員とサポーター会員の地道な活動に支えられ、小学生から高校卒業まで学習サポートが可能になり、さらに、小学1〜6年の算数と中学1〜3年の数学の確認教材を用意したことで、日本語学習期間中にどこの部分の学習が抜けているか見つけることができるようになりました。

　中学卒業後に来日した生徒のためには、教育委員会と高校との情報交換、他の日本語教室、宮城県国際化協会、仙台観光国際協会、進路ガイダンス実行委員会との連携があり、生徒たちは高校進学を果たしています。入学後も学習を続け、ほとんどの高校生が大学、短大、専門学校に進学しています。

　しかし、学習支援につながる機会がない子は、中学校に編入もできず、入試の情報を集めることも、日本語と教科の学習の準備も個人でせざるを得ません。中学校と高校の間に存在するこの子たちの進路の保障は、中等教育の早急に解決を要する課題です。

　小中学生のときに来日した現役の高校生や大学生に、「どのように日本語の言葉を覚えたの？」と尋ねると、ほとんどが「言葉を聞いたときに浮かんだイメージで覚えた」と答えました。そのなかでも、イメージで覚えた言葉について、調べたりして確かめた子と、確かめなかった子がいました。このように、来日後に学習する内容は、日本語で理解し記憶していきます。語彙の意味とその概念を的確に理解することが、知識の積み上げにつながります。例えば、理科で「光合成」を学習するときに、「光合成」ということ自体を知らない子どもは、母語の対訳を見ても理解できません。既に知っている日本語で説明し、意味と概念を形成する必要があります。また、漢字を学習しながら本を読むことで、書き言葉から学ぶ助詞、接続詞など論理を進める表現が身についていきます。それを自ら実践する子がいる一方で、それができない子もいます。文章を読みこむ方法を知らない、あるいは、その基礎の力がついていないからです。考えを述べる表現方法をていねいに指導し、練習を

重ねる努力を支えることで力がつく子もいます。

　また、日本語指導が必要な子が、初めて英語の学習を始める場合にも同じようなことが見られます。英語の単語と意味、スペルを覚えるのが「面倒」と思っている子の例です。学習のようすから、この「面倒」は、やる気がないからでなく、日本語学習中の子どもが第二言語で第三言語を学んでいる状況と関係があるように感じます。日本語で説明される英語を理解することの難しさに加え、母語と英語と日本語の文の構造、音韻体系、書記体系の違いの影響などです。こうしたことを学校関係者に話すと、「外国につながる生徒は英語が勉強しやすいと思っていた」とおっしゃる先生もいます。でも、日本語を母語とする中学生が、習いたての英語で中国語の授業を受けているところを想像してみてください。その困難さがわかることでしょう。

　私たちの活動の課題は、交通手段や地理的な理由で、サポートを必要としているにもかかわらず、私たちの教室に通えない子がいることです。こうした子どもたちが通っている学校で週に一日でも放課後の学習支援教室が開かれたら、その場には、日本語を母語としない子だけでなく、さまざまな子が集まるはずです。サポートを必要とする子が暮らす地域のなかで、必要なサポートを受けられる、そういう学習環境が広く実現することを強く願っています。

［田所希衣子］

第**3**節　既卒生を支える伴走支援

1.　はじめに

　高校に進学できない外国につながる子どもたちが、私が活動する地域にはたくさんいます。そうした子どもたちの進学を応援するため、岐阜県可児市を拠点に活動するNPO法人可児市国際交流協会では、拠点施設となる2008年に多文化共生センター（フレビア）オープンから高校進学を支援する「さつき教室」をつくりました。それは、「高校受験に失敗して家に引きこもっている子どもがいる。家から出られるようにしたい」という、学校関係者からの相談からでした。

　2009年度からは担任を決め、週4日（休館日の水曜以外）の10時〜16時に、高校進学のための日本語や教科学習を通年で開始して、現在に至ります。2019年度までの12年間で、229人の子どもがさつき教室に通いました。そのうちの59人（26％）が外国につながる既卒生で、そのなかの30人が希望する高校へ進学できました。

2.　支えるポイント

　さつき教室には、来日のタイミングが15歳を超えていて中学に入れなかったダイレクトの子、中学を退学した子、そして既卒生。既卒生には、来日間もなくて受験ができなかった子、受験に失敗し再チャレンジする子、家庭の事情で一度は進学をあきらめたけど高校に行きたい子など、さまざまな背景の外国につながる子どもが通っています。修学歴に違いはありますが、既卒生はダイレクト受験の子と違い、「日本の中学校の卒業証書をもつ」子です。そのため、通っていた中学校の先生から学校での様子を聞くことができます。近隣の学校とは信頼関係ができているため、子どもの日本語の習熟度や家庭環境などの情報を共有しながら、高校入試にかかわる手続きを学校にお願いすることもできます。また、日本の学校へ通った経験がある子どもたちであるため、あいさつや授業中の姿勢などは、指導者からの評価も高いです。入学後の高校をイメージしながら進学サポートもできます。

　だからこそ、気をつけたいポイントが、日本の学校で好まれる「素晴らしい姿

勢」や日本語で問題のない日常会話のレベルは、学習の進度とは比例していないことです。学習が定着している子ばかりではなく、そのギャップに悩み自信がもてない子、自己評価の低い子が多いです。特に、受験に失敗した子のなかには、自分の日本語に自信が持てずにいる子もいます。そして、来日期間が短いことで日本語ができないために受験できなかった子は、「自分の存在を否定された」という気持ちをもち、前向きに勉強できない子もいます。また、中学校を卒業してから時間が経って高校進学をめざす子は、本人は強い進学の意思をもっていますが、家族からは「働いて」というプレッシャーのなかにいます。

　既卒生をひとくくりにはできず、こうした多様な境遇のなかで生きる外国につながる子どもたちであるため、それぞれの気持ちに寄り添った支援が必要です。この点に加えて、保護者の理解と協力が必須のため、私たちは定期的に保護者と懇談し、子どもの進学を伴走支援しています。

3.　具体的な支援方法

取り組んでよかったこと

　さつき教室では、4月から3か月間は、日本語のレベル別による少人数で日本語を学習します。既卒生は、このなかで上位クラスに属する子がほとんどです。同じクラスに日本語ができる子がいると、来日間もない子はあせる気持ちをもつようです。しかし、「頑張って、日本語覚えよう！」という気持ちをもつ子もいます。そうした子の日本語力が伸びてくると、既卒生のモチベーションが下がる傾向もみうけられます。そのため、グループ学習で力が発揮できるような活動を授業のなかに取り入れました。特に、ディベートをしたり、調べ学習の発表をしたり、現役の大学生や高校生との交流を積極的につくったりしたことが、とても有効でした。グループの代表として発表する機会も多く、指導者にクラスのリーダーとして頼られる存在になります。

　「日本の高校に行きたい」と教室にやってくる子たちの国籍はさまざまで、教室の中でもマジョリティーとマイノリテ

2017年度　新聞を活用した調べ学習
（右2人が既卒生）

ィーが生まれます。マジョリティーであっても十代後半の子どもたちはすぐに仲良く溶け込むわけでもなく、仲良しグループができるとマイノリティーはさらに孤立しがちになります。クラスの雰囲気をよくするために演劇ワークショップの手法で「コミュニケーション」に取り組みます。全員を知るようになるゲームやグループをかえてゲームを繰り返すことで「話す」機会が増え、協力して何かに取り組む姿勢ができて連帯感が増していきます。こうしたワークショップでは通訳者の役割も大きく、ファシリテーターの意図をくみ取り、楽しく盛り上げる動きが求められます。

　さらに、日本語に自信を持てない子や学習意欲が低下する子には、地域交流の機会を積極的に活用し、日本語を使う機会やいろいろな人との出会いの場を提供してきました。市立小学校の総合学習で、自分の国の文化や学校のことを紹介したり、市の夏祭りの多言語アナウンスにチャレンジしたり、可児高校生との交流や朝日大学の学生との演劇ワークショップ、愛知淑徳大学のゼミ生との合宿やキャンプの活動に参加することで、自分に自信をもち、社会性を身につけることにもつながりました。また、年齢の近い高校生や大学生とのかかわりはとても貴重で、高校や大学のイメージが広がり将来を考えるきっかけになっています。

取り組みから学んだこと

　フィリピン出身のリナは、中学卒業後に愛知県から引っ越して、さつき教室に通い始めた子でした。どの高校を受験するかギリギリまで迷って、少しレベルの高い日本語支援のない高校の進学を目指すことを決めました。そのため、卒業した中学

2009年度　高校見学の後の社会見学
（左から2人が既卒生）。

校とのやり取り（卒業証明書などの書類準備）も、「遠いから」「間に合わないから」という理由で、支援者が車にリナを乗せて、一緒に中学校へ取りに行きました。また、高校への出願時も、支援者が車で一緒に行きました。受験日も合格発表日も、支援者がリナを車で送迎しました。

　志望する高校に合格して、入学式という日です。リナは初めて、公共交通機関

の電車とバスを乗り継いで、自分一人で高校へ行きました。そこで、田舎の山の上に建つという高校であること、家からはとても遠い高校であることを実感したのでした。同級生は日本人生徒ばかり、困った時には通訳サポートもない、家から遠い。1年後には、自宅近くの定時制高校へ転校することになりました。ひとり親の家庭であったので、定期代も大きな負担であったようですが、支援者が良かれと車で送迎したことが、裏目にでてしまった結果でした。以来、私たちは高校見学は1人2校以上必ず見学すること、できれば保護者も一緒に公共交通機関を使って行くことを心がけています。

4.　将来を考えるきっかけ

　私たちの教室運営で心がけていることは、高校進学をゴールにしないことです。それは、入学後に通うことが困難になった時に、すぐに辞めてしまうからです。そのため、3の具体的な支援方法であげたように、「将来」を考えるきっかけづくりに取り組んでいます。できることを評価し、得意な教科を伸ばして行くことで自信を持たせるために、高校のその先を意識させる工夫が必要です。

　その一つは、「先輩の話を聞くこと」です。なぜ高校へ行くのか、高校の先に何があるのか。日本で自分のキャリアを築いて社会人となった先輩の話を聞くことで、不安や勉強をする意味を考える場をつくっています。もう一つが、演劇手法によるワークショップの実施です。私たちは、多機関とのコラボで取り組んでいます。このワークショップを通じて、自分に自信を持つことができたフィリピン出身のジェトスの事例を紹介します。

キャリアを考えるワークショップの実践

　ジェトスは中学を卒業後に働き始めましたが、「高校に行きたい」と、姉のリンと相談に来ました。いろいろ話をしても無気力な感じのジェトス（当時15歳）。続けられるか心配でしたが、付き添いのリン（17歳）も「勉強したい」と言い出し、2人で通うこととなりました。しかし、ジェトスにはやる気がみられません。姉に連れて来れられた、といった様子が続き、教室にもなかなか馴染むことができませんでした。

　その年は、近くの大学とコラボして将来を考えるワークショップの実施となり、イギリスから招待されたプロのファシリテーターによるワークショップ開催となり

176

2015年度　演劇ワークショップの発表後
記念撮影する生徒たち

ました。そして、その成果を大学祭で発表することになりました。タイトルは「人生は長い旅」。そのため、事前のワークショップでは、生まれた時から現在までを表現するため、世界地図を作りながら、旅にもっていきたいものを考えました。みんなで準備に取り組むなか、ジェトスとリアは「大学祭にはいかないかも」と言い出しました。1人でも行かないと成り立たないパフォーマンスです。「あなたたちが行かなければ完成しない、みんなでやり遂げようよ！」と、私たちスタッフは何度も2人に声かけをしました。本番前日もその夜も、私たちは2人に電話とメールで「必ず来てね、待っているよ！」というメッセージを伝えました。団体行動の経験が少ない子どもたちですので、こうしたメッセージを伝え続けることは必須です。

　私たちの思いが伝わったのか、大学祭当日はジェトスとリンを含め、すべての子どもたちが集まりました。本番は観客も巻き込んだパフォーマンス。大きな拍手と感動に包まれました。終了後の振り返り会で、「いい経験ができた。ありがとう」とジェトスがちいさな声で言うと、リンが「今のは、私の弟（の感想）です。今日は来て良かった。弟がまたやる気を持ってくれてよかった」と話しました。

　その後、ジェトスは教室の仲間と仲良くなり、勉強への意欲を高めていきました。そして、希望の高校へ見事に合格。ジェトスは高校ではたくさんの友達をつくり、打ち込む趣味をみつけて卒業して、就職しました。現在はフィリピンで進学するために働いています。

5. 今後の課題

　さつき教室を運営していくなかで、かかわるスタッフとは「教室の役割は何か」ということを毎年繰り返し議論します。なぜならば、授業中の姿勢や飲食、教室での服装、男女交際などについて、どこまで私たちが「指導」するのか。私たちスタッフ間でも考え方やとらえ方が異なるからです。特に、学習の指導については、毎年通うこどもたちが異なるために調整が大変です。通う子どもたちの学修歴の確認しながら、高校受験のための教科に絞った指導を行わなければならないからです。

時間がとても足りません。

　さつき教室に入室した既卒生のなかには、すぐに退室してしまったものの働いてから再入室する子や働きながら再入室する子もいました。子どもは勉強したいのに、勉強に集中できない環境に置かれているからです。保護者が子どもを「家計を支える1人」として期待する場合があるため、私たちが子どもの気持ちを代弁するときもあります。家庭の事情に介入して、保護者との面談を行うなど、個別の事情に応じたきめ細かな伴奏支援が不可欠です。

　さつき教室を立ち上げた当初は、「勉強したくなったら、いつでも来てね」というスタンスでした。もちろん、仕事しながらも強い意志を持って進学した子もいましたが、進学を断念せざるを得なくなった子のほうが多かったです。特に最近は、経済的な事情を抱えている家庭が多いため、高校進学だけでなく、医師会立の准看学校や県立の職業能力開発校など、経済的な負担が少なくて、学びと将来が直結するような進路先の研究の必要性を感じています。

　また、私たちが活動する可児市の公立中学校では、中学3年生の年齢で来日した外国につながる生徒について、特別なケースを除き下学年への編入学でなく、学齢に合わせた卒業扱いがされています。そのために、十分な学修を終えていない子どもに中学卒業証書が授与されてしまい、卒業後の進路も未決定の既卒生になってしまいます。「既卒生はさつき教室に4月入室して高校進学」という流れができてしまっているがゆえです。「さつき教室ありき」の中学卒業にならないように、今後も市内の中学校との情報共有や連携がかかせません。

　中学生になって来日した子には注意が必要で、第1章の1節でも述べられているとおり、公立高校入試での外国につながる生徒に対する「特別措置」と「特別入学枠」のちがいも大きいです。岐阜県の場合、これらの対象が「国外における生活が継続して2年以上で、入国後3年以内の者」とされています。そのため、既卒生はこの条件に該当しなくなる場合もあるからです。

　既卒生を支えるためには、本人に寄り添い、モチベーションを支え、卒業した中学校と保護者との連携、進学先との連携が重要です。そして、公立高校入試制度の改善は、進学した高校でのサポートの充実とセットにしてほしいので、現場からその改善の必要性を求めていきたいです。

［各務眞弓］

第4節　ダイレクト受験生を支える

1．支えの三つのポイント

学びを支える基本軸

　本書の第1章の1節と2節で示されているとおり、子どもは「教育を受ける権利」「質の高い教育を受ける権利」をもっていることや文部科学省の指針（2020年7月1日）をふまえ、国籍や言語、文化や性、宗教のちがいにとらわれない教育の権利を保障する立場を明確に確認します。学校に所属しない子どもたちを支えていく支援者間では、基本的な活動軸を共有することがまずは重要です。

就学状況把握と希望する進路選択のサポート

　私が活動する大阪府の場合、公立高等学校入学者選抜方針のなかで受験資格は、「中学校若しくはこれに準ずる学校、義務教育学校又は中等教育学校の前期課程を終えた者」とあります。

　教育制度は、国によって異なります。そのため、何歳から何年間学校教育を受けたか、日本の制度で中等教育修了相当なのか、学年途中なのか、終了なのか等の聞き取りから支援が始まります。学年末まで在籍でも修了試験に合格していないため修了（卒業）相当ではなかった例もあります。この場合は日本の公立中学校編入のサポートを進めます。

　詳細を聞き取るためには母語支援者の協力が不可欠であり、できうる限り学校通訳者等の母国と日本の教育制度の知識をもつ方と共に進めます。

　中学校に編入学可能な場合は該当の教育委員会への相談に引率し、高校受験が明確な場合は、日本の教育制度と高校入試・奨学金等の学費援助・日本の学校文化等についてミニ多文化進学ガイダンスを行い、さらに受験資格と志望校の相談を進めます。

応援者を増やす

　ダイレクト受験生を支えるいわば「チーム」を作ります。言葉の壁が大きく立ち

はだかり思いを表現できない不安な受験生に、信頼できるチームを設定しなければなりません。

　保護者、保護者の知り合い、先輩、特に同じ母語の先輩、受験生の住む地域の識字・日本語教室や外国につながる子ども／児童生徒を応援している他のNPOや学習支援教室、個人の支援者、母語支援者等のネットワークを活用し多くの人と協力して応援します。

2.　事例

タイルーツのバンク君
〈初期面談から〉

　日本にいる母のもとにタイからやってきたが日本語は全く話せない15歳のバンク君と、日本語の会話が上手なタイ人の母親と9月に、私が活動するたぶんか進学塾*1で面談しました。紹介者は母語支援者のアンさんです。

　タイで中学校を卒業後高等学校に入り、9年間の学習を修了している、来日以来、大人対象の教室で日本語学習を進めており公立高校進学への強い意思があることを確認しました。

〈支援〉

　生後3歳まで日本滞在とはいえ日本語力はゼロのバンク君に、「ワクワクにほんご」*2タイ語版などを使って学校用語を含む日本語学習、教科学習、受験についての手続きサポートを始めました。入試まで5か月弱という期間でできるだけ学習機会を多くするため母親と協力して、当時バンク君の通っていた大阪府内の大人対象の日本語教室で生活日本語学習、大阪市内のたぶんか進学塾で英語・数学・母語作文、サタディクラス*3で日本語とそれぞれの予定を入れた週間予定表を作成しました。塾講師・ボランティア・母語支援者が指導・支援を行い、必要な時期に受験手続に伴走しました。不安感いっぱいのバンク君へのメンタル面の支援と塾代に関する経済的配慮も含めてのスタートでした。

〈連携〉

　大阪府多言語進路ガイダンスに引率参加し、府内の教育委員会との連携が得られ関連資料の提供がありました。大阪府教育委員会での事前相談・資格審査への通訳

180

参考：週間予定（上段は午前、下段は午後の予定）

月曜日	火曜日	水曜日	木曜日	金曜日	土曜日	日曜日
	日本語教室	日本語教室		日本語教室		日本語教室
日本語教室		たぶんか進学塾	日本語教室	たぶんか進学塾	サタディクラス	

は、たぶんか進学塾のタイ人先輩に協力を依頼、中学校母語教室にオブザーバー参加し、日本の中学校のミニ体験と母語支援者アンさんとの触れ合いが得られました。入試結果は本人の努力と多くの人の応援による合格でした。高校入学後も高校との協力で社会福祉協議会での支援金手続き引率や、入学後に怪我で入院したバンク君への見舞い、と連携は継続しました。

ネパールのシャンティさん
〈初期面談から〉

　7月の大阪市多文化進路ガイダンスの会場で母語支援者リタさんからの「高校に行きたい子がいるから相談に乗ってください」という言葉から始まり、（特活）多文化共生センター大阪の事務所で、シャンティさん、父親、リタさんで面談しました。面談には学習歴、滞日歴、得意・不得意な教科等を記入するたぶんか進学塾の所定の用紙を使います。

　数年前に来日したネパール人の両親が住む大阪で2か月経過、母国で初等教育5年、前期中等教育3年、中期高等教育2年と10年間の教育を修了していて早く高校に進学し勉強したいという強い学習意欲があることを確認しました。

〈支援〉

　大阪府内に住むシャンティさんの家の近くの支援者ヤマダさんとつながり、ヤマダさんのご尽力で、来日当初所属の大人対象の日本語教室から夜間中学校に学びの場を移して日本語・教科学習ができることになりました。大阪市内のサタディクラスで受験手続きと英語・数学の学習支援を行い、私が家庭訪問等を行い、簡単な会話程度が話せる両親の相談に応じて伴走、高校オープンスクール参加の申し込みと引率、他の支援者と情報共有しながら進学への道筋を追いました。父親からの「テストの問題文は英語ですか」等の数々の素朴な質問にも補足対応しました。

　滞日年数の長い兄の協力を得て、2月の公立特別入学者選抜、日本語指導が必要な帰国生徒・外国人生徒入学者選抜の入試科目の一つである作文（母語も可）練習、3月公立一般入学者選抜対策の自己申告書（母語も可）の書き方、私立併願校の見学、併願校入試時の面接の引率サポート、大阪府教育委員会での事前相談・資格審査・承認書を持っての出願・合格発表へと一連の流れに伴走しました。

参考：週間予定（上段は昼間、下段は夜間、適宜相談タイム）

月曜日	火曜日	水曜日	木曜日	金曜日	土曜日
日本語教室					
夜間中学校	夜間中学校	夜間中学校	夜間中学校	夜間中学校	日本語教室・サタディクラス

〈連携〉

　母語支援者リタさん、地域の支援者ヤマダさん、夜間中学校、サタディクラスのボランティア、サタディクラスで学習した先輩ネパール人アニタさん、家族の協力等々シャンティさんを応援する支援連携の輪ができました。7か月弱の準備期間後合格、2019年には高校卒業後大学へと進学しました。

3. 成果と課題

成果1　めざましい成長

　ダイレクト受験生は、高校に進学後、大学進学や就職を経て社会の一員となり、情報発信や後輩へのアドバイスをしながら力強く成長していきます。

　一例として、「WaiWaiトーク*4」（多言語スピーチ大会）での発表があり、真摯に自分を掘り下げた表現に挑みます。進学先の高校では自らのアイデンティティを支える母語保持・伸長の取り組みがなされ、将来への可能性と展望につながる環境を設定しています。ダイレクト受験生は、このような配慮のある高校に進学することで、より成長していく姿が見られます。

成果2　先輩から後輩へサポートの引継ぎ

　大阪のダイレクト受験生は、複数の団体や個人から支援を受けている傾向があります。支援の主な内容は、学習支援（日本語・数学・英語・母語作文等）、情報提供（進路ガイダンス・入試要項等大阪府教育委員会での受験資格に関する手続き内容伝達等）、

182

日々の伴走（資格審査・申請書記入補助・願書記入補助・承認書をもっての出願・入試・合格発表・入学手続き等々）の3点です。

　年度を超えて、学習支援教室で学習した先輩たちが母語による説明や応援、心情共有をしていくことは、自身にとっても経験と学びを伝えることによるセルフエスティームの場として貴重なものとなります。

課題1　外国につながる子ども／児童生徒全体の中での
　　　　ダイレクト受験生への期待

　たぶんかじゅく、サタデークラス等でダイレクト受験生には「高校生や大学生、社会人になったら先輩のように教えに来てください！」と声掛けをしています。外国につながる先輩が後輩をリードする場面がもっと増えれば多文化共生社会作りにつながります。

　また外国につながる子ども／児童生徒たち（学校に在籍している）の約半数にあたる5万人が日本語がわからない（文部科学省調査より）[*5]と言われ、また学校に在籍していない外国籍の子どもが約2万人いるそうです（第1章1節参照）。

　日本語指導が必要な児童生徒数に含まれない日本生まれの子の家庭内は自国文化の場合が多く日本人から見れば外国文化です。日本文化を十分理解しているとは言えない状態でも、「高校入試の際には一般受験[*6]」だと言われます。大阪ではダイレクト受験生と渡日間もない中学生受験生は、ほぼ「日本語指導が必要な帰国生徒・外国人生徒入学者選抜」あるいは「海外から帰国した生徒の入学者選抜」を選ぶことになります。一方で日本滞在の長い多くの子たちは、「一般選抜」となります。

　中学校現場ではこの多くの一般選抜受験の子たちは、大阪弁を使い日常会話ができるため日本語指導の必要性はあまり認識されていません。日本生まれや日本滞在が長い子どもたちへの日本語指導の適切な教材や指導方法の入手も困難です。

　たぶんかじゅくでは、ダイレクト受験生を支えると同時に日本生まれや家庭の事情により幼い時からこれまで何度か母国と日本を往復している子どもたちの一般受験をも支援します。

　ダイレクト受験生は、母国で9年間の基礎教育を受けてきたという特性を活かして、言葉の壁をいかにして克服して学習したか自己の体験を整理して話すことができると考えられます。母語と日本語でより多くの後輩を励ましサポートする場を設

定することが課題です。そのことにより、まだ支援者とつながれない一般受験生を含む受験希望生対応の糸口となる可能性があります。

課題2　社会変化に応じた取り組み

　ダイレクト受験生が、地域性や支援者とつながったかどうかを運・不運ですませることなく、公的機関が支援実績をもつNPO等と連携し、学びの場を提供して不平等感を払拭すべきではないでしょうか。

　外国につながる子ども／児童生徒の学びの場を授業課内、あるいは放課後教室の形で設定されているケースもありますが、まだまだ不十分です。また、こういう教室は、原則ダイレクト受験生には門戸が開かれていません。ダイレクト受験生、学校在籍生が共に学び交流する場を設けることは、豊かな文化をもち互いを思いやるゆとり感を共有する多文化共生社会の形成につながり意義があると思います。

　2020年の今、コロナ禍による休校等のためオンライン学習がクローズアップされています。遠隔地から通うことの多いダイレクト受験生にとって対面学習と双方向タイプのオンライン学習を効果的に進めることは、これからの可能性を探る方法であり、学校と地域の教室連携のチャンスかもしれません。

▼注

＊1 TABUNKA SHINGAKU JUKU（たぶんか進学塾）とは大阪市塾代助成事業を活用した外国につながる子どものための学習塾。2013年から2017年までは（特活）多文化共生センター大阪の事業、2018年から「たぶんかじゅく」と表示し、NPO法人おおさかこども多文化センター事業に。2019年以降NPO法人おおさかこども多文化センター事業と西淀川インターナショナルコミュニティー事業に分かれて開講。

＊2 「ワクワクにほんご」は、2003年3月大阪市教育委員会作成の日本語教材。

＊3 「サタディクラス」は、2005年に立ち上げ、2018年から「サタデークラス」と名称変更した、ボランティアによる多文化な子どもの居場所と学習支援の教室。

＊4 外国につながる高校生が、体験や思いを母語や継承語で発表し、文化の保持・伸長をはかるとともに、交流しつながりを深めることを目的とした生徒発表会（大阪府立学校在日外国人教育研究会主催）。

＊5 文部科学省2019年（令和元年）9月公表、2020年（令和2年）1月修正より。
公立学校に在籍している外国籍の児童生徒数は9万3133名、日本語指導が必要な児童生徒数（日本国籍・外国籍含む）は5万1126名。

＊6 大阪の公立高校では、2月に特別入学者選抜で日本語指導が必要な帰国生徒・外国人生徒入学者選抜、海外から帰国した生徒の入学者選抜が、3月に一般入学者選抜が行われます。

[坪内好子]

第5節　居場所づくり

ポイント

　「どうして私は日本に来たの？」「一言もわからない授業をどうして一日中聞かなければならないの？」外国から来たばかりの子どもはやっとの思いで教室に座っています。何とか日本語でやりとりができるようになっても、何でも話せる友だちはできず、授業は半分も聞き取れず不安でたまりません。日本生まれでも家の中で日本語以外の言語が使われていて、日本語が十分に身に付かず授業がわからなくなった子ども、家庭の問題で悩んでいる子どももいます。自分の努力だけでは長いトンネルからなかなか抜け出せません。

　子どもたちにとって日本語学習の場はもちろん大切ですが、学校や家以外に①自分らしく安心していられる場所　②共感できる仲間、ロールモデルとなる先輩　③支えてくれる大人の存在はなくてはならないものです。「いつ・どこで・どんな人に出会うか」はその後の人生に大きな影響を与えます。

　私は日本語指導員として30年以上外国につながる子どもたちに接してきました。子どもたちが苦難を乗り越え自信に満ちた顔つきになって成長していくのを見るのはうれしいものです。ここでは、大人の支援者と子どもたちがどのように「居場所づくり」をしてきたか、そこから生まれたものは何か、熊本県での三つの事例をご紹介したいと思います。

1.「華友会」──きっかけは子どもたちの声

華友会の誕生

　1980〜90年代は日本全国、中国残留邦人の帰国のラッシュでした。熊本市内の公民館に日本語教室が開設され、放課後になると日本語がわからない子どもたちが次から次にやってきました。15歳〜20歳でも当時は皆中学校に編入しました。年齢超過のうえに言葉が通じないストレスは大変なもので、学校でたびたびトラブルが起きました。わけもわからず叱られてじっと我慢する子どもたち。慣れない日本社会で必死で仕事をしている親にはわが子を気遣う余裕はありません。

華友会―秋の1日旅行（梨狩り）

華友会日本語教室

　そのうち子どもたちは、自然と私の家に集まるようになりました。学校では見せないはじける笑顔でふざけ合う姿にほっとしました。公民館の日本語教室は2年で終了となりましたが、子どもたちと日本語学習や交流会などの活動を続けていました。

　そんなある日、県外に就職が決まった青年の「僕はいなくなるけれど、これからは君たちが中心となって会を作ったら？」という提案で1993年に「華友会」が誕生しました。子どもたちは毎月集まって、キャンプ、バザー、ミカン狩り、発表会、などを計画しました。新しく日本にやってきた子には必ず声をかけ、時には親たちも活動に誘いました。「華友会」はみんなにとって大切な居場所になりました。

15年間続いた「華友会日本語教室」

　「親は仕事ばかりしていて日本語がうまくならない。親たちのために夜、日本語教室を開いてほしい」というある青年の言葉で、大学生になっていた華友会の会長の趙君がすぐに大学内に「国際倶楽部」というサークルを立ち上げ、1999年より毎週木曜日の夜、大学の講義室で「華友会日本語教室」が始まりました。親と一緒に子どもたちも通ってきました。学生たちは子どもたちに学校の勉強を教え、話し相手になりました。大人にとってもここは日本語を学ぶだけでなく、週1回学習者と近況を話し、困ったことがあれば相談できる大切な場となりました。

　日本語教室は学習者が減少するまで15年間続きました。

公立高校入試での特別措置を求めた運動

　華友会の中心メンバーだった小雪さんは、2人の姉とともに、1986年に日本に来

ました。13歳の小雪さんは中1に、16歳と18歳の姉2人は、中3に編入しました。3人とも中国では成績優秀でしたが、日本語のハンディのせいでなかなか点数が取れません。特に、来日して1年後に高校入試を迎えた姉2人は大変でした。小雪さんは当時、「点数を甘くして合格させてくれと言っているのではない。日本語の力がつくまで少し待ってほしい。私たちの青春を大切に考えてほしい」と訴えていました。

　2005年、高校入試改革のため、例年なら合格していたと思われる生徒が県立高校に入学できなかったことをきっかけに、有志10名ほどで特別措置の設置を求めた運動に取りかかりました。華友会のメンバーの高校生たちに、入試の大変さ、どのような特別措置があればいいと思ったかなどのアンケートを取り、県教育長に対して要望書を提出しました。その結果、2007年度より、公立高校入試での特別措置が実現しました。特別措置の内容は、「小4以上で編入した生徒が対象」「自分で選択した3科目と面接・作文で受験できる」「中国帰国生徒・外国人生徒・帰国子女生徒のすべてが対象」「すべての公立高校で実施される」など、他県の特別措置と比べても引けを取らないものでした。それまであまりのハードルの高さに意欲をなくしてしまっていた生徒たちにとって、実現できそうな目標ができました。

「外国ルーツの生徒と保護者のための進路ガイダンス in 熊本」の開催

　入試での特別措置の実現をきっかけに、外国につながる中学生と保護者に日本の高校入試のことを詳しく知ってもらおうと、進路ガイダンスを始めました。熊本県教育委員会による高校入試での特別措置の説明、先輩高校生による体験発表、個別

進路ガイダンス

相談などを通訳を交えて行いました。華友会のネットワークでたくさんの参加者が
詰めかけました。それ以来、進路ガイダンスは毎年7月に行われ、今年で15回目
を迎えています。

2. 「共に歩み青春を語る会」──先生たちと町が支える会

月2回の「共に歩み青春を語る会」

　熊本市に隣接する菊陽町で、中国帰国者の会「同歩会」（2000年発足）の中高生
部の学習会として「共に歩み青春を語る会」が始まりました。人権問題に高い関心
をもつ先生たちと外国につながる子どもたちがこの会の中心メンバーです。

　月に2回、土曜日の夜、町のふれあい交流センターに15人ぐらいの外国につな
がる中高生が集まります。中には遠くから親や先生に送迎してもらう子もいます。
近況報告から始まり、悩み相談、勉強、発表会の準備など自分たちで活発に活動し
ています。ここでは先輩や大人たちがじっくり話を聞いてくれ、進学、就職、在留
資格等について貴重なアドバイスをもらえます。母語で話せるのでリラックスした
雰囲気です。言葉がわからないときは先輩が通訳してくれます。初めて参加した日
に部屋の隅でじっと黙っていた子、悩みや苦しみの中にいた子も数か月たつと元気
になり話の輪の中心になっていたりします（現在は、菊陽町が主催となり多文化共生
学習会「共に歩み」として継続しています）。

一泊二日の「外国ルーツの生徒交流会in熊本」

　「共に歩み青春を語る会」では、毎年、夏休みに先生たちの引率で「全国在日外

外国ルーツの生徒交流会in熊本

外国ルーツの生徒交流会

国人生徒交流会」に出かけます。全国の外国につながる子どもたちに出会い、刺激を受けたメンバーは「これを熊本でもやりたい」と実行委員会を立ちあげ、2008年から毎年春休みに一泊二日で「外国ルーツの生徒交流会in熊本」を開催しています。県内各地から外国につながる中高生40名ほどが集まります。実行委員のリードで初対面の子どもたちも次第にうち解け、班別交流会では、学校でのいじめや家庭内の不和など深刻な話も飛び出します。毎年、先輩たちも駆けつけて通訳をしたり、自分の経験を語ったりして、悩みの中にいる子どもたちに勇気を与えてくれます。

　熊本県全域に点在している子どもたちは、日頃なかなか会うチャンスがありません。この会は1年に1回の貴重な交流の場、出会いの場になっています。2020年で12回目を迎えました。

3. 「NPO法人外国から来た子ども支援ネットくまもと」の発足

　「NPO法人外国から来た子ども支援ネットくまもと」は、日本語指導が必要な児童生徒が熊本県のどこの学校に編入してきても日本語指導を受けられるようにしたいという壮大な目標をかかげて2009年に発足しました（代表：竹村朋子、副代表：岩谷美代子）。現在では、17市町村より委託を受け日本語指導員を小中学校に派遣しています。

NPO事務局での勉強会

　NPOの事務局兼竹村さんの自宅には、週末になると日本語を教えてほしいとたくさんの子どもたちが来ます。時間が来てもゲームに没頭している子、日本語を一切話そうとしない子、怒りをぶつける子、竹村さんはどんな子に対しても子どもの側に立ち、あきらめず根気強く接します。遠方の子どもは夏休みなどに1か月以上ホームステイをすることもあります。

　劉さんは幼少期から日本と中国を何度も行ったり来たりしたため、日本語も中国

語も十分に身につかず、学校での勉強がほとんど理解できませんでした。学習意欲をすっかりなくしていた中学生の時に竹村さんに出会い、勉強会に参加するようになりました。数年間通い続けるうちに、「私にもわかる！」と自信を持ち始め、やっと学習に真剣に向き合うことができるようになりました。

おるがったステーション

　学校や家庭に居場所がない子も
ここに来れば、大人が勉強を教えてくれるばかりでなく、同じような経験をした仲間や先輩から多くのことを学ぶことができます。2017年にはNHKの番組「バリバラ」で「"外国ルーツの子どもたち"が安心できる家」として紹介されました。ここから巣立っていった子どもたちは10年間で100人以上になります。

「おるがったステーション」（熊本方言で「私の家」）

　2013年当時、学校で日本語指導を受けられなかった中国出身の高校生の「後輩のために是非、日本語学習の場を作ってほしい」という要望を受けて、毎週日曜日に熊本市国際交流会館でNPOのメンバーがボランティアで学習支援教室を開いています。熱心に学習する子もいれば、ここに来るだけで安心するのか寝そべってしまう子もいて、塾とは違う和やかな雰囲気があります。それぞれの思いを抱えて子どもたちは毎週集まってきます。

成果と課題

　以上、熊本県における三つの居場所づくりについて紹介しました。「華友会」という居場所から日本語教室、公立高入試での特別措置の実現、進路ガイダンスが生まれ、「共に歩み青春を語る会」という居場所から「外国ルーツの生徒交流会」が生まれました。「進路ガイダンス」と「外国ルーツの生徒交流会」は2009年よりNPOの事業として継続しています。

　「おるがったステーション」での子どもたちとの何気ない会話から、高校入試の

外国人生徒の特別措置の願書が中学校から高校へ正しく出されていなかったことや大学入試面接で差別的な質問をされたことなどを知り、私たちが驚いて学校や教育委員会に事実確認したこともあります。居場所には、不当な扱いを受けたときに自分から訴えることができない子どもたちの声を受け止めるという役割もあります。また、孤立していた子どもが人とつながり、自分に自信をもち、自分の存在を肯定的に受け入れていくことを手助けするところでもあります。

　居場所づくりは特別なことではありません。たった1人の大人がたった1人の子どもに向き合うことから始めてもいいのです。その小さな取り組みがあちこちで生まれ、共感する人が増えれば大きな流れになっていきます。ただ、重要なのは子どもたちと大人の支援者の間に信頼関係が築けるかどうかです。もし、安心して何でも話せる人がいて、ありのままの自分でいられる居場所があれば、子どもたちは自然に集まってきます。

　課題は、長年居場所づくりに関わってきた大人の支援者が中心となって動くのは体力的にだんだん難しくなってきたことです。働く若い世代がボランティアとして取り組むのには限界があります。もう一つは、居場所の存在を知らない子、知っていても遠くて来られない子がまだたくさんいることです。もっと情報を発信し、ネットワークを広げ、居場所づくりに協力してくれる人や機関をすこしずつ増やしていかなければなりません。

［岩谷美代子］

第**6**節　ブラジル学校から公立高校進学

1.　はじめに──ブラジル学校とは？

　東海地方に多いブラジル学校は、南米出身の子どもたちが学ぶ学校です。最近の
ブラジル学校に通う子どもは、公立小中学校に通う子どもと同じく、在住年数が長
い子どもや日本生まれの子どもも珍しくありません。学校教育法第一条に定められ
ている一条校ではなく、都道府県の認可を受けた各種学校もしくは私塾として運営
されていています。日本では私塾扱いのブラジル学校のなかには、ブラジル政府が
認可した学校もあります。ブラジルに帰国することを見据えて、ブラジル学校では
ブラジル本国のカリキュラムによって、ポルトガル語で授業が行われています。ブ
ラジルは、就学前、6歳から始まる9年間の基礎教育（fundamental）、中等教育
（médio）と言われる高等学校相当までの課程に区分されますが、日本にあるブラジ
ル学校は、就学前から中等部までの教育を提供する学校もあれば、基礎教育までな
ど、学校により規模や教育課程が異なります。なお、本稿では、ブラジル学校の基
礎教育課程の9年間の修了を「中等部修了」と表現します。

　愛知県で各種学校の認可を受けているブラジル学校は、いまだ少ないです。県が
2019年に実施した「愛知県内のブラジル人学校に対する調査」によると、各種学
校の認可を受けている学校は11校中4校という実態です。なお、この11校の基礎
教育の課程には689人、中等教育の課程には358人が、在籍しています。

　県からも「学校」として認可されないことで、ブラジル学校の中等部を修了して
も、日本の義務教育の9年間を修了したとは認められません。そのため、公立高校
受験を希望しても、「受験資格がない」という状況が起こります。ただし、これは
全国一律ではないことは、すでに第1章の1節でも述べられたとおりです（第2章
Q16参照）。しかし、現在文部科学省は、外国の高等学校相当として指定された学
校であれば、大学への入学資格は認めています（第2章Q21参照）。愛知県にあるブ
ラジル学校6校が、その対象校です（2019年3月28日現在）。

　以上のことを踏まえ、私が活動する愛知県での事例を通しブラジル学校からの高
校進学について紹介します。

2. ブラジル学校中等部修了者が
   日本の公立高校受験を希望したとき

①受験資格があるかどうか、県の担当課へ問い合わせをします。愛知県では高等
　学校教育課が入学者選抜に関することを行っています。

②受験資格がない場合、学齢超過者が入学できる「中学夜間学級」へ入学して、
　義務教育を修了します。愛知県には「公立夜間中学」はなく、公益財団法人愛
　知県教育・スポーツ振興財団が中学夜間学級を運営しています。さまざまな事
　情で中学校を卒業できなかった方を対象に、中学校卒業程度の学力をつける機
　会を提供するとされ、週に3日の実施で、卒業までの期間は2年です。一定レ
　ベルの日本語ができることが入学条件の一つになっています。

　もう一つ、高校受験資格を得るために「中学校卒業程度認定試験」（以下、中卒認
定）に合格する方法もあります（第2章Q16参照）。

3. 具体的な支援の事例から

　私が代表を務めるNPO法人トルシーダ（以下、トルシーダ）では、1998年から日
本の学校へ行っていない外国籍の子どもの居場所づくりとして、日本語教室を実施
してきました。当初学校に行っていない不就学の子どもが大半でしたが、2000年
を過ぎるころから、半日制をとっているブラジル学校の生徒が、日本語を学びに来
るようになりました。初めてブラジル学校卒業生の高校進学支援をしたのもこの頃
です。

事例◉進路を決められなかったマルセロ君

　マルセロ君とは、彼が小学生のときからの知り合いでした。祖父母、両親共
に日本語が堪能で教育熱心、ブラジル学校に通い、ポルトガル語で学力をつけ、
日本語にも不自由していない、そんな印象がありました。しばらく会う機会が
なかったのですが、彼の家の近くに住む、メンバーから「マルセロ君が日本の
高校に行くことにしたけれど、中学校を卒業していないので、受験ができず困
っている」と電話がありました。聞けば、「ブラジル学校の基礎課程を修了し
て、ブラジルで高校進学をするつもりだったが実際には難しかった」とのこと。

学齢超過での中学編入は叶わず、高校進学を目指して勉強をしようということになりました。

(1)　中卒認定試験のための支援

　当時のトルシーダは月曜日から金曜日まで平日の午前中だけの活動でした。マルセロ君は日本語の力はありましたが、教科の言葉が入っていないこと、半年で中卒認定の5教科の試験に合格しなければならないことを考えると、すぐに1日2時間の指導では足らないことがわかりました。公立中学校からブラジル学校に編入し、その後中退して相談に来たホセ君と共に、中卒認定合格を目指し午後も勉強をすることになりました。

　支援者も教科の支援は初めてで手探り状態でした。過去問からポイントを絞り、日本語のレベルに配慮し、わかるところまで戻って指導をすることは簡単ではありません。さらに、本人は先が見えない不安の中にいます。不安をあおらず励ましすぎないように伴走する。いろいろな支援者が関わり、状況や気持に寄り添う支援を考える貴重な機会でもありました。欠席が続きやる気を保つことの難しさを感じたり、体調面が心配されたりしたこともありました。しかし、もともと読み書きもでき、日常生活には困らない程度の日本語の力があったことと本人の努力で、マルセロ君もホセ君も、無事中卒認定試験に合格しました。

(2)　高校受験までの手続き

　中卒認定試験の全科目合格者には、合格証明書が送られてきますが、高等学校を受験するためには、別に認定証明書と調査書が必要です。その他にもたくさんの必要書類を揃え、受験校を決めるといった受験に至るまでの手続きを本人や家族だけですることは難しいと感じます。マルセロ君もホセ君も全日制の県立高校に合格しましたが、スケジュール管理や書類申請にも支援者の知識と経験が求められます。

　2008年に起こったリーマンショック。ブラジル学校に通っていた子どもが経済的理由で退学を余儀なくされ、学校へ行けない不就学の問題がクローズアップされました。トルシーダで支援していた多くのブラジル学校生も退学し、日本の学校に編入したり、ブラジルへ帰国したりしました。ここでも中等部修了生は、行き場を失いました。相談窓口で「義務教育年齢を超えているので勉強ができる場所はない」と言われ、傷ついた子どもは少なくありませんでした。2020年現在、コロナ

感染症拡大による不況でも同じような状況が懸念されます。支援の広がりを期待して、ホドリゴ君とヴィクトル君の事例を紹介します。

事例◉社会の変化に翻弄されるホドリゴ君

ホドリゴ君が来日し公立中学校に編入したのは、中学2年生の9月。4か月間の日本語初期指導教室通級を経て中学校へ通い始めましたが、英語と数学の授業以外は全くわかりませんでした。しかし、中学校での支援員の指導は週3時間だけで、ホドリゴ君はこのままでは学力はつかないと感じたうえに、徐々に学校での孤立感を覚え、中学校で勉強することに目的意識がもてなくなりました。そして、中3になる時点でブラジル学校へ転校しましたが、不幸にもブラジル学校の中等部修了のタイミングと、リーマンショックの時期が重なり、高等部への進級を諦めました。

その後ホドリゴ君は、塾やボランティアの日本語教室で日本語を勉強したり、専門学校を探したりしましたが、進路にはつながりませんでした。そのようななかで、知人の紹介でトルシーダの日本語教室に通うようになりました。当時、私たちは文部科学省と国際移住機関が実施する「定住外国人の子どもの就学支援事業」を受託していて、ある程度指導体制も整っていました。そのため、ホドリゴ君は1年で中卒認定試験に合格し、翌年度には全日制の県立高校への進学を果たしました。

事例◉覚悟しなければ進めないヴィクトル君

ヴィクトル君と初めて会ったのは、企業が主催した在日ブラジル人向けの教育セミナーでした。母親から「来日3か月。ブラジル学校の高等部の1年生に在籍しているが、日本で住み続けることを考えると、日本の学校へ行ったほうがいいと思うが可能か」という相談を受けました。母親に連れられたヴィクトル君は、フードを目深にかぶり、「関係ない」というそぶりを最大限に表していました。「学校は楽しい？」「友だちはいる？」という私の質問に、「楽しい、友だちもたくさんいる」と答えるヴィクトル君でした。そのため、母親には、「本人には日本の学校へ行く意志がないので、家庭で話し合ってほしい」と告げ、本人には「今の学校で頑張りなさい。日本語の勉強には来なくてもいいよ」と伝えました。ヴィクトル君の家から私たちの日本語教室まで1時間以上かかるし、来たとしても1〜2回で辞めることは目に見えていました。進路の話をする以前の問題だと感じたからです。

　ところが、4か月後にヴィクトル君は入室してきました。通い続けられるの
か、目標設定ができるのか、不安ではありましたが見守るしかない状況で日本
語の学習が始まりました。ゼロからスタートして1年の勉強でしたが、休まず
に通い続け、受験校を決める頃には、仲間を励まし共に頑張ろうと声掛けする
姿が見られました。ブラジル本国で9年間の課程を修了していたので、その修
了証明書で公立高校受験のための資格を得ることができました。結果、地域で
は人気の高い昼間定時制の県立高校に合格し、今は勉強に部活にと頑張ってい
ます。先日トルシーダで実施した「先輩の話を聞く会」で、県立高校へ行こう
と思った理由を「ブラジル学校で落第して進級できなかったから、もう日本の
学校へ行くしか方法がなかった」と語っていました。

　ブラジル人の子どもたちの進路には、日本の学校か、ブラジル学校か、という選
択肢があります。しかし、そのことは必ずしもプラスに現れるばかりではありませ
ん。学校間の転校では、経済的な事情や家族間の意見の違い、そもそも満足できる
教育が受けられないなどさまざまな問題が重なっていていることは珍しくありませ
ん。その中でどうしたいのか自分で考え覚悟をもって決心しなければ、次へは進め
ません。フードを被って体を縮めていたヴィクトル君が後輩たちの前で、日本語と
ポルトガル語の両方の言葉で自信を持って自分のことを話す様子に、あの時、二兎
を追う形で「日本語の勉強だけでもしようか」と誘わなくてよかったと心から思いま
した。

4. ブラジル学校の生徒の進路

　私が所属するもう一つの団体「夢育プロジェクト」では、ブラジル学校の高校2
年生を対象にキャリア支援講座を行っていま
す。この講座を通して、ブラジル学校では日
本語の授業時間が少ないこと、日本人と話す
機会がないこと、進路について情報がなく結
果的に卒業後は口コミで仕事を探し、非正規
で働くことになるなどの課題がみえてきまし
た。その子どもたちのサポートが求められて
います。

トルシーダの日本語教室の様子。
いろいろな国の子どもが学んでいます

夢育プロジェクト、ブラジル学校生を対象としたキャリア支援講座の様子

トルシーダの卒業生は、一旦は途切れた進路を諦めずに、学び続ける努力の末高校入学を果たします。ホドリゴ君は、ブラジル学校を辞めてから高校進学までの期間を、「あのまま日本の中学やブラジル学校に通い続けるよりも、有意義な時間だったと思います。言葉も学力も身につけてトルシーダとの関わりがあったからこそ今の場所にいると思います」と振り返っています。ホドリゴ君は現在、ポルトガル語、日本語、英語が話せるトリリンガルの通訳として活躍しています。

　誰もがあたりまえに学べることは、トルシーダが目指しているところです。私もメンバーの一人である外国人生徒・中国帰国生徒等の高校入試を応援する有志の会では、毎年全国の公立高校の受験資格の扱いについて調べています（第1章1節参照）。この会でも解決を望むことの一つに、公立高校の入学資格の扱い（学校教育法施行規則95条の解釈）を統一することを挙げています。ブラジル学校ではポルトガル語で学力をつけること、誰もがあたりまえに学べる社会として日本語を学ぶことが保障されること、外国学校中等部修了生の高校受験資格が認められ、高校に進学すること。これらは、外国人生徒にとって機会が広がるだけではなく、多様性のある社会の実現につながることを、トルシーダで学んだ先輩たちは示してくれています。

[伊東浄江]

第7節　就学前の子どもとプレスクール

1. プレスクールとは

　愛知県西尾市の"プレスクール"は、外国につながる子どもと家庭を対象にした小学校入学準備のための日本語学習プログラムを指しています。プレスクール対象児童には、保育所へ通っている5歳児も、どの保育所にも通っていない5歳児（以下、不就園児）もいます。

　市内の保育所へ通う5歳児のうち、外国につながる子どもで、保護者の承諾が得られた場合については、指導員がすべての園を巡回訪問し、簡単な面談による語彙調査を実施します。また、保育所の先生には対象となる子どもについてのアンケート記入にご協力いただき、語彙調査と園生活全般から判断してプレスクール対象児を決めます。

　一方、不就園児は、居住確認から始めます。市教育委員会（学校教育課）との連携で、対象となる家庭を訪問し子どもが一緒に住んでいるかどうかを一軒ずつ確認します。不就園児がいることがわかれば、近くの保育所を紹介したり、手続きサポートをしますが、家庭の事情で就園できない子どももいます。そういった場合は、多文化ルームKIBOUの不就園クラスへ通室できるように案内します。

2. 対象児の特徴

　プレスクール対象となる子どもの特徴としては、保育所へ通う5歳児の場合、日本語での理解ができない場面があり、また日本語で気持ちがうまく伝えられないことなどから、手が出てしまったり、クラスから出て行ってしまったり、気持ちが不安定になってよく泣くことなどがあげられます。逆に、ぼうっとして反応が薄く、子どもが理解しているのかどうか担任さえもよくわからないということもあるようです。また、給食では、味のついていない牛乳、和風の味付け（特に煮物や出汁のしみ込んだ野菜類）、餅やだんごのような食感の飲み込みにくい食べ物になじみのない子どもは、慣れるまでに時間がかかるようです。

　不就園児は、生活リズムが乱れ気味で、遊んだり散歩する体力がないという傾向

があります。子どもが不就園状態になった理由としては各家庭に事情はありますが、おおよそ次のようなことが挙げられます。1．母親の出産による長期失職にともなう退園、2．親戚同士で子どもを集めて自宅保育をしている、3．母国と日本とを行き来している間に5歳児になった、などです。また、不就園児には当たりませんが、外国学校の幼稚園へ通っている5歳児で日本の公立小学校へ就学させたいというケースもあります。1〜3では、子どもは家庭で養育者や兄姉が生活の世話をしてくれる状態にあり、靴をはいたり、ボタンやチャックを閉めたり、荷物をもって歩くという経験がないということがあります。玄関で黙って立ち尽くし、誰かが靴をはかせてくれるのを当然のように待っているということもあります。また、自宅保育が長い子どもに共通して言えるのは、動画サイトやゲームなど、スマホやタブレットをさわって過ごす時間がとても長いということで、5歳児の心身の発達に必要な活動や生活経験が少ない特徴もあります。

3．プレスクールの活動内容

プレスクール対象となる子どもは、指導員と時計を見ながら時間を意識した活動を経験します。そして、文房具の使い方、片付け方から個別指導し、簡単なルールのある遊びを日本語で理解したり、絵本の世界を楽しみながら日本語学習をします。保護者へは、"しゅくだい"と名づけたワークブックに親子で取り組むことを通して、家庭学習の時間をもつことと、子どもの宿題支援を保護者がするという意識をもってもらえるようにします。

"しゅくだい"ワークブック

また、保護者の休日に合わせて、週末に、親子で参加する就学説明会を開き、小学校の学用品に触れたり、小学校施設内を見てまわります。そして、働く保護者のために学童保育（西尾市では、児童クラブ）についてイラストや写真を使って案内をします。

就学説明会

4. プレスクールの実践例

実践例①

保育所に通っている 5 歳児対象のプレスクールのながれ（1 コマ 45 分）

はじめのあいさつ

1) 今日のスケジュールをイラストで示す（写真上）

2) お天気カレンダーへ天気マークを
   描きこむ（もしくはシール貼り）

3) "しゅくだい" へ日にち、天気、名
   前を書く（シール貼り）

4) あいうえおの歌でひらがなに親しむ

5) 文字の練習や絵本をつかった活動、工作（写真下、"時計"）

6) 終わりのあいさつ

☞**ひとこと**：保育所に通っている子どもを対象としたプレスクールは、1 コマおよそ 45 分を目安に、子どものいる保育所へ指導員が訪問して実施しています。集中力が続かない子どもや、渡日間もなく、日本語環境に慣れていない子どもを対象とする場合には、もう少し短い時間から始めることもあります。

実践例②

不就園児対象のプレスクールのながれ（1 コマ 2 時間 30 分）

はじめのあいさつ

1) お天気カレンダーへ天気マークを描きこむ

2) 出席カードにスタンプをもらう（写真左）

3) 今日のスケジュールをイラストで示す

4) 体操

5) 文字の練習や絵本を使った活動、工
   作

6) 手洗い、トイレ、おやつ

7) 散歩や運動（写真右）

8) 終わりのあいさつ

☞**ひとこと**：不就園児を対象としたプレスクールは、生活のリズムを整えるために午前中に実施します。家庭保育が長くなると、大抵の子どもはゲーム時間が長くなり、運動不足になるため体操や運動を取り入れます。文字や数量など、就学後すぐ学習活動へ参加するための日本語学習のほかに、季節を感じる行事、交通ルールを知ること、前述したように和風の味付けに慣れるためのおやつ体験などもします。

実践例③

親子プレスクールのながれ（1コマ1時間、テーマ：季節）
※あらかじめ季節ごとにグループ分けして、グループカラーを決めておく→春＝ピンク、夏＝緑色、秋＝オレンジ色、冬＝水色

開始前、子どもは名札作りをして、受付で渡されたグループカラーを身につけて、指定の場所に座る。
1）参加親子全体あいさつ
2）今日のスケジュールをイラストで示す
3）季節の話、手作り絵本型ペープサートを見せ、お話をしながら完成させていく（のちに工作の手本となる）
4）子どもは各季節の風景を完成させる（写真上）
5）各グループが皆の前に出て発表（写真下）
6）終わりのあいさつ

☞**ひとこと**：親子で参加しやすい週末に設定をして実施しています。多い時には、1コマに20組を超える親子が参加をします。開催場所は、小さい子どもを連れた保護者が安心して来られる場所で、音響設備があり、広さも確保できるコミュニティーセンターや研修室、保育園内の遊戯室を借りました。

5. 成果

　プレスクールは、ご紹介をした上記三つの形式いずれであっても就学への意識づけ効果は、十分にあります。少しのきっかけにより、子ども自身が就学を意識することで、新しい学校生活への期待をもつことができます。中には、「プレスクール

ごっこをやったよ」などと、ひらがな表やお天気カードを家庭にあった紙を切って作った子どももいました。遊びながら何度も思い出し、どんどん消化吸収していく様子がうかがえます。ほかには、自分の名前を書けるようになったことで、家庭だけでなく幼稚園の友だちや担任の先生にほめられてうれしくなり、紙に名前を書いて友達に配って遊んだ子どももいました。みるみるうちに上達し、どんな形の紙にでもバランスよく書けるようになりました。

　親子プレスクールでは、親子は隣同士で座り、気づいたことや興味のあることを母語で話す機会になります。普段は忙しい保護者に1時間じっくりと見守ってもらい、語り掛けてもらえる機会は、子どもにとって特別で嬉しい時間となります。また、同郷出身の保護者同士が知り合いになり、情報交換をする場面も見られました。

　プレスクール実施中は、子どもの就学先小学校へ案内をして、参観の機会をもうけています。対象となる子どもの活動参加の様子、家庭状況の把握、保育所での集団生活の様子などを細かく聞き取っていかれる先生方がおられます。特に、不就園児のプレスクール参観時には、「就学の意思があるのかないのかを含めて、就学前にどんな子どもが入ってくるのかが把握できるのは、本当に助かる」という感想もいただきました。プレスクールを通じて、親子、保護者同士、家庭と学校をつなげる機会を作れたことは大きな成果だと感じます。

6.　課題

　実施を重ねて思うことは、プレスクールへ参加するだけで就学準備ができるわけではないということです。生活経験が少ない子どもは、見たことがない、やったことがない、食べたことがないものが多く、経験と言葉が結びつきにくいということがありますし、遊びの質を高める機会が少ないということも言えます。プレスクール以前からの子どもの発達を支えるために、保育や育児に関するあらゆる情報が家庭へ届き、参加できるような体制作りが必要であると感じています。

[川上貴美恵]

202

第8節 行政窓口の案内と手続き

1. ポイント

外国籍の子どもが日本の公立小・中学校に初めて入る場合、「小学校・中学校に新入学する」「外国や外国人学校から、年度途中に日本の学校に編入する」の二つのケースがあります。

新入学相当年齢の子どもが、「小学校・中学校に新入学する」場合、市町村教育委員会（以下、教育委員会）から「就学案内」が出され、就学時健康診断（小学校）や入学説明会（小・中学校）を経て、入学に至ります。家族に日本の学校経験がなく、日本語の文書が読めないという家庭も多く、学校の新入学の流れにそって、詳しい情報提供や支援が必要となります。

「外国や外国学校から、年度途中に日本の学校に編入する」場合、来日直後で経済的な余裕がなかったり、日本語が全くわからなくて不安を感じていたりします。こうした不安を解消する支援が必要になります。

2. 小学校・中学校に新入学する場合

日本国籍の子どもが小・中学校に入学する場合、教育委員会では学齢簿を編成することが定められています。教育委員会は住民基本台帳等の情報に基づいて学齢簿を編成しますが、外国籍の子どもは学齢簿の対象ではありません。就学時健康診断の案内や就学案内は、学齢簿を基に出されますので、地域によっては、長い間外国籍の子どもには就学案内すら出されていない状況でした。

この点について、すでに第1章の1節で説明のとおり、文部科学省の「外国人の子供の就学促進及び就学状況の把握等に関する指針」（2020年7月1日2文科教第294号）では、「学齢（6〜15歳）の外国人の子供の保護者については、（中略）外国人の子供についても就学の機会を確保する観点から、市町村教育委員会においては以下の取組を推進する必要がある」とし、「学齢簿の編成にあたり全ての外国人の子供についても一体的に就学状況を管理・把握すること」と明記されました。

この指針が周知されることで、外国籍の子どもの就学案内が出されるようになり、

地域差が解消されることが期待されます。

小学校新 1 年生の就学までの流れ

　では、実際にどのような働きかけをしているか、豊橋市の事例を紹介します。

【10 月】

・教育委員会では 10 月 1 日現在において、市内に住所を有する外国籍の子どもを含めた対象者の学齢簿を作成し、学校に通知します。

・教育委員会では、就学時健康診断の案内や保健関係の様々な文書[*1]を多言語に翻訳して、学校に提供します。

【10 月〜 11 月】

・小学校で就学時健康診断が実施されます。教育委員会は、各小学校の就学時健康診断に通訳者を派遣します。

・市の広報誌の外国語版に、就学時健康診断に関するお知らせを掲載し、広く周知します。

・就学時健康診断を受診せず、就学先が不明な家庭に対して、学校は必ず家庭訪問による所在確認を行い、教育委員会に報告します。

【1 月】

・教育委員会は入学期日等の通知を多言語で作成し、外国籍の家庭に送付します。

・小学校で入学説明会が開催されます。教育委員会は通訳者を派遣します。小学校は、外国につながる児童保護者を別室に集め、詳しいガイダンスを行うなどの丁寧な対応をしています。

・教育委員会は、「就学援助のお知らせ」を多言語で作成し、入学説明会で配付します。

・特別な支援が考えられる子どもには、学校や教育会館での就学相談に通訳者を派遣し、個別の対応を行います。

　日本語が不自由な外国人の保護者が、公立の小学校に子どもを入学させる時、様々な場面で困難さを感じることが推測されますが、こうした丁寧な支援によって、安心して入学につなげることができるようになっています。

中学校入学の働きかけ

　中学校新入学相当年齢の外国籍の子どもに対しても、基本的に小学校と同様の対応をします。外国学校に就学をしているなど、公立小学校に在籍をしていない子どもへの案内も、同様に行っています。

3. 外国や外国学校から、年度途中に日本の学校に編入する場合

　外国籍の子どもが市町村に転入し、年度途中に学校に編入するまでには、
　　①首長部局担当課（市民課や窓口サービス課など）での手続き
　　②教育委員会担当課（学校教育課など）での手続き
　　③指定学校での手続き
の三つが円滑に行われることが望まれます。本稿では①②に絞り、一般的な手続きの流れと共に、豊橋市の事例を紹介します。

首長部局担当課（市民課や窓口サービス課など）での手続き

　就学年齢の子どもを持つ外国人保護者が、市町村の住民登録の窓口で転居の手続きをする際、子どもの公立学校への就学希望の有無を確認する必要があります。就学希望がある場合、住民登録の手続きが済み次第、教育委員会で手続きをするように案内*²をします。外国人保護者の場合、「どこで、どんな手続きをしたら学校に入れるかがわからない」「仕事の関係で簡単に休みが取れず、その日しか手続きができない」ということも多いからです。

　外国籍であっても、児童手当や予防接種など、子どもに関わる様々な行政サービスを受けることができます。市町村の住民登録の窓口では、こうした情報も伝える必要があります。

教育委員会担当課（学校教育課など）での手続き

　教育委員会では、就学手続きを進める前に、本人と保護者に日本の学校について丁寧に説明することが求められます。豊橋市の教育委員会では、市庁舎内に外国人児童生徒相談コーナーを開設しています。この外国人児童生徒相談コーナーには通訳者を配置し、就学ガイダンスや学校提出書類の記入補助など、就学に関するさまざまな支援を行っています*³。

　外国人保護者の中には、日本の学校でかかる費用についての情報がなく、不安に

感じている場合があります。費用の詳細は、編入する学校での手続きで説明される
ことですが、教育委員会の手続きでもおおよその費用の説明をします。

　編入時には、一度にたくさんの物品の準備が必要となり、来日直後の家庭には大
きな負担になります。豊橋市では、市内の小中学校にリサイクルで使えるランドセ
ルや制服などの寄付をお願いし、年度途中の突然の編入時に貸し出しをしています。

　経済的理由により、公立の小・中学校への就学が困難であると教育委員会から認
められた場合、「就学援助」*4 として、学用品の購入費や学校給食費等、必要な援
助が受けられます。「就学援助」は保護者からの申請が必要ですので、その説明も
合わせてします。

　また、本人と保護者が、公立の小・中学校への就学に不安を感じる大きな理由と
して、「日本語がわからないこと」が挙げられます。日本語初期の集中教室が開設
されている地域*5 や、学校で日本語指導を行う教員の配置があり「日本語教室」
が設置されているところ、通訳者や支援者が学校に派遣されているところなど、地
域によって指導や支援の体制は様々ですが、日本語を学ぶ環境があることを伝える
ことは非常に大切です。

　こうした日本の学校についての説明の後、本人と保護者に対して、公立の小・中
学校に通う意思を再度確認し、手続きを進めます。就学手続きの前に学校を見学し
たいという希望があれば、学校と日時の調整をします。

　中には、本人や保護者が公立の小・中学校に就学しないという選択をすることも
あります。その場合も、外国学校に就学するのか、母国の通信教育を受けるのかな
ど、子どもの学びが、どこで、どのような形で保障されるかを確認することが大切
です。外国学校に就学するとしながら、実際には就学しないケースもありますので、
その後の就学に関する追跡調査も必要です。

就学する学年について

　編入する学年については、年齢によって決定されるのが基本ですが、文部科学省
の通知*6 に「学校においては、外国人の子供の受入れに際し、年齢相当の学年へ
の受入れに限らず、一時的又は正式に下学年への入学を認める取扱いとすることが
可能であることから、外国人の子供の学力や日本語能力等を適宜判断し、必要に応
じこのような取扱いを講じること」とあり、下学年への編入を認めるなどの柔軟な
対応が求められます。

豊橋市では、中学校3年相当の年齢の編入生徒について、本人や保護者の意思を確認し、中学校2年での受入れをしています。また、学齢超過者についても中学3年での受入れを認めています。これは、中学校では小学校に比べ学年相当の教科の学習に日本語で参加することが難しく、学習に関わる課題が中学校の方が顕著であることや、日本での高校進学を希望していること等に対応するためです。

文部科学省の「日本語指導が必要な児童生徒の受入状況等に関する調査[*7]」では、日本語指導が必要な外国籍児童生徒の内、下学年への編入や学齢超過で受け入れた児童生徒数が報告されています。

不就学や就学状況が不明な子どもへの関わり

住民登録がありながら、就学が確認できていない子どもがいる場合、外国学校に就学状況を照会したり、電話や家庭訪問をしたりして、就学状況の確認や就学促進を行うことが望まれます。

4. 課題

本節では、行政窓口の案内から手続きまでの流れを、「小学校・中学校に新入学する」、「外国や外国学校から、年度途中に日本の学校に編入する」の二つのケースから紹介しました。

行政の窓口では、正しい情報提供（そのための通訳派遣や翻訳文書の整備）や、経済的な困難さに対する支援、日本語の支援が求められます。こうしたことは、まだ地域差が大きく、就学につながらない子どもたちもいます。全ての子どもに「教育を受ける権利」があることを共有し、就学への支援がなされることが望まれます。

▼注

* 1 豊橋市教育委員会　外国人児童生徒教育資料（http://www.gaikoku.toyohashi.ed.jp/）。ここに公開されている来年度の新入生のための翻訳文書は「1就学時健康診断のお知らせ、2就学時保健調査票、3就学案内、4就学時健康診断に関する書類の提出の仕方、5麻しん（はしか）・風しんの予防接種のおすすめについて、6保健調査票提出について再度のお願い、7台風の影響がある場合の就学時健康診断について、8就学時健診児童個票、9就学時健康診断の結果、10学校給食での「卵アレルギー対応食」についてのお知らせ、11学校給食アレルギー対応食希望調査表〈様式1〉、12食物アレルギーを有するお子様への対応について（就学時用）、13学校生活管理指導表（食物アレルギー・アナフィラキシー用）の提出について（依頼）〈様式2〉、14入学説明会開催のお知らせ」の14文書にも及びます。

＊2 住民登録の窓口に通訳の配置が難しい地域では、文部科学省の「外国人児童生徒のための就学ガイドブック（就学ガイドブックの概要）」に「公立の小学校・中学校への入学手続の流れ」が簡潔にまとめられているので、案内に使うことも考えられます。文部科学省のHP「CLARINET」に英語、韓国・朝鮮語、ヴェトナム語、フィリピノ語、中国語、ポルトガル語、スペイン語で掲載されています（第4章資料編 p.244参照）。

＊3 2016年に成立した「義務教育の段階における普通教育に相当する教育の機会の確保等に関する法律 」（文部科学省初等中等教育局長が各都道府県教育委員会教育長等に発出した「義務教育の段階における普通教育に相当する教育の機会の確保等に関する法律の公布について（通知）」（平成28年12月22日付28文科初第1271号）では、「その年齢又は国籍その他の置かれている事情にかかわりなく、その能力に応じた教育を受ける機会が確保されるようにする」と、就学に課題を抱える外国人の子どもに対して配慮を行うことの重要性が記載されています。

＊4 就学援助制度については、文部科学省の「就学援助ポータルサイト」に詳しい説明があります。（https://www.mext.go.jp/a_menu/shotou/career/05010502/017.htm）

＊5 例えば、2020年度愛知県内の自治体では、豊田市、小牧市、知立市、高浜市、西尾市、岩倉市、豊明市、碧南市、蒲郡市、みよし市、瀬戸市、刈谷市、豊川市、安城市、知立市、名古屋市、豊橋市、岡崎市で、日本語初期の集中教室が開設されています。豊橋市では、中学生を対象とした初期支援コース「みらい東・西」、小学生を対象とした「きぼう」を開設しています。

＊6 文部科学省初等中等教育局長が各都道府県教育委員会教育長等に発出した「定住外国人の子どもに対する緊急支援に ついて（通知）」（平成21年3月27日付20文科初第8083号）

＊7 「日本語指導が必要な児童生徒の受入状況等に関する調査」文部科学省総合教育政策局男女共同参画共生社会学習・安全課（https://www.mext.go.jp/b_menu/houdou/31/09/1421569.htm）

［築樋博子］

第9節　在留資格のない子ども

1. 在留資格とは？

　日本に在留する外国人は、何らかの在留資格を持っています。在留資格とは、日本がどのような外国人を受け入れるかについて、その外国人が日本で行おうとする活動の観点から類型化して出入国管理及び難民認定法（以下、「入管法」）に定めたものです。子どもたちや、家族がわかりやすい話し言葉として在留資格のことを「ビザ」という場合もあります。ビザとは、正しくは在留資格があることを証明する査証のことです。また管轄省庁も異なり、ビザは外務省管轄で、在留資格は法務省管轄です。

　一口に在留資格がないと言ってもその事情は様々で、背景に貧困や戦争、迫害がある場合もあり、また家族に込み入った個別の事情をかかえている場合もあります。このような子どもたちに出会った場合、いきなり「ビザがないのは不法」と決めつける前に、家族や子どもたちの言葉に耳を傾け、背景や家族の事情を理解することに努めましょう。また、違法状態を解消する合法的な手続きとして「在留特別許可」があるので、弁護士や行政書士、支援団体などとよく相談し、合法化への道を探ってください。慎重な判断のためにはいったん帰国して本国での学びを踏まえて、子どもの自己実現を考えるという選択肢も十分に検討する事も大切です。

　もし「在留特別許可を求める」と決めた場合には、子どもと家族の実状を誠心誠意伝えて取り組みましょう。出入国在留管理庁（以下、「入管」）の判断は、ここ数年厳しくなっており、不許可になる場合もあります。また取り組みには長い時間がかかる場合もあり、学齢期の子どもを長く不安定な状態においておくことになる可能性もあります。不許可になった場合、強制送還の命令が出ることになります。

2. 事例と解決に向けたポイント

事例●1
　近所に住んでいる外国籍の子が学校に通っていません。どうも在留資格がないようです。在留資格がなくても学校に通えますか？

→在留資格がなくても学校に通えます。

ポイント①　法的根拠の理解

　文部科学省は、在留資格のない子も学校で受け入れるように指導しています。NPO法人移住者と連帯する全国ネットワークで行った、国への要請で文部科学省は「在留資格のあるなしにかかわらず、希望があれば学校で受け入れるように指導している」と回答しています。とりわけ、『就学事務ハンドブック』（第一法規、1993年）で、「外国人の滞在が不法であるかどうかは、市町村教育委員会において判断することではない」と見解を示しています。このハンドブックは、オーバーステイの外国人が急増した時期に出版されたもので、当時の国の考え方を反映しています。記載された見解は現在も変わっていないことが、2006年の文部科学省の通知からもわかります（第1章1節参照）。在留資格のない子どもの学校での受け入れに関する政府見解の最も新しいのは、平成30年（2018年）にだされた総務省の通知に書かれている文科省見解です。なお、子どもの教育への権利は、本書の第1章2節で解説したとおりです。

　以上により、子どもの在留資格にかかわらず、を保障する必要があります。

ポイント②　学校への働きかけ

　学齢期の途中で在留資格を失った場合は、通常学校の継続が問題になることはありません。問題になるのは、学齢期前に在留資格を失った場合です。在留資格がない場合は、住民票に記載されませんので、行政から「就学案内」が発行されません。住民票がない子の就学手続きについて、文部科学省のホームページで次のように指導しています[*1]。「戸籍や住民票がない場合の就学手続について：教育委員会においては、住民票や戸籍の有無にかかわらず、すべての学齢の児童生徒の義務教育諸学校への就学の機会を確保することが極めて重要です」。

　具体的には、家族の住んでいる住居の賃貸契約書など、住所を証明できる書類を整え、地域の学校に直接相談に行くのがよいでしょう。その際、支援者と子どもを含む家族が、いっしょに学校に出向くことをおすすめします。子どもの顔を見せることで、おそらく学校の先生方は味方になってくださるでしょう。学校から教育委員会へ連絡されますが、前述の法的根拠や文部科学省の見解についてきちんと伝え、受け入れるよう働きかけてください。すでに弁護士などに相談して合法化の手続き

を準備している場合は、そのこともきちんと伝えましょう。

ポイント③ 通報義務について

　入管当局への公務員の通報義務については、法務省の解釈が通知文として2003年11月17日付けで「出入国管理及び難民認定法第62条第2項に基づく通報義務の解釈について（通知）」（法務省管総第1671号）が出されて、通報義務を除外できる場合が示されています。「その通報義務を履行すると当該行政機関に課せられている行政目的が達成できないような例外的な場合には、当該行政機関において通報義務により守られるべき利益と各官署の職務の遂行という公益を比較衡量して、通報するかどうかを個別に判断することも可能である」とあります。

事例●2

　ボランティアで行っている学習教室にいるジョハン君ら3人兄弟は、オーバーステイの状態です。両親が「短期滞在」で入国し、そのままオーバーステイの状態で働き続け日本で子どもたち3人もうけました。子どもたちは、オーバーステイのまま学校に通い続けていました。オーバーステイの状態を解消し、在留を合法的にするにはどうしたらいいですか。

ポイント① 専門家の支援を得る

　地域の支援団体や国際交流協会の相談窓口を利用したり、定期的にやっている無料の行政書士相談や弁護士相談を利用したりなど、入管行政に詳しい専門家の意見をまず聞くところから、はじめましょう。

　行政書士は経験豊富な方が多いですが、実際に受任して手続きをしてもらうには費用が必要です。弁護士の場合、家族の経済状態によっては、法律扶助制度（後述の事例●3を参照）を利用して費用を扶助してもらうことが可能です。

　ジョハン君の場合、経験豊富弁護士に相談に行きました。「在留特別許可」の可能性について意見を聞きました。家族と充分相談のうえ、「在留特別許可」を求めて取り組むことにし、弁護士に正式に依頼し受任をお願いしました。弁護士からの説明では、入国管理局は家族と子どもの日本社会への適応状況などを判断材料にするとのことでした。そこで家族を取り巻く近所の方、親の勤め先、地域や学校などで心ある人たちに声をかけ、嘆願書を集めることにしました。

ポイント②　在留が違法状態にある家族も支援できます

支援を進めていくと「違法な状態の子どもたちを支援してよいのか」と躊躇される支援者や教育関係者がいるかもしれません。次のような論拠で考え方を整理しましょう。

第1に、入管法違反は行政法上の手続き違反です。「違法性」には2種類あって、殺人のように法律があろうがなかろうが、人間として許されない犯罪を犯した「違法性」と、法律があってはじめて成立する違法性があります。入管法違反は後者に属します。

第2に、かかる子どもの違法性は、子どもに何の責任もありません。

第3に罪と罰のバランスの問題です。期限を越えてオーバーステイしたことや、手続上の違反に、「子どもの存在を否定し、学びと発達を中断して送還する」ことは罰として重すぎます。

第4に、最も重要なことですが、「在留特別許可」という手続きによって、在留資格を得るのは入管法に定められた合法的な手続きです。

児童の権利条約の「子どもの最善の利益」は、この問題を考える導きの糸となるでしょう。

事例●3

ドラリは、母親が日本人と再婚したため、母親と一緒に3歳頃日本にやってきました。母親の在留資格は「日本人の配偶者等」娘は「定住者」です。義父は中学になったドラリとの関係が悪化していきました。学校ではドラリのようすや面談から、家庭内のようすに気づきました。まもなく在留資格の期限も切れますが、義父はドラリの在留の手続きをせず「国に返す」といっており、このまま放置すればドラリの在留資格は消失することが避けられません。ドラリは、母語はほとんど修得していないので、今国に返されても学びの継続は困難です。

ポイント①　今できることを考える

在留資格を失う前に、「できることがある」ことから考えましょう。この場合、母親の在留資格を変更して夫と別居させるか、ドラリを切り離して在留を確保するか、などの方法を念頭に置かなければなりません。母親と利害が対立すれば、親と切り離してドラリだけの救済を考えなければならないかもしれません。

ポイント②　弁護士の費用について

　未成年の子どもの代理として、入管手続を弁護士に依頼することができます。弁護士の費用を捻出できない場合でも、弁護士の力をかりることができます。法テラスの民事法律扶助や、日弁連の委託援助事業などの法律扶助制度があり、生活困窮者や未成年の子ども自身からの委任について弁護費用を扶助することもできます。制度については、具体的な事例によって異なるので、弁護士と相談してください。

3.　これまでの取り組みの成果

　在留資格を失った子どもと家族の「在留特別許可」を求める取り組みの例とその結果を次の表にまとめました。ただし、この事例だけで、みなさんのかかえる事例

表　「在留特別許可」を求める取り組みの例

事件の内容	署名の取り組み	支援体制	結果
ベトナム人家族母娘3名。母親の在留資格の取り消しによりオーバーステイ。	嘆願署名	高校の教職員による支援（弁護士のアドバイス）	家族全員在留特別許可
永住者の母親、呼び寄せ家族の不許可、子どもたちのみオーバーステイ	呼び寄せた家族による嘆願書	中学校の教職員と家族の支援（支援団体のアドバイス）	在留特別許可
フィリピン人の両親と娘。オーバーステイ、父親の摘発。子ども日本生まれ。	嘆願署名	弁護士受任。父親の裁判を用意するが、在留が認められて取り下げ。	家族全員在留特別許可
コロンビア人母と子どもたち兄弟	嘆願署名	弁護士受任。高校の教員の支援。	不許、強制送還
フィリピン人オーバーステイ母子。子ども日本生まれ。	嘆願署名	弁護士受任中学校教員の支援	親送還子ども在留特別許可
父娘オーバーステイ。娘は日本生まれ	嘆願署名	父親の勤務先社長が精力的に支援。（支援団体のアドバイス）	在留特別許可
カンボジア人家族。オーバーステイ	手続きせず	地域の支援者（支援団体のアドバイス）	摘発により送還
カンボジア人家族オーバーステイ	手続きせず	中学校、高校先生方の支援（弁護士のアドバイス）	出頭により帰国
オーバーステイ韓国人母子。子ども日本生まれ。	高校卒業後に出頭	弁護士受任中学校時代の教員の支援	親送還子ども在留特別許可

を判断しないでください。

　在留が認められるかどうかは、家族の状況やそのときの入管の判断で異なります。入管の判断は年によって変わることがあります。したがって、よい結論が出るかどうかは予想がむずかしいです。事情をよくご存じの行政書士、弁護士、支援団体の意見をよく聞いて取り組むことが大切です。

4.　今後の課題

　子どもたちの在留資格のないことによる問題を私は「ビザトラブル」と仮に呼んでいます。ビザトラブルは、大きく分けて二つあります。

　一つが、「家族滞在」「公用」「留学」など就労制限のある在留資格をもっている場合です。こうした子どもたちは、中学や高校を卒業しても、フルタイムで働くことができません。できるのは、入管から許可を受けた上で、週あたり28時間以内のアルバイトです。

　もう一つが、何らかの理由により、正規の在留資格をもっていなかったり、あるいは取り消されたり、在留期限内に更新手続きを怠ってオーバーステイ（超過滞在）となっている場合。いつ強制送還になるかわからない状態です。

　これらの課題は入管法に示された「在留資格制度」のもつ、根本的な問題を表しています。在留資格という概念は、外国人の権利の観点から定められた「資格」ではありません。何らかの権限や特権を与える「資格」でもありません。日本国籍をもつものなら保障されている活動や権利を、外国人には与えず、日本で行える活動の観点から限定して管理するための制度です。学びと発達の権利と義務は、日本国籍者あれば普通に与えられる権利です。それが「在留資格制度」のなかでは簡単に制限が加えられる現実を示しています。

　国は「外国人には教育に対する義務はない」と言い続けてきました。これは、教育行政の担当者に「外国人は教育行政の対象外で、不就学を放置してもよい」と思い込ませる効果しかありませんでした。しかし、盤石に思われてきたこの見解も、今や過去のものになろうとしています。2002年3月15日には次のような閣議決定がなされています。「日本国憲法は、権利の性質上、日本国民のみを対象としていると解されるものを除き、我が国に在留する外国人についても、等しく基本的人権の享有を保障しているところであり、政府は、外国人の平等の権利と機会の保障、他国の文化・価値観の尊重、外国人との共生に向けた相互理解の増進等に取り組ん

でいる」。さらには、ここ数年国は、急速に外国人児童生徒に対する教育を充実させるべく、様々な調査に基づいて、教育指針を示しています。時代は変わりつつあり、入管法よりも上位の法として、外国人の人権保障を目的とした法が求められています。

▼注

* 1 https://www.mext.go.jp/a_menu/shotou/shugaku/detail/1422230.htm

▼文献一覧

Asian People's Friendship Society［編］（2002）『子どもたちにアムネスティを──在留特別許可取得一斉行動の記録』現代人文社

移住労働者と連帯する全国ネットワーク［編］（2009）『Migrants' ネット　特集2008省庁交渉の記録』116、移住労働者と連帯する全国ネットワーク

外国人の子どもたちの「在留資格問題」連絡会［編］（2004）『先生！日本で学ばせて！──強制送還される子どもたち』現代人文社

「外国につながる子どもたちの物語」編集委員会［編］（2009）『まんが　クラスメイトは外国人──多文化共生20の物語』明石書店

就学事務研究会［編著］（1993）『改訂版　就学事務ハンドブック』第一法規出版

全国外国人教育研究協議会［編］（2002）『ストップ！　子どもの強制収容・強制送還』全国外国人教育研究協議会

「入管法等の規定により本邦に在留することができる外国人以外の在留外国人に対して行政サービスを提供するための必要な記録の管理等に関する措置に係る各府省庁の取組状況について（通知）」総務省、自治行政局住民制度課外国人住民基本台帳室（事務連絡　平成30年8月10日）

［高橋徹］

第**10**節 # バイリンガル人材を教員として採用した15年間の歩み
——群馬県太田市教育委員会の取り組み

1.　はじめに

　2020年4月末現在、太田市に暮らす外国籍住民数は1万2135人（全人口の5.4％）です。外国籍住民のうち、ブラジルなどの南米出身者が3割強を占めて最も多く、製造業で働く外国人労働者が多いです。

　太田市教育委員会では2005年度から、市独自の「ブロック別集中校システム」をつくり、15年間続けてきました。このシステムを確立し、母語を活用した指導や複数の指導者による個に応じたきめ細かな指導に取り組んできたことで、多くの外国につながる生徒が志望する高校へ進学できるようになりました。このシステムの構築では、バイリンガル教員の採用が大きなポイントです。日本語と他言語ができる人材を「バイリンガル教員」として採用しています。バイリンガル人材を「通訳者」でなく「教員」での採用にこだわった結果、情熱をもった指導者が集まりました。その指導者たちによる指導力は子どもたちの潜在能力を引き出し、個々の能力の開花によって、太田市は地域社会に貢献する人材が育つ街へと成長しています。

2.　バイリンガル教員採用のために特区申請を行った理由

　私（恩田）は、1995年度に市内の公立中学校に赴任し、ペルー出身のアントニオ（中1）を担任しました。アントニオは別地区の小学校からの転入生で、そこでは仲間や先生に暴力をふるっていた生徒でした。アントニオと話をしていくうち、仲間を作りたくても言葉が通じず、暴力でしか表現できなかったことがわかってきました。しかし、私はその夏に文部科学省の海外派遣に選ばれて夏休み期間は日本を離れることが決まったため、親とも絶縁していたアントニオのことはとても心配でした。そのため、アパート1室を借りてアントニオをそこに住まわせて旅立ちました。それから約1か月後に帰国すると、その部屋ではアントニオと5〜6人の外国につながる青少年が同居していたのです。その当時の太田市の街では、親に連れられて

216

来日したが学校に馴染めず、高校進学もできずに職を探して転々とする外国につなが
る青少年が多いことが問題になっていました。そのことが、目の前の光景と初め
て重なりました。日本語がわからない外国につながる児童が小学校でも暴れて生活
指導に困り、「外国につながる児童生徒＝問題児」と認識されていたのが、その当
時の状況でした。

　2002年度から、太田市と大阪大学との連携が進むことで、太田市の教育が大き
く変わりました。日本語指導が必要な児童生徒の潜在的な能力を伸ばすためには、
母語の活用が重要であることへの理解が関係者内で共有されたからです。それによ
り、市教育委員会、市長部局、大阪大学などがタッグを組んだ取り組みが始まり、
構造改革特区制度の活用のアイデアが生まれました。この制度は、実情に合わなく
なった国の規制について地域を限定して改革することにより、構造改革を進めて地
域を活性化させることを目的とした国の制度です。2004年3月に内閣総理大臣よ
り「定住化に向けた外国人の教育特区」認定書を授与されたことで、太田市では、
①日本以外の国で発行された教員免許状を日本での臨時免許状（特別免許状）とし
て授与できること（特区法808及び809）、②市町村費負担としてその人材を教員と
して採用できること（特区法810）が可能になりました。これにより、ブラジルな
どの教員免許状をもった日本語の能力も高いバイリンガル教員が、外国につながる
児童生徒の母語（ポルトガル語等）を使用して、単独で教科指導ができるようにな
ったのです。

3．バイリンガル教員の任用とブロック別集中校システムの概要

　2005年4月から、バイリンガル教員として6名を採用しています。採用条件は、
①日本また母国の大学で教員免許を取得していること、②高い言語能力（日本語と
母語）と指導力があること、③協調性、主体性、責任感等、人物に優れていること
です。筆記試験と面接で合否を決めています。

　初めの採用では、ブラジルのJICA事務所、日系人協会、邦人新聞社の協力を得
て、ブラジルでの教員免許状（小学校・中学校・高等学校等）をもち、かつ日本語能
力試験1級合格者を広く探しました。そして、採用にあたっては、私（恩田）と当
時の教育委員会担当者とでブラジルに渡り、現地で筆記試験（算数の問題の留意事
項）や面接（外国につながる児童生徒教育に対する情熱など）を行い、2名を採用し
ました。さらに4名を日本国内で募集し、計6名を初代のバイリンガル教員として採

用しました。それから15年間、初代のバイリンガル教員のうち2名が現在も続けて活躍しています。

　2020年度では、ポルトガル語として5名、スペイン語として1名、計6名をバイリンガル教員として採用しています。雇用条件は、表1のとおりです。

表1　バイリンガル教員の雇用条件について

1. 任用根拠	地方公務員法第二十二条の2第1項第1号（会計年度任用職員）
2. 任用予定期間	1年ごとに更新（例えば、2020年4月1日〜2021年3月31日）
3. 報酬等	月額：278,200円　　賞与：年2.6月
4. 勤務日	児童生徒の登校する日又は任命権者が指定する日
5. 勤務時間等	午前8時20分〜午後4時50分までのうち7時間30分　休憩45分
6. 保険等	雇用保険あり　社会保険あり　公務災害保険保障あり
7. 年次有給休暇	20日（有給休暇は1日、1時間単位で取得可）

　バイリンガル教員の採用により、現在のブロック別集中校システムによる指導体制が確立できました（次ページ図1）。このシステムは、太田市内を8ブロックに分け、各ブロックの数校を集中校とした独自の体制です。集中校には国際教室を設置し、国際教室担当教員（県費）、バイリンガル教員、日本語指導員を配属しています。そして、3者が協力しながら、特別の教育課程を導入し、能力に応じて取り出し指導や入り込み指導（TT指導）を行って支援しています。集中校への編入を可能にしていますが、太田市内は広いため、日本語指導が必要な児童生徒が希望しても集中校に通学できないケースもあります。そのため、非集中校に通う児童生徒に対しては、指導担当者による巡回指導を実施しています。また、来日したばかりで日本語学習が初めての児童生徒に対しては、初歩の日本語を集中的に学ぶことができる初期指導教室（プレクラス）を別途設置しています。

　2020年度の外国籍児童生徒数は721人で、そのうち日本語指導が必要な児童生徒数は420人です。また日本国籍で日本語指導が必要な児童生徒数は39人です。そのため、2020年度は459人を対象に、15校の集中校（小学校10校と中学校5校）と12校の非集中校（小学校10校と中学校2校）において、国際教室担当教員（県費教職員22人）、バイリンガル教員（6人）日本語指導員（21人）で、指導を行っています。日本語指導員21人のうち、学校に17人（ポルトガル語5人、フィリピン語5人、ベトナム語3人、スペイン語2人、中国語2人）が、初期指導教室に4人（ポルトガル語

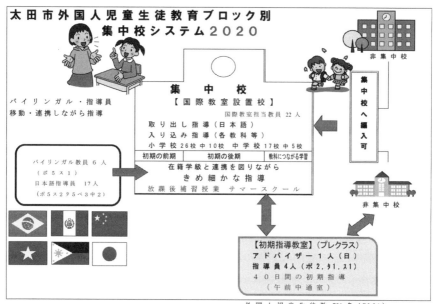

図1　ブロック別集中校システム2020　　　　　出典：太田市教育委員会「共生」

2人、フィリピン語1人、スペイン語1人）が配属されています。ブロック別集中校システムの全体コーディネートを指導主事が担当しています。

4. 成果と課題

子どもも教員も育つ街に変化

　多くの関係者の協力によって、バイリンガル教員が単独で指導できる教員として国際教室への配置が実現しました。以後は様々な研究を重ね、実態に応じたきめ細かな指導が可能となったことで、外国につながる児童生徒の学校生活は落ち着き、着実に学力の向上が見られるなどの成果が生まれました。主な成果として、①母語で抽象概念を理解できる環境をつくることができるようになったこと、②学習言語をより早く、確実に理解できるようになったこと、③成育歴に基づいたきめ細かな生活指導を行い、児童生徒およびその保護者と信頼関係を築くことができるようになったこと、④専門知識をもった教員などの増員で、入り込み指導や取り出し指導ができるようになったこと、⑤国際教室担当教員とバイリンガル教員・日本語指導員との連携した指導の強化で、担任教諭との連携も深まったこと、⑥そのことが、

児童生徒およびその保護者理解への強化につながったこと、⑦教育委員会共催による進路ガイダンスを開催し、高校・大学への進学や就職などの情報を確実に発信できるようになったこと、⑧バイリンガル教員の姿そのものがロールモデルになったこと、の8点があげられます。

　この15年間で変化したのは、外国につながる児童生徒だけではありません。関わる教員も刺激を受け、自己の指導力を高めています。例えば、初めは日本語指導員として採用されたポルトガル語担当者が、日本国内の通信教育課程で働きながら教員免許状を取得し、バイリンガル教員として採用されました。その努力は続き、その後は臨時的任用教員として採用され、2020年度からは国際教室担当教諭（県費職員）として太田市内の小学校で指導しています。

高校等へ進学者増加と先輩の存在

　ブロック別集中校システムを始める前の2003年度では、太田市立中学校を卒業した外国につながる生徒（16人）のうち、高校進学者は半数でした（公立高5人、私立高3人）。しかし、国際教室担当教員、バイリンガル教員、日本語指導員が強い連携を創出することで、この15年間で外国につながる生徒の進路の道も変化しました。すなわち、かつては「母国では医者になれた子が、日本ではなれない」という現実が、太田市では変わろうとしています。それは、外国につながる児童生徒の指導にあたる、オール太田による情熱と愛情にあふれた指導の成果です。子どもたち一人一人の潜在能力を引き出し、個々の能力を開花させているからです。

　ブロック別集中校システムにかかわる教員は、通常の授業時間内のほか、放課後やサマースクールで習熟度別に指導を行い、外国につながる児童生徒の学習に参加する力（学ぶ力）を高めています。また、就学前の年長園児（新1年生）を対象にしたプレスクールでも活躍しています（毎年1～2月の土曜日・全5回）。毎年6月には12校の高校から協力を得て、多言語による高校進路ガイダンスを開催していますが、その企画や母語でのサポートでも大活躍です。ここでは、入試システムや授業料についての説明や個別相談だけでなく、太田市の学校で育った外国につながる高校生から、先輩として体験談を話してもらう場をつくっています。最近では、大学進学者や企業に就職した社会人も、先輩として参加しています。具体的に複数のロールモデルを示すことは、外国につながる生徒の自信につながりますし、私たち教員にとって励みにもなります。

220

例えば、私（恩田）が太田市立城東中学校長のときの生徒であったブラジル出身のトコバロさんは、現在市内の旭小学校教諭として赴任しています。外国につながる児童にとってトコバロ先生は、憧れの存在です。そして、「ブラジル人なのにできているよ、などと比べられることが嫌だった」「先生が話しているときに、自分だったらこの場面ではこんな教え方をしたいな」という思いを抱いてきたトコバロ先生から、私たち教員は外国につながる児童生徒への指導法を学び、指導力を高める機会も得ています。日本社会に貢献できる人材を育てることは、未来の太田市の発展につながります。ゆくゆくは日本の発展につながります。まさにトコバロ先生は夢を実現した人物です。このような人材が、これからの太田市を支えてくれることでしょう。

今後の課題

今後は、太田市で育った外国につながる児童生徒が街を変える人材に育ち、平和な社会を生み出す原動力になってくれることを信じます。人は人が育てます。そのためにも、グローバル化する太田市には、より多くの優秀な指導者の発掘と採用が

表2　外国につながる生徒高校等進学率（2007年度〜 2019年度）

	高校等進学者数※ （A）	卒業後在留者数 （B）	高校等進学率 （A）/（B）×100	卒業者数
2007	29	35	83%	35
2008	38	43	88%	46
2009	45	48	94%	48
2010	43	47	91%	48
2011	37	42	88%	47
2012	54	58	93%	60
2013	40	44	91%	45
2014	46	51	90%	52
2015	56	62	90%	64
2016	57	61	93%	65
2017	55	59	93%	59
2018	57	59	97%	60
2019	43	47	91%	49

※群馬高等専門学校、各種専門学校等を含む　　出典：太田市教育委員会「共生」

必要です。

　現在、ブラジル・ペルーのルーツに次いで、フィリピンルーツやベトナムルーツ
の児童生徒が増加して日本語指導を必要していますが、これらに対応できるバイリ
ンガル教員は存在しません。そのため、財政的課題もありますが、フィリピン語や
ベトナム語のバイリンガル教員の人材をどのように発掘し、養成できるかがカギで
す。今後は、①全国的に募集し、外国籍も含めた教員免許所有者の人材バンクをつ
くる、②企業と連携して人材を求める、③日本語指導員に教員免許取得の研修を実
施する、④現在の児童生徒の中から教職員大学への門戸を開いて人材を育てる、な
どの方策を実行していきたいと考えています。指導者養成こそが、太田市の急務な
課題です。

　また、ブロック別集中校システム関係者に対して、限られた勤務時間で研修の機
会を創出できない状況です。さらには、学校現場で増えている不登校やいじめの問
題を有する外国につながる児童生徒や保護者のためのカウンセリングも必要となり、
彼（女）らの文化的背景に精通する特別支援教育等の免許を有したバイリンガル人
材も必要です。多様化する教育や経済不況、そして現在のコロナ禍の中、多くのメ
ンタル的問題を早期に解決する必要に迫られております。外国につながる児童生徒
の教育を支えるのは、多くの指導者の確保とその人材の能力を開発させるシステム
の構築にかかっていると考えます。

［恩田由之・増山悦子］

第11節　不就学調査の実施方法

はじめに

　松阪市では、国際人権規約及び子どもの権利条約にある「すべての子どもに教育を受ける権利を保障する」ことを踏まえ、2007年に「外国人児童生徒の人権にかかわる教育指針」を策定しました。この指針に基づき、松阪市教育ビジョンにおいても、日本語の習得や学校生活への適応を支援するとともに、多文化共生の視点から、全ての子どもたちが互いに違いを認め合い、未来の松阪市を共に生きようとする態度を養うことを基本方針とし、多様な文化が共生する社会をめざす外国につながる児童生徒教育を推進しています。

　具体的な取組として、不就学調査、初期適応支援教室「いっぽ」（以下、「いっぽ教室」）の開設、就学前支援教室「ふたば」の開設、就学年齢を超えた外国籍生徒の受け入れなど、外国につながる子どもたちへの様々な支援を行っています。

1．毎年取り組む不就学調査

　不就学調査は、毎年10月頃から12月にかけて実施します。その理由は、日本の学校では4月に新年度がはじまりますが、外国の学校では、6月や9月に新年度がはじまることが多いからです。日本に来る外国籍の子どもたちの多くは、母国で1年間の学びを終えてから来日するため、10月に調査を実施するほうが、不就学状態の子どもに出会う確率が高くなります。

　調査を行う準備として、まず、住民基本台帳と学齢簿から、住所登録がありながら市内の小中学校に通っていない外国籍の子どもの世帯リストを作成します。そのリストをもとに、教育委員会担当者と母語スタッフ（通訳者）が家庭訪問を行い、就学状況の確認を行います。保護者の就業状況から、訪問は夜間に行いますが、1回の家庭訪問で会うことは難しいため、会えなかった場合は、日を変えて、最低3回は訪問することにしています。

　保護者に会えた場合、まず、就学年齢の子どもがいるかを確認します。保護者からは、「住所は置いているけれど、今は母国の学校に通っています」という回答が

多いです。今後、子どもが来日することも考えられるため、保護者には、市が運営する日本語が学べる「いっぽ教室」のパンフレットを渡し、就学案内をしています。

リストにある住所を訪問しても、その場所に家がないというケースもあります。実際に訪問をしてみないと、わからないことも多いです。訪問することで、その地域の外国につながる子どもたちの実態が見えてくると感じています。

次からは、調査の中で出会った不就学の子どものへの対応事例について紹介していきます。

事例1●ケントの場合

夏休みが終わるころ、市内の中学校の外国につながる生徒教育の担当教員から、校区のアパートに学校に通っていない外国籍の子どもがいるらしいという情報をもらいました。

10月の不就学調査で、そのアパートを訪ねてみると、そこにはフィリピン国籍の15歳の男の子がいました。彼の名前はケント。彼は、母国では祖母に育てられ、プライベートスクール（私立学校）に通っていましたが、日本にいる家族と暮らすため8月に来日していました。

来日から2か月、日本語が全くわからない彼は、母親と近くのスーパーへ買い物に行く以外、外出することはありませんでした。好きなオンラインゲームで、母国の友達と昼夜問わずに通信する毎日。初めての訪問では、家族以外の人と接していないからか、無表情で無気力な印象を受けました。

母親には、やっと一緒に暮らせるようになった息子を、日本の学校に行かせたいという思いがありました。しかし、彼は頑（かたく）なに日本の学校へ行くことを拒んでいました。私たちが訪問したときも、「日本の学校へ行ったらどう？」という母親からの投げかけに、無言でうつむくケント。「どうして答えてくれないの。大きな声で答えて」と母親からの言葉に、「言葉がわからないから怖い」と小さい声で答えました。

ケントのように感じている子どもは少なくありません。全く言葉の通じない中で、学校に通うことは不安でしかありません。そこで、少しでも彼の不安が解消できるように、松阪市には、日本語が初歩から学べる「いっぽ教室」があること、そして、その教室には同じ国の仲間がたくさん通っていること、学校は同じ世代の仲間と関われる楽しい場所であることなど、丁寧に伝えていきました。

「いっぽ教室」で学ぶ子どもたち

家庭訪問を重ねる中で、彼の表情も少しずつ穏やかになっていきました。言葉は発しませんが、自分がはまっているオンラインゲームを見せてくれることもありました。

学校に行くかは、本人と保護者の意思に任されています。帰るときはいつも、今度ぜひ「いっぽ教室」を見学に来てと、伝えて帰りました。複数回の訪問を繰り返したある日、「いっぽ教室」にケントの姿がありました。自分の意思で、「いっぽ教室」の見学に来てくれたのです。彼が、自分の意志で日本での第一歩を踏み出せたことは、私たちにとって、これ以上の喜びはありませんでした。

中学校への転入に関しては、年齢の問題がありました。彼は当時15歳。日本の高校に行きたいという思いがありましたが、中学3年の10月に転入すると、わずかな期間しか在籍できず、高校入試に見合う日本語教育を受けることができません。そのため、教育委員会と学校、保護者とで協議を重ね、一つ学年を下げて、中学2年での受入を決定しました。

彼は現在、中学3年生。「いっぽ教室」も修了し、市内の中学校で高校入試に向けて準備を進めています。

事例2●カイルの場合

10月のある夜、市内のアパートを訪問すると、小学校に通っていないフィリピン国籍の2人のきょうだいが見つかりました。兄の名前はカイル。12歳の男の子です。彼は5月に来日したものの、幼い妹の面倒を見るために、5か月間、不就学の状態が続いていました。

彼も日本語がわからず学校に行くことが不安なため、朝から晩までオンラインゲームで時間をつぶしていました。両親は共働きで、派遣社員として働きづめの日々。子どもに教育を受けさせたい思いはあるものの、就労が安定せず、毎日の生活に追われていました。

私は、カイルとは初対面ではありませんでした。彼は10歳のとき、日本で

働く両親に呼び寄せられ、1人で来日しました。「いっぽ教室」に通い日本語
を学んでいたとき、私は彼に日本語を教えたことがありました。いつも笑顔で、
前向きな姿が印象的な子どもでした。

　11歳のときに帰国し、フィリピンで1年半過ごしたカイルは、再び来日し
ました。久しぶりに再会したカイルは、以前の彼とは違い、長髪で表情も暗く、
とても心配な様子でした。日本語もほとんど忘れてしまっていました。そんな
彼を見て、私は「とにかく学校に来てほしい」と、何度も説得しました。「日
本の学校でなくても、母国の学校でもいいので、勉強はもちろん、友達と関わ
ったり、学校でしかできない経験をしたりしてほしい。学ばなくてはいけない
時期にしっかりと学び、社会に出て行ってほしい」、そんな思いを何度も両親
や彼に伝え続けました。

　当時同行した母語スタッフも、自分のことのように必死になってカイルのこ
とを考えてくれていました。「子どもの将来のことをもっと考えてあげて。も
し子どもを学校に行かせなかったら、私たちは、これから毎日しつこく家に来
るようになるよ」とカイルの父親に通訳としての立場以上の言葉をかけてくれ
ていたそうです。

　およそ1か月後、カイルは、妹とともに市内の小学校に編入することが決ま
りました。

　学校に通い始めると、友達もたくさんできて、授業にも徐々についていけるよう
になりました。カイルと家族はテレビの取材を受けたのですが、そのとき彼は、
「もし僕を見つけてくれなかったら、あのまま学校に行かず、ずっと家にいたと思
います。見つけてくれて、学校に連れてきてくれて、ありがとう」と私に言葉をか
けてくれました。家庭訪問を続けて本当によかったと思いました。彼は現在、中学
2年生。自分の進路に向けて、日本語の勉強を頑張っています。

2. これまでの成果と課題

　外国籍の子どもたちの就学実態を把握するには、アンケート調査などでは、限界
があります。訪問することにより、確実に不就学の子どもを見つけ出すことができ
ると、これまでの経験を通じて私は考えています。

　松阪市では、2009年から、家庭訪問による不就学調査を行っています。これまで、

表　外国籍の子どもの不就学調査（2009 ～ 2019年の過去10年分）

年度	世帯数	人数	不就学を確認した人数	就学につながった人数	備考
2009 (H21) 年	61	61 人	3 人	3 人	3 人とも、市内の学校へ
2010 (H22) 年	23	38 人	0 人	0 人	
2011 (H23) 年	61	79 人	2 人	2 人	2 人とも、市内の学校へ
2012 (H24) 年	55	69 人	0 人	0 人	
2013 (H25) 年	59	68 人	0 人	0 人	
2014 (H26) 年	53	62 人	3 人	3 人	3 人とも、市内の学校へ
2015 (H27) 年	33	40 人	1 人	1 人	市内の学校へ
2016 (H28) 年	28	32 人	2 人	0 人	1 人は、市外へ転出 1 人は特別支援学校へ転入を検討するが、帰国
2017 (H29) 年	29	30 人	2 人	2 人	1 人は、母国の学校へ 1 人は、市内の学校へ
2018 (H30) 年	25	27 人	2 人	2 人	2 人とも市内の学校へ
2019 (R1) 年	31	36 人	3 人	3 人	3 人ともに市内の学校へ
合計	458	542 人	18 人	16 人	

458世帯延べ542人の調査を行い、そのうち18人の不就学状態の子どもを確認し、16人の子どもたちを就学につなげてきました（表）。

　不就学調査を通して、外国籍の子どもたちの教育を受ける権利を保障する取組を進めてきました。このことは、まさしく、外国籍者の人権に関わる問題であり、権利を保障することであると捉えています。「学ばなくてはいけない時期に学べていない」ことは、子どもの将来の夢や希望（子どもたちの自己実現）を阻んでしまいます。「学ぶ」ということは、単に教科の学習をするというだけでなく、同世代の友達と関わったり、遊んだり、学校でしかできない経験をしたりすることでもあると考えています。そのような経験をしっかり積んで、子どもたちには社会へ出て行ってほしいと願っています。

　調査を通して、不就学の子どもやその保護者と関わってきましたが、子どもの将来のことを考えない親や学校に行かせたくないという親は1人もいませんでした。前述のカイルの「見つけてくれて、ありがとう」という言葉が、私のモチベーションにもなっています。

　今後も、不就学調査を積極的に行い、不就学の状況にある子どもたちを見つけ出

し、その子どもや保護者の不安を丁寧に取り除いていくことで、就学につなげていきたいです。

さいごに

　松阪市で暮らす外国につながる子どもたちは、今、様々な場面で活躍しています。「いっぽ教室」で、第2言語となる「日本語」を学んだ子どもたちは、学校で日本の子どもたちと関わりあいながら、日々成長しています。

　例えば、市内の中学校では、自ら進んで生徒会役員に立候補し、学校をより良くしようと自分の思いを立会演説会で訴えた外国につながる生徒がいました。演説会では、日本語と母語の両方で演説し、演説後には会場全体が拍手に包まれ、聞いていた教員も大変感動したそうです。（その後、見事、生徒会役員にも当選しました）

　このように、松阪市では、外国につながる子どもたちが日本の子どもたちとともに、よりよい学校をつくろうとする活動が広がってきています。そして、彼（女）らは中学校卒業後も、自分の夢に向かって、高校や大学へ進学したり、地元企業に就職して正社員として働いたりと活躍の場を広げています。

　彼（女）らやその家族を通じて、松阪市には多様な価値観・文化がもたらされています。そのことは、私たちが、グローバル社会を生き抜くうえで大切なことであり、未来の松阪市の発展にも寄与するものであると考えています。

　今後も、外国につながる子どもたちが、必要な時期に適切な教育を受け、自分の夢や希望に向けて自己実現ができるように、「誰一人取り残さない教育」の実現に向けて取り組んでいきたいです。

[西山直希]

第12節　高校卒業までの伴走支援
──定住外国人子ども奨学金の取り組み

1. 奨学金事業を始めた理由

　定住外国人子ども奨学金はNPO法人神戸定住外国人支援センター（以下、KFC）が事務局を担っています。KFCでは、外国につながる小・中学生を対象とし、2005年から学習支援に取り組んできました。この学習支援には多くの子どもたちが通っていますが、ある時、姉と二人暮らしで経済的な困難を主な理由として高校進学しなかった中学生がいました。現在、高校の授業料は無償化されていますが、当時はまだ無償化されていませんでしたし、授業料は無償化されても、通学費や模試の費用、塾代、教材費、制服代、修学旅行の積立金など高校生活には日常的に費用が発生します。職場から解雇されやすい外国人家庭の経済状況は不安定であるため、進学後の費用を考えると子どもを進学させられないというケースが散見されました。そのような状況を見聞きする中で、私たちは外国人家族の経済的な厳しさに、急いで対応しなければならないと考えるに至りました。

　そこで2007年、KFCを中心に、兵庫県下の行政職員、大学教員、弁護士、外国人支援団体などで実行委員会を立ち上げ、外国につながる高校生を対象とし、貸付ではない「給付型」の奨学金とすることを決定しました。そして、理念として、外国につながる高校生が将来の夢を「あたりまえに」描くことができるようになること、同じような背景をもつ後輩のロールモデルになってもらうことを掲げました。

　私たちが大切にしているのは、ただ奨学金を給付するだけでなく、奨学生と対話することを通じて、3年間の高校生活を見守り、卒業できるように手助けすること、卒業後にさらなる飛躍ができるように高校時代に必要な応援をすることです。

2. 奨学金事業の概要と事例紹介

　定住外国人子ども奨学金の対象者は、高校在籍時に兵庫県内に居住する、日本国籍を有していない人または保護者の一方が日本国籍を有していない人です。残念ながら希望者全員に奨学金を給付することは財政的に難しく、1学年3名、3学年で9

名（定時制は4年生まで支給）に月額1万5000円を給付しています。必要となる奨学金は年間162万円。その原資は、奨学金の趣旨に賛同する方々からの寄付であり、自主事業（イベント出店の収益やチャリティコンサート開催によるチケット代など）によって賄っています。

2008年に第1期生が誕生し、2020年に第13期生を迎えました。奨学生は、中国、ベトナム、フィリピン、ペルー、韓国、ブラジル、アルゼンチン、コロンビア、メキシコルーツの高校生です。日本で生まれた場合もあれば渡日1年目（選考時）の場合もあります。

表1 これまでの奨学生の
ルーツとその人数

ルーツ	人数（人）
中国	10
ベトナム	10
フィリピン	5
ペルー	5
韓国	3
ブラジル	3
アルゼンチン	1
コロンビア	1
メキシコ	1
合計	39

奨学生には、学期ごとに年3回面談を実施し、奨学生の生活状況や学習状況について話し合う時間をもっています。高校での学習に課題はないか、遅刻していないか、部活はどんなか、家族、友人関係は良好か、家庭の経済状況や体調など、高校生活を継続するうえで影響がありそうな事項について話を聞き、課題があれば、解決方法について一緒に考えます。また、希望する進学先を聞き、実行委員である大学教員などがアドバイスを行っています。

そのほか、奨学生には奨学金事業に関するイベントや学習支援のボランティア活動などに参加することを求めています。それは、本事業がロールモデルの育成を理念に掲げているからであり、奨学生が活躍する機会をつくるためでもあります。イベントやチャリティコンサートに参加することで、年5～6回は実行委員や事務局スタッフが近況を聞いたり、奨学生同士が交流したりする機会ができています。一方、「私の進路選択」「大学はどんなところか」というテーマで先輩の話を聞いたり、同じように外国につながる奨学生たち同士で「生きづらいこと」を共有する機会を作ったり、「大学進学にかかる費用とその手当の方法」を福祉専門の大学教員の実行委員から聞いたりする機会を設けています。

高校を卒業するための手助け

奨学生にはロールモデルとなってもらうことを一つの目標としていますが、遅刻が非常に多い奨学生もこれまで数人いました。事務局ではイベントに遅刻してきそ

うなら電話をしたり、遅刻してきたらその都度、理由を話をさせたりするなどのこともありました。併せて、日常生活の困りごとがないか聞く、等の対話を繰り返すなかで、本人の意識が変化していった場合もあります。

本奨学金では「遅刻が20%以上あった時は、奨学金を休止する場合があります」という奨学金受給要件があります。その本旨は学校や社会生活に馴染めない、投げやりな生活にならないための「踏ん張り」をもってもらうことです。周囲からの期待や励ましはもちろんですが、生活上のしんどさに起因する諦めや無理解に、奨学生は立ち向かっていかなければなりません。そのために、私たちは「しつこい」と言われようとも、奨学生と対話し、時に厳しく接してきています。

高校に相談することが経済的な問題解決のカギになることも

事例●進学を断念しそうだったカリナさん

カリナさんは小さいころから学ぶことが好きで、小学校の時に渡日した時は日本語の壁で非常に苦労しましたが、中学校での熱心な国語教員のサポートもあり、成績も徐々に伸び、大学進学者が多い高校へ進学することができました。本奨学金を受け、高校一年生の時は、キャビンアテンダントかホテルスタッフになりたいという理由で専門学校への進学を考えていました。高校2年生になり、高校教員から「学ぶのが好きなら大学に行ったほうがいい、それからキャビンアテンダントやホテルスタッフを目指すこともできる」と言われ、大学進学を目指すようになりました。大学進学に向け学習にも取り組み充実した高校生活を送っていましたが、高校2年生になって妹が私立高校へ進学することになり、家庭の経済状況は悪化していきました。カリナさんが高校入学時は、保護者もカリナさんを進学させるつもりにしていましたが、やがて「進学費用は準備できないし、家計を支えるために働いてほしい」と話すようになりました。

大学進学を希望していたカリナさんは、毎回の面談で経済的な問題で進学できないかもしれないという不安を話すようになりました。高校でも学校の先生に相談し、日本学生支援機構の給付型奨学金に高校から推薦してもらうことができました。また指定校推薦で早めに進路を決め、高校の許可を得て、数か月アルバイトをして進学費用を貯めることができました。

ほかに高校に相談し、PTA独自の奨学金を受けることができた奨学生もいます。

高校に相談することで経済的な問題を解決できることもあることを、奨学生には伝えるようにしています。

大学等への進学時の貸付金制度創設まで

事例◉大学進学資金がなかった陳さん

大学に進学するための費用は「受験料」「入学金」「授業料」「施設使用料」などに注目が集まりがちです。これまでの奨学生をみていると、高校において大学進学時に使える奨学金の説明は受けているものの、具体的な金額なイメージを持っていない場合が少なくありませんでした。

陳さんはセンター入試で十分な成績が取れず、国公立大学の入試に不安を抱えていました。そのため、先行して受験した私立大学に合格した時に30万円の入学金を払い、その後、国公立大学に無事合格しましたが、入学金が準備できませんでした。

そこで、ろうきんの「入学金融資制度」を利用しようとしました。日本学生支援機構の「入学時特別増額貸与奨学金」を予約していため利用できるとのことでしたが、保証人を立てる必要がありました。幸い日本人支援者が保証人になってくれるということになり、ろうきんの融資を受け、希望する国公立大学への入学金の準備ができ進学することができました。

その後、陳さんから入学式に着ていくスーツや靴がないなどの相談を受け、高校卒業後も細かな支援を行いました。大学に通うための交通費、教科書代、パソコンの購入、いずれも高額で、あらかじめ準備をしておかないと対応できないことばかりです。奨学金を充当するにしても、入学から奨学金振込には時間差があり、最もお金が必要な入学前後にかかる費用は、いったんは自前で準備しなければなりません。

奨学生と向き合うなかで学んだことは、経済的に厳しい外国人家族が、進学のための経費に関する認識を共有しているとは限らないということです。事務局では奨学生の進学先の情報を一緒に調べることがあります。そこには日本人でも理解に時間がかかる制度の説明が羅列されています。日本の文脈を十分理解していない家族の場合、情報を把握することはとても難しいことです。その後、本奨学金ではいくつかの改善をおこなっています。例えば、必ず日本学生支援機構の奨学金の予約を

するように勧めるということ。事務局スタッフと大学進学にかかる費用のシミュレーションをすること。さらに、本奨学金の受給開始時に、奨学生と保護者を対象に大学進学の際の費用の説明を行ったりするようにしました。また、スーツ代、通学費や教科書代など大学での奨学金が支給されるまでの期間に必要な費用に充てる資金として、奨学生を対象とした1人10万円の貸付制度を創設しています。

3. 奨学金事業の成果と課題

　本奨学金にとって、一番の成果は、これまで奨学金を支給した全員が高校を辞めることなく、無事卒業したことです。奨学金の使途は人それぞれで、高校の通学定期代や参考書や模試代、塾代、部活の遠征費用、貯金して大学の入学金に充てたという生徒もいます。

　当初は、高校卒業後に就職する生徒もいましたが、近年は大学、専門学校などへ進学する生徒が増えてきました。また、大学在学中にKFC等の学習支援の場に参加してくれている人もいます。中国語やベトナム語を駆使し先輩として活躍する姿は、外国につながる後輩のモデルとなっています。

　奨学生は大学卒業後、IT企業、メーカー、看護師になったり、海外で旅行会社に勤めたりしています。将来、学校教員になるために大学で学んでいる卒業生もいます。

　ただし、課題は山積しています。本奨学金は1学年3人と門戸が狭く、奨学金を必要としている方々に行き渡らない状況があります。しかしながら、奨学生家庭にとっては、経済的な将来の見通しが立つということが重要であり、そのため、3年間滞りなく奨学金を支給することは、本奨学金の揺るぎない使命となっています。そのため、奨学生の採用数を増やすことは、現在のところ難しい状況にあります。

　この3人しか選考できないことは別の課題も生じさせています。奨学生を採用する際には、高校生活が継続できるかがポイントになります。しかし、渡日歴が浅く面接時に日本語がまだ十分理解できていない場合は、十分な自己PRが難しくなります。本奨学金の理念は経済的な支援とロールモデル育成を兼ね備えることです。他方で経済的に困窮しているがゆえに生活状況が厳しく、自分自身に自信がもてない子どもにとって「ロールモデル育成」は厳しすぎる基準になる場合もあります。これは本奨学金の今後取り組まなければならない大きな課題の一つです。

　また、奨学生の日常生活に伴走するためには組織づくりも重要です。奨学生と直

接対面するのは年に6回程度。兵庫県内在住という広範囲の生徒を対象としているために、フォローが行き届きません。奨学生と日常的に接するのは学校の教員や地域の支援者です。そのため、学校や地域支援団体との連携を密にしていくことも日常的に求められています。

　一方、奨学金事業の枠を超える問題にもいくつか直面しました。

　一つ目は、高校と奨学生のトラブルにどこまで介入するべきか、という問題です。奨学生が教育を受ける権利を侵害されたにもかかわらず、権利侵害の明確な理由を高校側から提示されなかったことがありました。日本語や日本の学校文化やシステムの理解が不十分な保護者に対して、適切な情報提供を学校側が行なわず、第三者が介入しなければ問題が放置され、時間だけが経過し、教育機会を奪われた状態が続く状況でしたので、高校や教育委員会との話し合いの場を持ちました。しかし、こういった学校とのトラブルに本奨学金実行委員会が介入することの是非については議論があり、今後の課題となっています。

　次に、メンタル面でのサポートが必要な奨学生が複数いたことです。1学年3人累計39人という少人数であることを考えれば、いままでの奨学生の中にメンタル面でのサポートが必要な子どもが複数いたことは、低い割合ではないように思われます。複数の言語を使っての日常生活や家庭と学校の文化的な差などストレスの存在が想像できますが、診断や健康状態については、本人からの説明を聞くしか方法がなく、サポート方法も手探り状態です。今後、より専門的な判断ができる環境を整える必要があるかもしれません。

　本奨学金では、これまで1〜13期生39名の外国につながりをもつ高校生との出会いがありました。そうしたなかでも、高校生活を続けることが難しい生徒に何人も出会いました。それは、高校を継続するための大きな山というよりも、ほとんどが日常的な小さい山を前にしてくじけそうになっていました。本奨学金では、奨学生と共に喜び、励まし、時には怒り、常に「関わる」こと、そして自分自身で説明させる、語らせること、対話することを大切にしてきました。なぜなら、日常的な小さな山を越えるためには、手を引こうとも、後ろから押そうとも、本人が登らなければならないからです。そのために毎月の奨学金を給付するとともに、奨学生たちの日常を生きる力を育てるよう苦心してきました。3年間歩調を合わせながら、共に走りぬく。それが本奨学金の取り組みとなっています。

[志岐良子]

第13節 高校での母語・母文化を尊重した取り組み

1. 母語・母文化の尊重とは

　外国につながる子どもたち、とりわけ来日間もない子どもたちにとって日本語を習得することは、日本で生きていくうえで死活問題です。それでもなお、母語の教育が必要であるとはどういうことなのでしょうか。

　ここでは、大阪府立の高等学校での実践を紹介しながら、外国につながる子どもたちの母語・母文化の維持・継承活動を紹介します。そして、この教育活動を日本の教育制度のなかで、どのようにして可能にしたか、その点についても紹介します。

　ポイントは、この子どもたちが日本社会で自信をもって下を向くことなく生きていくうえで、自分の生まれた地域・国を心にとどめながら、アイデンティティを維持すること、そのためには母語・母文化を維持・継承させる教育活動が必要であるという点です（第1章4節／第2章Q9参照）。

2. なぜ、母語・母文化の尊重なのか

　大阪の府立高校で初めて中国からの帰国生徒を受け入れた時、日本語教育だけでなく母語・継承語の教育が必要であるというのは、その時にかかわった教員の共通理解でした。

　わたしたちが直面する外国につながる子どもたちは、留学生と違って日本に永住することが前提となっている移住者です。この子どもたちは様々な理由で日本へやってきますが（自分から好んでやってきた子どもはどちらかというと少ないように思われます）、日本で生きていくことの意味を見出すことが大切であるし（なぜ、自分は日本の地で生活するのか）、そのことが自分なりに自覚できれば、日本語の力は伸びていくと考えられます。その場合に、重要であると考えられることは、外国につながる自分に自信をもち、自分の特徴を生かしながらこの日本で生きていくことを自覚的にとらえること、つまりは、どのようにして（どのような）アイデンティティを確立するかということであり、私たちは、そのために母語・母文化を維持するこ

との重要性を主張し、実践してきました。

　母語・母文化を尊重することの「必要性」として、次の3点が考えられます。一つ目が、将来の生き方との関係です。自分の生まれた国へ帰る可能性も考えられます。そのためにも母語の維持は不可欠です。

　二つ目が、バイリンガルは貴重な人材であることです。二言語を自由に操ることの出来る人材は（日本社会にとっても）貴重であり、社会的に求められている人材です。この子どもたちはバイリンガルとして成長する可能性を秘めています。

　三つ目が、保護者との関係です。保護者は日本語を話さないことが多いので、家族のコミュニケーションを維持するためにも母語は不可欠でしょう。つまり、母語を話せることによって子どもたちと保護者とのコミュニケーションが成立するのですから、母語の保障は生徒自身の成長に欠かせないことでしょう。

　わたしには痛烈な経験があります。ある外国出身の生徒が問題行動を起こして保護者が呼び出された時のことです。生徒はいつも日本語で話をしていました。しかし母親は日本語がほとんどできません。そうした親子が私や生徒指導の教員がいる前で、いきなり喧嘩をはじめたのですが、この生徒はやおら立ち上がって日本語で「おばはん、うるさいんじゃ」と大きな声で怒鳴りつけると、母親も子どもに負けない大きな声で「※○×※○×…」と私には理解できない言葉でやり返していました。子どもの日本語に親は自分の言語でやり返します。おそらく家庭でもこのような状態、つまり母親は自分の言葉で話し、子どもは日本語で答えるという、そのような家庭の状態であったのでしょう。これが生徒の家の実態なのかなと思って深く考え込んでしまいました。

　学校で日本語を教えたものの、自分の言葉である母語を失っていくのは、子どもの可能性を引き出すという教育の目的から行っても、不十分と考えています。

　自分の生まれた国と文化に自信と誇りをもつこと、それが外国につながる子どもたちの教育の一つの柱です。母語（継承語）ができる生徒ほど自分のルーツに自信をもっています。裏返せば、母語（継承語）をできなくなるにつれて、自分のルーツを隠すようになっていく、そういう印象を持っています。

3.　どのような活動を行ったのか。

母語・継承語の授業

　母語を尊重するのであれば母語の授業を設ける、そう考えるのは当然でした。外

母語授業

国につながる生徒を受け入れる体制を整えるとき、日本語の授業はもちろんのこと、母語授業を組み入れることを大きな目標としました。しかも、放課後の補習などではなく単位認定される正規の授業としてカリキュラムに組み入れることをめざしました。さいわい、大阪府の教育委員会でもこの考え方は共有され、ほとんど反対意見もなく、選択科目として授業に組み入れ、現在に至っています。生徒の言語は様々なのですが、たとえその言語が1人であっても母語授業を開設してきました。

生徒のなかには、日本語はできないが母語は堪能であるという生徒も少なくありません。とくに来日間もない生徒はそうです。それでも、母語授業を選択するように勧めてきました。そのことについて、ある卒業生は私との会話の中で、つぎのように語っていました。

「自分は日本語ができなかったので、学校で話し相手がいなかった。親は働いて話す時間も少なかった。唯一、自分が母語で話すことができたのが第一言語(母語の授業)の授業の先生だった。それが自分の精神的安定にもつながった」。

この生徒と同じ言語の生徒はいませんでした。

一方、日本で生まれて、あるいは日本での生活が長くて母語(継承語)をほとんどできなくなっていた生徒も入学してきて、この授業を選択しました。その生徒たちにとってみれば、それこそ自分の言語を取り戻す授業であったわけです。

このように、自分の母語やルーツとなる言語を正規の授業として学べることが、この生徒たちが自分のルーツに自信をもつ大きな支えになったとも思われます。

母文化の尊重

授業以外では、学校の内外で文化的な活動もしました。

学校内で部活動として「多文化研究部」を作って、そこで自分のルーツとなる文化などを学ばせました。文化祭での発表が一つの目標でした。中国の獅子舞や龍舞、

文化祭

　ラテンアメリカやアジア諸国の踊りなど、生徒のルーツとなる文化の紹介になるものを練習して発表しました。後述しますが、この活動が忘れられない経験となり、その後の歩みにもつながった生徒もいました。

　また、大阪府立学校の教員の研究会である「大阪府立学校外国人教育研究会」（府立外教）主催の母語・継承語によるスピーチ大会や外国につながる生徒たちの交流会にも参加し、他校の生徒とも交流しました。大阪府は中国にルーツをもつ生徒が多いのですが、そのほかの言語の生徒は少数であることが少なくありません。わたしの勤務校は特別入試の実施校ですので外国につながる生徒は多数在籍しておりましたが、いくつかの言語については、学内に1人だけということも珍しくありませんでした。そういう生徒にとっては、ほかの高校にいる同じ言語の仲間と交流することは大切でした。そこで友人を作る生徒も多くいました。

　そして、日本人生徒にもこの交流会に参加を呼びかけました。多くはありませんが参加する生徒もいました。

4. 子どもたちはどのように育ったのか。

　高等学校の正規の授業として母語・継承語を行い、授業外でも母文化を尊重する活動を行うなかで、わたしが出会ってきた高校生たちを紹介します。

事例◉中国文化研究部としてはじめて披露した文化祭

　わたしの勤務校で特別入試が導入される前のことです（1990年代後半）。毎

年、数人の中国帰国生徒（残留日本人の家族）が入学してくるようになりました。まだ10人にも満たない生徒でしたが、「中国文化研究部」を作って、文化祭で踊りを発表することにしました（中国以外のルーツの生徒はいませんでした）。リーダー格の李さんは、当時は日本名を使っていました。日本語もよくできましたが中国語も話せる生徒でした。「ルーツを隠すわけではないけれども、みんなの前で自分のルーツについて話すのはいや」という李さん。それでも李さんが中心になって文化祭で中国の踊りを踊ることになり、放課後、一生懸命、楽しそうに練習をしていました。しかし、ステージに上がる前、李さんはとても不安だったようです。なぜならば、「自分が中国人であるとみんなが知って、友達が離れていくのじゃないか」と思っていたからです。

　踊りはうまく踊ることができ、踊りが終わった会場の体育館は大きな拍手で覆われました。ステージを降りてクラスの友人たちから「綺麗だったよ」と言われた李さんの顔は涙でぬれていました。このとき、李さんは初めて、中国人として友人たちに受け入れられたのでした。卒業後、李さんは中国語をやり直すため、大学へ進学しました。

事例●父のルーツも大切にしたい

　西井さんは日本人の母と韓国人の父とのダブルの子。父親とは普段は韓国語ではなく日本語で話をしていたので、幼いころに父親が韓国人であることを知り、不思議であったといいます。でも、西井さんは、お父さんのルーツの韓国だから大切な国と思いながら育ちました。一方で、「日本では韓国人に対するイメージ」はよくないと感じていた彼女は、まわりの友人には自分のルーツを話すこともなく、好きな歌手の話になっても「東方神起」と答えることさえしなかったといいます。徐々に、なぜルーツを隠さなければならないのはおかしいと思うようになり、二つのルーツをもつことがごく自然なことだと考えるようになったそうです。

　そして、私の勤務校に入学した西井さんは母語の授業があることを知り、韓国語の母語授業を選択しました。西井さんはその動機について、「父は異国の日本で母と出会い、私が生まれました。私はこの出会いを大切にするために」と話しました。

事例●高校での出会いが自信へ

　松田さんの父方の祖母は中国残留孤児で、祖父は中国人、母も中国人。子どもの頃は中国にルーツがあることが恥ずかしくて学校ではそのことをずっと黙って過ごしてきたということでした。しかし私の勤務校に入学してから考えは大きく変わったそうです。高校には松田さん以外に中国ルーツの生徒が多数いて、その生徒たちは流暢に中国語を話している、その姿を見て松田さんもそうなりたいという気持ちになっていきました。

　しかし、家庭では両親が中国語を話すのに対して松田さんは日本語で話していたので、ほとんどしゃべることができず、一から勉強しなければなりませんでした。高校卒業後、大学の中国語学科に進学しました。中国語を学ぶ楽しさがわかってくると、日本人に中国語を教えたい、中国のことを知ってほしいと思うようになり、将来の目標になったと語っていました。

事例●母語を生かして高校の教員として活躍中

　3歳で中国から来日した王さんは、中国残留日本人の家族。その王さんの夢は、母語を失い親とのコミュニケーションが取れなくなっている子どもたちに中国語を教え、また日本へ来たばかりで日本語がわからず苦しんでいる子どもたちの力になることだと、高校入学してから話していました。王さん自身が、幼少期に日本へ来て、高校入学のころにはあまり中国語が離せなくなっていたので、そうした気持ちも大きかったようです。

　そして、高校入学後は母語の授業を選択し、中国語を取り戻そうと頑張っていました。大学へ進学しさらに中国語を学んだ王さん、今は大阪府立高校の教員となり、外国につながる子どもたちの教育に携わっています。

5.　さいごに

　私がこれまで勤務した高校では、4月に新入生の1年生全員を集めて、外国につながる生徒の紹介を行っていました。この年に一緒に入学した外国につながる生徒がみんなの前で自己紹介をし、自分たちの言葉や文化を紹介する行事です。日本人生徒にはこの学校に多様なルーツをもつ生徒が在籍することを、そして外国につながる生徒たちには、自分のことをみんなの前で話してこれから始まる高校生活に自信を持たせることが目的でした。

　国籍や言語の違う人々が生活する日本。学校でも文化と言語の異なる生徒が一緒

に学ぶことによって、「文化・言語の異なる人がそばにいる社会が当たり前」とい
う意識が生徒たちのなかに育まれていけば、多文化共生の日本社会を作り上げてい
くうえで、大きな力になるだろうと思います。そのためにも、外国につながる子ど
もたちが、母語・母文化を大切にする教育の推進が必要であると考えます。

［大倉安央］

第 **4** 章

資料編

すぐに使えるおススメ情報

第1節　現場からのおススメ！外国につながる子どもへの支援教材

　私たちは愛知県内の公立小・中学校に通う日本語指導が必要な児童生徒への語学指導のサポートや保護者への教育相談の対応を行う、語学相談員（愛知県義務教育課所属）です。「日本語指導が必要な児童生徒数が全国で最も多い愛知県のなかで、どんな教材が活用されているの？」という質問が、多数寄せられます。そこで、ここでは私たちが実際の教育現場で活用する教材の一部を紹介します。

教材を利用する前に！

　外国につながる子どもが抱える課題は、一人一人違います。そのため、ホセ君（ペルー）に適していた教材が、同じ年齢のアルナブ君（ネパール）には合わないことは、よくあります。漢字教材であっても、複数の漢字教材を組み合わせて活用すると効果的な場合もあります。そのため、子どもの強みと家庭環境などを把握したうえで、支援教材を考えていくことが重要です。

　目の前にいる子どもに寄り添い、よりよい学校生活を送るために必要な支援は何か。在籍学級で学習内容についていくために必要な支援は何か。これらを考えながら教材を選択することが大切です。

どのように教材を活用したらいいの？

　7歳（小1）のホセ君を例に紹介します。ホセ君は、ペルーから6歳で来日した在住年数1年の男児です。これまでホセ君は、ひらがな・カタカナの学習は、わからないなりにも宿題にとり組み、提出していました。しかし、漢字学習が始まると宿題を徐々にやらなくなってしまいました。そこで、担任はホセ君の母語がわかる通訳者をお願いして、ホセ君にその理由を聞いてみることからはじめました。

　　事例◉ホセ君の場合
　　〈面談前の状況〉
　ホセ君が通う小学校内に日本語教室がないため、通常ホセ君は在籍学級で学習

しています。ホセ君と担任は、カタコトの日本語で意思疎通をはかっています。保護者は日本語がほとんどわからないため、担任は翻訳した学校の通信などを配布しています。
家庭内では、母語（スペイン語）で生活しています。しかしホセ君は、母語（スペイン語）の読み書きはできません。

〈担任が取り組んだこと〉
①　担任は、通訳者同席のもとでホセ君と面談をしました。ホセ君は、「漢字は難しくて、何の勉強をしているのかよくわからない」と話しました。
②　ホセ君の母語で作成された教材「東京外国語大学多言語多文化共生センターの外国につながる子どもたちのための教材」（「3漢字」を参照）の最初の数ページをホセ君に見せて、一緒にやってみました。「これならやれそう！」とホセ君から前向きな発言が出てきました。
③　その後担任は、通訳者同席のもとでホセ君の保護者と面談を行いました。そして現状を話し、②の教材の説明と母語での支援を保護者に依頼しました。
④　担任は、在籍学級で使っている「漢字ドリル」の宿題をホセ君にはやめて、②の教材に切り替えました。宿題は、その日の漢字ドリルの宿題と同じ漢字になるように配慮しました。②の教材の順番通りではなく、在籍学級と同じペースで行うことできることを優先し、教材の構成上で難しいところは、週単位で宿題の構成を考えました。
⑤　ホセ君は、母語での読み書きはできません。そのため、保護者の協力のもとで漢字の意味と母語を結び付けて学習することで、ホセ君は、漢字に興味をもつようになりました。そして、宿題の提出もできるようになってきました。
⑥　ホセ君が宿題の提出ができるようになっても、担任はしばらく、②の教材での宿題を続けていくことで、ホセ君の理解は進んでいきました。
⑦　ホセ君が自分に自信がついたところで、在籍学級で使う「漢字ドリル」の宿題に戻しました。

〈教材を活用した時のポイント〉
ホセ君のつまずきを保護者と担任が共有し、ホセ君の強みである母語を保護者と協力しながら生かすことで、ホセ君の学習意欲も理解度もあがりました。

そして、ホセ君が1人でできるようになっても、期待を込めて量を増やしたり、在籍学級のペースに合わせようとしたりせずに、しっかりと宿題を提出する習慣づけを重視しました。さらに「できた」という体験を積み重ねて、自信をつける期間を設けました。

おススメする教材リスト

　初めて外国につながる子どもを教える先生方への要チェックサイト・教材に★印をつけました。なお、ご利用条件等については、各サイト等でご確認していただくか、管理者にお問い合わせください（2022年1月現在の情報を掲載）。

1　受け入れ（支援体制づくりや保護者向け資料、授業実践など）

 「かすたねっと」
　　　　文部科学省 総合教育政策局 男女共同参画共生社会学習・安全課

文部科学省発信の外国につながる子どもの学習を支援する情報検索サイトで、「子どもへの指導・学習に利用できる多言語対応の教材・資料」と「保護者へのお知らせに利用できる多言語対応の文書」を検索することができます。学校で初めて外国につながる子どもを担当する先生は、「外国人児童生徒受け入れの手引き」の第3章「日本語指導担当教師の役割」および第4章「在籍学級担任の役割」は、必読です。

インターネットサイト

★CLARINET（海外子女教育、帰国・外国人児童生徒教育等に関するホームページ）
http://www.mext.go.jp/a_menu/shotou/clarinet/

　　　　　　　　　文部科学省 総合教育政策局 教育改革・国際課

★かすたねっと（外国につながりのある児童・生徒の学習を支援する情報検索サイト）
https://casta-net.mext.go.jp/

　　　　　　　　　文部科学省 総合教育政策局 男女共同参画共生社会学習・安全課

★外国人児童生徒受入れの手引（改訂版）
http://www.mext.go.jp/a_menu/shotou/clarinet/002/1304668.htm

　　　　　　　　　文部科学省 総合教育政策局 男女共同参画共生社会学習・安全課

★外国人児童生徒のための JSL 対話型アセスメント DLA（本冊・聴解用映像・使い方映像マニュアル）

http://www.tufs.ac.jp/blog/ts/g/cemmer/dla.html

文部科学省 総合教育政策局 男女共同参画共生社会学習・安全課東京外国語大学 多言語多文化共生センター

就学ガイドブック：日本の学校への入学手続き【7言語】

http://www.mext.go.jp/a_menu/shotou/clarinet/003/1320860.htm

文部科学省 総合教育政策局 男女共同参画共生社会学習・安全課

就学ガイドブック（概要版）**：日本の学校への入学手続き 【12言語】**

https://www.pref.chiba.lg.jp/kyouiku/shidou/gaikokujin/gakkou-sensei/nyuugaku.html

千葉県教育委員会

たのしい１年生（幼児用）**【5言語】**

１年生になるまえに入学手引き（保護者用）**【4言語】**

http://www.pref.aichi.jp/soshiki/tabunka/purekyouzai.html

愛知県 県民生活部 社会活動推進課 多文化共生推進室

小学校ガイドブック 【6言語】

http://www.resource-room.aichi-edu.ac.jp/kyozai_sonota_shougaidobook%20.html

愛知教育大学 外国人児童生徒支援 リソースルーム

中学校ガイドブック 【5言語】

http://www.resource-room.aichi-edu.ac.jp/kyozai_sonota_chuugaidobook.html

愛知教育大学 外国人児童生徒支援 リソースルーム

がっこうのことば 【7言語】

http://tabunkakibou.wordpress.com/resource/

西尾市教育委員会・多文化ルーム KIBOU

お子さんの発達について心配なことはありますか？

ー日本で子育てをする保護者の方へー【12言語】

http://www.rehab.go.jp/ddis/world/brochure/

国立障害者リハビリテーションセンター 発達障害情報・支援センター

相談窓口担当者のための「多文化」ってこういうこと ー子どもの教育編ー

http://www2.aia.pref.aichi.jp/sodan/j/manual/manual.html

*「相談員のための多文化ハンドブックー子どもの教育編」（2021年3月改訂版発行予定）

公益財団法人 愛知県国際交流協会

ええぞ、カルロス　　デジタルブック　（日本語版）

https://www.city.osaka.lg.jp/contents/wdu010/digitalbook/kyoiku/eezo_carlos/

動画絵本　【9言語】

https://note.com/abhisheka/m/m17d8d70f6eb5

大阪市立総合生涯学習センター

マルチメディアDAISY　【22言語】

https://www.normanet.ne.jp/services/download/rainbow.html

大阪市立総合生涯学習センター

イスラームの子どもたちを理解するために

http://www.kifjp.org/shuppan/guidebook

公益財団法人かながわ国際交流財団

富山に住むムスリムのための中学校入学・編入ガイド

https://www.pref.toyama.jp/1018/kurashi/kyoiku/kyouiku/kj00015191/
kj00015191-004-01.html

富山県

市販書籍

★　外国人児童生徒受入れの手引（改訂版）	2019年、明石書店	
クラスメイトは外国人　－多文化共生20の物語－	2009年	
クラスメイトは外国人　入門編　－はじめて学ぶ多文化共生－	2013年	
クラスメイトは外国人　課題編　－私たちが向き合う多文化共生の現実－		
	2020年、明石書店	
となりのアブダラくん	2019年、講談社	
日本語でできる外国人児童生徒とのコミュニケーション　－場面別学校生活支援ガイド－		
	2019年、学事出版	
学習力を育てる日本語 教案集 －外国人児童・生徒に学び方が伝わる授業実践－		
	2019年、くろしお出版	
外国人の子ども白書　－権利・貧困・教育・国籍と共生の観点から－	2017年、明石書店	
学習力を育てる日本語指導　－日本の未来を担う外国人児童・生徒のために－		
	2015年、くろしお出版	

外国人児童生徒の学びを創る授業実践　－「ことばと教科の力」を育む浜松の取り組み－

2015年、くろしお出版

学級担任のための外国人児童生徒サポートマニュアル	2014年、明治図書出版
多文化共生の学校づくり －横浜市いちょう小学校の挑戦－	2011年、明石書店
日本語の話せないお友だちを迎えて ～国際化する教育現場からのQ&A～	2010年、くろしお出版
外国からの子どもたちとともに（改訂版）	2009年、本の泉社
イチから始める外国人の子どもの教育	2009年、教育開発研究所

2　初期の日本語指導

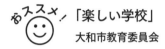 「楽しい学校」

大和市教育委員会

外国につながる児童・生徒および保護者がスムーズに日本の学校教育に入っていけるように、「はじめての日本語1．2」「保護者のための手引き」「教科編」が8言語で作成されています。「教科編」は、小学校、中学校で使われる学習用語が、教科ごと、学年ごと、領域ごとに整理されているため、辞書のように使うこともできます。

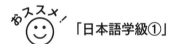 「日本語学級①」

初期指導といったら、こちらの1冊。来日直後の外国につながりのある子ども達が、日本の学校生活で必要な語彙を学ぶことができます。たくさんのイラストがあり、愉快な場面設定や文字を当てるゲーム感覚の学習もあるため、学習者は飽きずに楽しく学ぶことができます。

インターネットサイト

★楽しい学校　【8言語】

http://www.city.yamato.lg.jp/web/shidou/shidou2393.html

大和市教育委員会

★日本語初期指導教室の在り方リーフレット「生き生きと学校生活を送るために」

http://www.pref.aichi.jp/soshiki/gimukyoiku/shokishidoreef.html

愛知県教育委員会

★外国人児童生徒教育資料 （初期適応指導教材・特別の教育課程）【多言語】

http://www.gaikoku.toyohashi.ed.jp/

豊橋市教育委員会

★たのしいがっこう【22言語】

http://www.kyoiku.metro.tokyo.jp/buka/shidou/tanoshi_gakko.htm

東京都教育委員会

★　ことばとおぼえる　ひらがなワーク

https://resource-room.nihongo.aichi-edu.ac.jp/wp-content/uploads/2021/
01/hiraganawork.pdf

ことばとおぼえる　カタカナワーク

https://resource-room.nihongo.aichi-edu.ac.jp/wp-content/uploads/2021/
01/katakanawork.pdf

ことばとおぼえる　ひらがなワーク　絵カード

https://resource-room.nihongo.aichi-edu.ac.jp/wp-content/uploads/2021/
01/kotoba_card.pdf

たのしくおぼえる　ことばワーク

https://resource-room.nihongo.aichi-edu.ac.jp/wp-content/uploads/2021/
01/kotobawork.pdf

愛知教育大学 外国人児童生徒支援 リソースルーム

岩倉市日本語適応指導教室 （初期指導教材・特別の教育課程）

http://www.iwakura.ed.jp/nihongo/frame.htm

岩倉市教育委員会

はじめての日本語とクラスの仲間づくり（日本語初期指導カリキュラムと指導プラン）

https://www.pref.shizuoka.jp/kyouiku/kk-060/hajimetenihongo.html

静岡県教育委員会

JYL Project こどもの日本語ライブラリ　（日本語指導計画例・指導法ビデオ）

http://www.kodomo-kotoba.info/

文部科学省 大臣官房 国際課

日本語指導ハンドブック（日本語初級・中級レベル児童に対する指導計画例）

http://www.kyoiku.metro.tokyo.jp/school/document/japanese/handbook.html

東京都教育委員会

プレスクール実施マニュアル

http://www.pref.aichi.jp/0000028953.html

愛知県民生活部 社会活動推進課 多文化共生推進室

はじめの 500 語　【14言語】

http://support21.or.jp/ouractivites/learning-program/top-page/kotoba-no-benkyou/

社会福祉法人 さぽうと21

エリンが挑戦！にほんごできます。【8言語】

https://www.erin.jpf.go.jp/

独立行政法人 国際交流基金 日本語国際センター

マルチメディア「にほんごをまなぼう」Ver.1.1　【8言語】

http://www.tokorozawa-stm.ed.jp/d_base/nihongo/

日本語指導教材研究会

新版 みえこさんのにほんご

http://www.pref.mie.lg.jp/GAKOKYO/HP/27461025557.htm

財団法人 三重県国際交流財団

ひらがなワークブック　（連想法）　スペイン語

https://fjmex.org/v2/multimedia/1366945954_3_hiragana_workbook.pdf

---

カタカナワークブック　（連想法）　スペイン語

https://fjmex.org/v2/multimedia/1392076756_katakana_workbook.pdf

独立行政法人 国際交流基金 メキシコ拠点

市販書籍

★　外国人生徒のための教科につなげる日本語 基礎編（中高校生向け）

　　＊出版社webサイトより無料ダウンロードができる関連補助教材あり

2019年、スリーエーネットワーク

★　日本語学級 ① 　初期必修の語彙と文字
　　日本語学級 ② 　基本文型徹底整理　　　　　　　　　　　　1999年、凡人社

中学生のにほんご 学校生活編 ー外国につながりのある生徒のための日本語ー

中学生のにほんご 社会生活編 ー外国につながりのある生徒のための日本語ー

＊出版社webサイトより無料ダウンロードができる関連助教材あり

2019年、スリーエーネットワーク

おひさま［はじめのいっぽ］ー子どものための日本語ー （低学年）	2018年、くろしお出版	
みんなの日本語 初級Ⅰ 第2版 【13言語】	本冊:2012年、スリーエーネットワーク	
みんなの日本語 初級Ⅱ 第2版 【12言語】	本冊:2013年、スリーエーネットワーク	

＊出版社webサイトより無料ダウンロードができる関連補助教材あり

学校生活にほんごワークブック	2011年、凡人社
わたしのにほんご ー初級からはなせるわたしの気持ち、わたしの考えー	2011年、くろしお出版
こども にほんご 宝島	2009年、アスク出版

こどものにほんご1 （本冊・絵カード・れんしゅうちょう）

2002年・2003年・2008年、スリーエーネットワーク

こどものにほんご2 （本冊・絵カード・れんしゅうちょう）

2002年・2004年・2009年、スリーエーネットワーク

＊出版社webサイトより無料ダウンロードができる関連補助教材あり

こどもといっしょに！日本語授業おもしろネタ集	2001年、凡人社
こどもといっしょに！日本語授業おもしろネタ集 ②	2005年、凡人社

児童・生徒のためのわいわい日本語活動集 ー外国人の子どものための日本語ー

2005年、スリーエーネットワーク

にほんご宝船 ーいっしょに作る活動集ー （本冊）	2004年、アスク出版
にほんご宝船 ー教える人のための知恵袋ー （指導書）	2004年、アスク出版
にほんごをまなぼう （本冊・教師用指導書）	1992年・1992年、ぎょうせい
日本語を学ぼう2 （本冊・教師用指導書）	1993年・1994年、ぎょうせい

3 漢 字

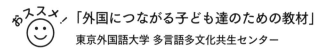 「外国につながる子ども達のための教材」
東京外国語大学 多言語多文化共生センター

漢字を苦手と感じている児童・生徒、日本語習熟度は低いが漢字学習をはじめようと
している児童・生徒におススメの教材です。イラストが豊富で、1年生から3年生ま

での漢字の意味を視覚から捉えられるように工夫されています。非漢字圏で母語が読める児童・生徒は、母語でもそれぞれの漢字の意味を確認しながら学ぶことができます。漢字カードを使いながら学習すると、さらに効率的です。

インターネットサイト

★外国につながる子どもたちのための教材　（漢字1～3年生・算数）【5言語】

http://www.tufs.ac.jp/blog/ts/g/cemmer/social.html

東京外国語大学 多言語多文化共生センター

学習支援教材　（漢字熟語集　他）【8言語】

https://www.hyogo-ip.or.jp/torikumi/tabunkakyose/kyozai/gakushu.html

公益財団法人 兵庫県国際交流協会

ことばをふやす　漢字ワーク　【4言語（教材使用方法の説明のみ）】

https://resource-room.nihongo.aichi-edu.ac.jp/wp-content/uploads/2021/01/kanziwork.pdf

愛知教育大学 外国人児童生徒支援 リソースルーム

漢字練習帳　（漢字圏出身の子ども向け）

http://www.kodomo-kotoba.info/booklet/basicsearch_booklet_04.html

文部科学省 大臣官房 国際課

認知特性別読み書き支援 スマイル式　プレ漢字プリント

https://smileplanet.net/specialty/smilekanji/

NPO法人 スマイル・プラネット

わたしがしりたい生活漢字

http://www.nihongo-ews.jp/contents_files/download/?cfid=405&content_id=863

公益財団法人 東広島市教育文化振興事業団

市販書籍

★かんじ だいすき　（一）～（六）～日本語をまなぶ世界の子どものために～

- ・　〈中学に向けて〉かんじ だいすき －国語・算数編－
- ・　〈中学に向けて〉かんじ だいすき －社会・理科編－
- ・　練習帳〈中学に向けて〉かんじ だいすき －社会・理科編－

2008年～2014年、国際日本語普及協会

★ 絵でわかるかんたんかんじ　80（1年生）・160（2年生）・200（3年生）

　　＊出版社webサイトより無料ダウンロードができる関連補助教材あり

2001、2002、2006年、スリーエーネットワーク

JSL中学高校生のための教科につなげる学習語彙・漢字ドリル【4言語】

2010年〜2015年、ココ出版

4　教科学習補助（国語を含む全教科）

 「学校教育における JSL カリキュラム」

文部科学省 総合教育政策局 男女共同参画共生社会学習・安全課

日本語初期の指導が終わった児童生徒、日本生まれや幼少期に来日して日常会話は問題ないけれど学習活動に参加することが難しい児童生徒に対しての指導の観点が書かれています。小学校編と中学校編があり、中学校編には、理解を促す支援の様々な方法や理解したことを表現するためにどんな支援ができるのかがわかりやすく書かれているため、授業づくりや指導の参考になります。

インターネットサイト

★学校教育におけるJSLカリキュラム

小学校編　https://www.mext.go.jp/a_menu/shotou/clarinet/003/001/008.htm

中学校編　https://www.mext.go.jp/a_menu/shotou/clarinet/003/001/011.htm

文部科学省 総合教育政策局 男女共同参画共生社会学習・安全課

★かすたねっと（外国につながりのある児童・生徒の学習を支援する情報検索サイト）

https://casta-net.mext.go.jp/

文部科学省 総合教育政策局 男女共同参画共生社会学習・安全課

特別支援教育のための教材

http://www.e-kokoro.ne.jp/ss/1/index.php

特別支援教育デザイン研究会

彩と武蔵の学習帳 【4言語】

http://www.pref.saitama.lg.jp/f2214/ayatomusashi.html

埼玉県教育委員会

学習支援教材　（算数・理科・生活科・社会科の用語カード・イラスト付き　他）【8言語】

https://www.hyogo-ip.or.jp/torikumi/tabunkakyose/kyozai/gakushu.html

公益財団法人 兵庫県国際交流協会

中学教科単語帳　【6言語】

http://www.djb.utsunomiya-u.ac.jp/download/725/

宇都宮大学 多文化公共圏センター HANDS部門

用例付学習語彙6000語　日英対訳　【2言語】

https://sites.google.com/view/nihongodaisuki/%E6%95%99%E6%9D%90
%E9%96%8B%E7%99%BA

NPO活動法人 日本語・教科学習支援ネット

外国人生徒のための社会科補助教材　【6言語】

http://www.himeji-du.ac.jp/faculty/dp_lang/shakaika-aid.html

姫路獨協大学

にほんごワークブック 日本の歴史（上・下）　【2言語】

http://www.gaikoku.toyohashi.ed.jp/kyouzai/wa-ku34.html

豊橋市教育委員会

渡日生のための理科　（中学1～3年生）

英語ワーク　（中学1～3年生）

http://www.ocec.jp/center/index.cfm/29,0,256,html

大阪市教育センター

算数6カ国語対訳集【6言語】

https://kawasaki-edu.jp/index.cfm/19,885,66,html

川崎市教育センター

外国につながる子どもたちのための教材　（算数）【3言語】

http://www.tufs.ac.jp/blog/ts/g/cemmer/social.html

東京外国語大学 多言語多文化共生センター

ステップアップワーク　（中学1～3年生　数学）【2言語】

http://www.city.chofu.tokyo.jp/www/contents/1419393739926/index.html

調布市教育委員会

254

中学数学学習用語集 【5言語】

http://tabunka.or.jp/sugakuyougo

認定NPO法人 多文化共生センター東京

九九の歌（ひらがな、ローマ字の字幕付き）

https://www.youtube.com/watch?v=7qKqYl2Qa50

gaaanQ（YouTube）

外国人児童のためのさんすう教材　（1～3年生）　図形を学ぼう

https://crie.u-gakugei.ac.jp/pub/resourse/2010/post-89.html

東京学芸大学国際教育センター

多言語翻訳　算数コンテンツ　（小学1～6年生　算数動画・練習問題）【4言語】

http://tagengohonyaku.jp/

京都教育大学 外国人の子どもの教育を考える会

外国人生徒のための作文練習教材「自分のことノート」（中学生用・小学生用）

http://www.kodomo-kotoba.info/booklet/basicsearch_booklet_05.html

文部科学省 大臣官房国際課

NHK for School

http://www.nhk.or.jp/school/

NHK

みんなの教材　（ユーザー登録制）

http://minnanokyozai.jp/kyozai/home/ja/render.do

独立行政法人 国際交流基金 日本語国際センター

ふくむすめの童話集　小学生童話

http://hukumusume.com/douwa/0_6/index.html

福娘.com

NEWS WEB EASYやさしい日本語で書いたニュース

https://www3.nhk.or.jp/news/easy/

NHK

市販書籍

★　外国人・特別支援　児童・生徒を教えるためのリライト教材　改訂版　2012年、ふくろう出版

みんなの日本語初級 第2版 やさしい作文　　　2014年、スリーエーネットワーク

JSL中学高校生のための教科につなげる学習語彙・漢字ドリル（中国語版・ポルトガル語版・スペイン語版・英語版）

進学を目指す人のための教科につなげる学習語彙6000語 日中対訳　（2011年）

2010年〜2015年、ココ出版

ことばのテーブル

100枚プリント 第6集　さくぶんれんしゅうワーク

おはなし読解ワーク（初級、中級、上級）　　　　2010年、葛西ことばのテーブル

ことばとまなぶ 算数文章題〈2年生〉・〈3年生〉

http://www.resource-room.aichi-edu.ac.jp/resource-roomsakuseikyozai.html

＊愛知教育大学外国人児童生徒支援リソースルームサイトより注文可

2010年、愛知教育大学 外国人児童生徒支援 リソースルーム

特別支援の国語教材（初級編・中級編・上級編）　　2006年〜2008年、学研

レベル別日本語多読ライブラリー ーにほんごよむよむ文庫ー（レベル0〜4、各Vol.1〜3）

アスク出版

てのひら文庫（学校の授業で使用される教材で、書店販売や個人販売なし）　　文溪堂

5　母語支援

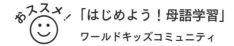

「はじめよう！母語学習」
ワールドキッズコミュニティ

子どもの母語学習に悩む保護者におすすめの1冊です。家庭で母語を育てる五つの工夫や学校と一緒に母語を育てる工夫が載っています。また、「母語の大切さ」や「家庭でできる母語支援」「学校の先生が母語支援に関して何ができるのかが分かる」サイトも載っています。

インターネットサイト

★はじめよう！母語学習 【5言語】

https://tcc117.jp/kids/2018/12/12/post-326/

ワールドキッズコミュニティ

★母語教育サポートブック「KOTOBA」

ー家庭／コミュニティで育てる子どもの母語ー 【5言語】

http://www.pref.aichi.jp/0000060441.html

愛知県 県民生活部 社会活動推進課 多文化共生推進室

多言語動画絵本 【13言語以上】

https://www.rainbow-ehon.com/

多言語絵本の会RAINBOW

母語教材ダウンロード 【9言語】

https://www.hyogo-ip.or.jp/torikumi/tabunkakyose/kyozai/kyozaidl/index.html

公益財団法人 兵庫県国際交流協会

市販書籍

多文化社会に生きる子どもの教育 ー外国人の子ども、海外で学ぶ子どもの現状と課題ー	2019年、明石書店
日本で生まれ育つ外国人の子どもの日本語力の盲点 ー簡単な和語動詞での隠れたつまずきー	2018年、ひつじ書房
完全改訂版 バイリンガル教育の方法 ー12歳までに親と教師ができることー	2016年、アルク
学習言語とは何か ー教科学習に必要な言語能力ー	2011年、三省堂
多言語社会の言語文化教育 ー英語を第二言語とする子どもへのアメリカ人教師たちの取り組みー	2003年、くろしお出版
日本のバイリンガル教育	2000年、明石書店

6 進学・進路

インターネットサイト

★ 外国につながる子どもたちの進路開拓ガイドブック （子ども及び保護者向け）【6言語】

外国につながる子どもたちの進路応援ガイドブック （支援者向け）

http://www.pref.aichi.jp/soshiki/tabunka/shinro-gidebook.html

愛知県 県民生活部 社会活動推進課 多文化共生推進室

★**高校入試特別措置調査** （毎年、公立高校入試にかかわる最新情報を都道府県別に調査）

https://www.kikokusha-center.or.jp/shien_joho/shingaku/kokonyushi/kokonyushi_top.htm

中国帰国者支援・交流センター

★**外国人の子どもに向けたキャリアガイド**（職業案内）【5言語】

http://www.pref.mie.lg.jp/TABUNKA/HP/49135032696.htm

三重県 環境生活部 ダイバーシティ社会推進課 多文化共生班

高校進学進路ガイダンス （各地でのガイダンス実施情報）

https://www.kikokusha-center.or.jp/shien_joho/shingaku/guidance/2020guidance.htm

中国帰国者支援・交流センター

きりひらけ！私たちの未来

https://www.pref.toyama.jp/1018/kurashi/kyouiku/kyouiku/kj00015191/

kj00015191-006-01.html

富山県 総合政策局 国際課

市販書籍

「発達障害」とされる外国人の子どもたち

ーフィリピンから来日したきょうだいをめぐる、10人の大人たちの語りー 2020年、明石書店

人権と多文化共生の高校 ー外国につながる生徒たちと鶴見総合高校の実践ー

2013年、明石書店

高校を生きるニューカマー ー大阪府立高校にみる教育支援ー 2008年、明石書店

外国人児童生徒のための支援ガイドブック ー子どもたちのライフコースによりそって

2011年、凡人社

［金箱亜希］

第2節 進学・進路相談ができる窓口リスト

　外国につながる子どもの進学・進路に関することについて、適切なアドバイスをしてくださる市民団体を都道府県別に紹介します。

　なお、都道府県の国際交流協会や教育委員会でも相談できます。

北海道

札幌子ども日本語クラブ

https://sknc.skr.jp

札幌市内の小・中学校と大通高校で、日常の会話から教室の学習理解の支援にも取り組んでいます。いつも子どもたちの心の支えとなれるよう願いながら支援しています。

青森県

NPO法人 みちのく国際日本語教育センター

https://michinoku-nihongo.jimdofree.com/

八戸市や近隣市町村で、公立学校で学ぶ外国の子どもの日本語支援に取り組んでいます。日本語教室も開催しています。

岩手県

いわて＊多文化子どもの教室 むつみっこくらぶ

連絡先：cunjing@gmail.com

盛岡市内で、外国につながる子どもたち（小学生以上）を対象にした日本語と教科学習の支援を行っています。定例活動は月2回程度です。

宮城県

外国人の子ども・サポートの会

http://kodomosupport.jimdo.com/

小・中・高生の1対1での学習支援、サポート活動のための研修会を開いています。外国人支援団体、保護者と実行委員会をつくり、進路ガイダンスで家族を支援しています。

MIA 外国籍の子どもサポートセンター

https://mia-miyagi.jp/kodomosupo.html

県内の公立小中学校への日本語学習や母語支援のサポーター派遣、子ども対象の日本語・教科指導教材等の貸し出し、進学をはじめ教育全般の相談対応をしています。

山形県

山形こども日本語サポートネット

連絡先：090－6229－9139（代表：長藤）

山形市を中心に、地域のネットワークを生かしながら、日本語学習支援、進路相談等に取り組んでいます。一人一人の子どもを大切に、きめ細やかな支援を実施しています。

秋田県

のしろ日本語学習会

https://noshi-niho.jimdofree.com/

30年間、少子高齢化の進む地方で地域・行政と協働し、日本語力不足ゆえに障がい児扱いされる子どもたちを大学進学や地域の有用な人材に育てています。

福島県

こおりやま日本語教室（郡山市）

http://koriyama-nihongo.org/

外国につながる子どもたちに、日本語や教科、高校受験対策を学ぶ場と共に居場所を提供します。高校進学ガイダンスや進学・職業体験なども行っています。

茨城県

茨城NPOセンター・コモンズ　グローバルセンター

https://www.commons-globalcenter.org/

常総市で県内の外国につながる子どものプレスクール、就学支援やキャリア支援、進学ガイダンス、学校等への通訳派遣・翻訳等に取り組んでいます。

栃木県

宇都宮大学 国際学部附属多文化公共圏センター

http://cmps.utsunomiya-u.ac.jp/

現場に役立つ翻訳資料や中学校教科の単語帳などを作成してweb（だいじょうぶnet）で発信中。高校進学ガイダンスの開催、多言語対応の教育相談コーナーも行っています。

群馬県

NPO法人 Gコミュニティ

https://jp-ed-gcommunity.jimdofree.com/

県内における外国人の子どもの日本語・教科学習支援、多言語による教育の電話相談や心理カウンセリング、進学説明会や支援人材養成講座などを行っています。

埼玉県

青少年多文化学びサポート（ESMY）

https://opencity.jp/tokorozawa/pages/gp/esmy_2020/

所沢市で日本語や教科学習の支援をしています。小中学生だけでなく、既卒者の高校受験支援、高校進学・退学後の進路相談やサポートも行っています。

多文化こども学習塾

連絡先：090-7422-2002（越谷教室・小川満）、090-6528-4892（草加教室・横掘由美子）
越谷市（第1・3土曜）と草加市（第2・4土曜）で、小〜高生に日本語と学習の支援をしています。子どもと一緒に来る保護者にもサポートし、居場所づくりをめざしています。

千葉県

認定NPO法人 外国人の子どものための勉強会

http://gaikokukodomo.wordpress.com/

松戸市内 5 教室で外国人小・中学生に「日本語・教科学習・進学」支援を行っています。外国からの新しい住民との共生を考え、地域住民が日本語だけで対応しています。

NPO法人 多文化フリースクールちば

https://sites.google.com/view/multicultural-freeschool-chiba/

母国や日本の中学校を卒業し、高校進学をめざす外国につながる子どもたちの学びの場です。日本語ができないため不登校や孤立している中学生もサポートしています。

東京都

NPO法人 みんなのおうち

https://minnano-ouchi.jp

新宿を拠点に、学習・食事・相談のできる居場所づくりを行っています。進路相談、就職、ビザ、家庭の事、DVの相談も対応できます。

NPO法人 青少年自立援助センター　YSCグローバルスクール

https://www.kodomo-nihongo.com/

福生市及び足立区で専門家による日本語教育、学習支援機会を提供しています。ZOOMを活用したオンライン・ハイブリッド型の授業を実施。全国から受講が可能です。

首都圏中国帰国者支援・交流センター

https://www.sien-center.or.jp/

中国・サハリン帰国者（三世まで）の学習・就労・介護などの相談にのっています。中国語・ロシア語を話す人の学習情報を探すお手伝いもします。中国語とロシア語での対応可能です。

社会福祉法人 さぽうとにじゅういち

https://support21.or.jp/

品川区の事務所を拠点とし、難民等定住外国人の自立を応援するため、就学支援金

の支給、小中高生も対象の日本語・学習支援、進学等の相談対応を行っています。

認定NPO法人 多文化共生センター東京

https://tabunka.or.jp/

学齢超過生の高校進学を支援する「たぶんかフリースクール」、教育相談、ボランティア教室、自治体との協働による学校現場での支援、高校進学ガイダンス等を行っています。

神奈川県

神奈川県立地球市民かながわプラザ　あーすぷらざ外国人教育相談

http://www.earthplaza.jp/ep/forum/foreign_education/

日本語や教科学習の教材、多言語資料を6000点以上所蔵する施設内で、外国人学習者、保護者、学校、支援者を対象に、来所、電話、FAX、メールで相談対応を行っています。

認定NPO法人 多文化共生教育ネットワークかながわ（ME-Net）

http://me-net.or.jp/

横浜市で高校進学をめざすフリースクールや英語・中国語・西語等での教育相談・在留相談を行っています。高校進学ガイダンスや10言語のガイドブック配付等もしています。

多文化まちづくり工房

http://tmkobo.com/

横浜市泉区と大和市にまたがるいちょう団地を拠点として、日本語教室、学習補習教室、生活相談などに取り組んでいます。進学相談、受験のサポートなども行っています。

NPO法人 在日外国人教育生活相談センター・信愛塾

http://www.shinaijuku.com/

横浜市で42年間、外国につながる子どもに「居場所」を提供して学習支援を行い、若者や保護者を対象に教育、人権、生活に関わる相談を伴走型、多言語対応で行っ

ています。

新潟県

りてらこや新潟

https://www.literakoya.org/

新潟市を中心に市民のリテラシー向上のために、主に外国から来た子どもの学習支援・進学支援やその保護者のための相談、教材作成などをしています。

富山県

アレッセ高岡

https://www.alece.org

高岡市を拠点に、学習支援事業、情報支援事業、市民性教育事業に取り組んでいます。ポルトガル語、英語、中国語で（一部、フィリピノ語やロシア語も）対応可能です。

子どもラーニングサポート北陸

https://kodomolasa.jimdofree.com/

外国につながる子どもたちのための日本語教育研修会を企画、情報発信しています。進学・進路等の各種問い合わせにも対応し、地域の団体・大学とも連携しています。

石川県

金沢子どもスタディサポート

https://kanazawa-kodomo.jimdosite.com/

金沢市を拠点に、大学生ボランティアと大人サポーターが、高校や大学進学のための助言や学習支援、小中学生の教科および日本語学習のサポートを行っています。

山梨県

山梨外国人人権ネットワーク・オアシス

http://yamanashi-oasis.seesaa.net

木曜日の夜、甲府市で「子ども会」を開いています。小学生から高校生まで参加しています。教科学習・日本語学習の支援をしたり、進学・進路の相談を受けたりし

ています。

長野県

松本市子ども日本語教育センター（NPO法人中信多文化共生ネットワーク）

http://ctntabunka.jp/

松本市内の小中学校における日本語支援、就学や中・高校進学前のガイダンス、プレスクールなどを市教育委員会の委託を受け実施しています。多言語対応できます。

岐阜県

NPO法人 可児市国際交流協会

http://www.ctk.ne.jp/~frevia/

可児市を拠点に、就学前・学齢期・学齢超過の学習と進学支援、キャリア支援、母語支援などを行っています。ポルトガル語、フィリピン語、スペイン語、英語でも相談できます。

静岡県

NPO法人 ARACE

https://www.facebook.com/npoarace/

浜松市中区で未就学の子どもの就学支援、不就学の子どものためのフリースクール、土曜の学習支援教室を開催しています。日本語・ポルトガル語で就学や教育相談も行っています。

NPO法人 フィリピノナガイサ

http://filipinonagkaisa.org/

浜松市でフィリピン人の学齢期の児童生徒や学齢期超で高校進学を目指す子どもの日本語・学習支援・進路相談をしています。タガログ語・ビサヤ語での相談も受け付けています。

公益財団法人 浜松国際交流協会（HICE）

http://www.hi-hice.jp/index.php

浜松市を拠点に、日本語の勉強、進学支援情報提供、不就学の子どもの支援、若者

のためのキャリア支援、メンタルヘルスの相談などを行っています。14 言語で対応します。

一般社団法人 磐田国際交流協会

http://www.iwataice.jp/pt/

磐田市の公立小学校とプレスクール、放課後児童クラブで、日本語や学習、生活の支援を行います。市教委、学校（先生方）などと連携して、子どもたちの自立を目指します。

愛知県

NPO 法人 フロンティアとよはし

https://frontiertoyohashi.wixsite.com/frotierty

豊橋市を拠点に、進学・進路指導を行い、その一環として日本語能力試験の受験サポートや高校・大学受験のサポートも行っています。ポルトガル語、フィリピン語で対応できます。

公益財団法人 名古屋国際センター　海外児童生徒教育相談

https://www.nic-nagoya.or.jp/japanese/servicecounter/education-consultation/

名古屋市を拠点に、専門の相談員が外国ルーツの子どもの教育全般について、無料で相談に応じています。子どもの学校生活や進学についての相談等、多言語対応も可能です。

社会福祉法人せんねん村 多文化ルーム KIBOU

https://tabunkakibou.wordpress.com/

西尾市に住む外国につながる不就学児童の支援を中心に、5 〜 18 歳までの子どもの日本語学習支援や母語クラスを開催しています。ポルトガル語、ベトナム語、中国語、フィリピン語に対応可能です。

NPO 法人 トルシーダ

https://torcida.jimdofree.com/

豊田市を拠点に、高校進学のための日本語支援、進路ガイダンス等を実施していま

す。様々な情報提供や働きかけで、若者が進路を主体的に考え選択することを目指しています。

NPO法人 愛伝舎

https://aidensha.org/

鈴鹿市を拠点に、生活・就労・教育支援、キャリアサポートを行っています。ポルトガル語、英語でも対応します。

NPO法人 伊賀の伝丸（つたまる）

http://www.tsutamaru.or.jp/

伊賀市を中心に三重県下で活動中。多言語での通訳翻訳、生活相談、外国につながる子どもたちの進学支援や自立支援にも取り組んでいます。多言語で相談できます。

湖南市国際協会

https://konan-ia.org/

小中学生を対象にした母語教室（ポルトガル語、スペイン語）、日本語初期指導教室（さくら教室）で日本の文化・習慣を伝える活動に取り組んでいます。

公益財団法人 近江八幡市国際協会

https://www.oia2021.com/

近江八幡市で、日本語学習および進学支援をする団体と情報を共有し、活動内容の広報、場所の確保といった協力をしています。

ワールドアミーゴクラブ

連絡先：world.amigo.club@gmail.com

近江八幡市で教科学習や日本語支援、高校進学支援や生活支援などの活動をしています。学校と連携しながら取り組んでいますが、何より「居場所づくり」を大事にしています。

大阪府

Minami こども教室

連絡先：06-6711-7601（実行委員長：金光敏）

大阪市中央区内で活動する学習支援教室（火曜）のほか、受験対応や家庭の伴走型
支援、外国につながる子どもたちの居場所と親の相談拠点として活動中です。

NPO 法人 おおさかこども多文化センター

http://okotac.org

外国につながる子どもの包括的教育支援を旗印に活動を行っています。学校や行政
関係者、国際交流機関、地域の支援者など多彩なメンバーの連携プレーが強味です。

公益財団法人 とよなか国際交流協会

http://www.a-atoms.info/

豊中市で地域、学校と連携しながら外国人支援を行っています。子どもの母語教室、
日本語・学習支援、居場所づくりの他、多言語相談サービスを9言語で実施していま
す。

兵庫県

NPO 法人 関西ブラジル人コミュニティ CBK

http://kobe-cbk.server-shared.com

神戸市を拠点に、母語（ポルトガル語）教室、進学に備えた教科学習支援を行って
います。ポルトガル語、スペイン語での教育相談も対応できます。

NPO 法人 神戸定住外国人支援センター（KFC）

https://www.social-b.net/kfc/

神戸市を拠点に、学習支援、就学前の子どものプレスクール、進路相談、奨学金支
給等を実施しています。ベトナム語、中国語、モンゴル語、スペイン語、韓国語、
英語でも対応できます。

奈良県

奈良県外国人教育研究会

http://www3.kcn.ne.jp/~nagaikyo/index.htm

県内保幼小中高特で構成され、外国人の子どもたちや保護者をつなぎ、民族名を呼び名のれる豊かな教育、学習権・進路保障、確かな歴史認識を培う教育実践をすすめています。

広島県

こどものひろばヤッチャル

連絡先:reikosan@mac.com（副代表：奥村玲子）

2010年から東広島市を拠点に、日本語学習、教科学習、悩みや進路の相談など、一人一人に寄り添う活動に取り組んでいます。英語、中国語に対応できます。

ワールド・キッズ・ネットワーク

連絡先：mitiyo7370@gmail.com（代表：伊藤美智代）

呉市の地域と小学校で、日本語・教科学習支援、就学支援、保護者支援、異文化理解等の活動に取り組んでいます。

徳島県

JTMとくしま日本語ネットワーク

https://jtmtoku.com/

子どもたちの明るく豊かな未来を目指し、にほんご寺子屋やサマースクール、学校等で日本語支援を行っています。春休みには企業での職場体験学習を実施しています。

香川県

香川まるがめ子どもにほんごひろば

https://minna-de-wagaya.com/marugame-kodomo-nihongo/index.html

日本語ボランティアが子どもたちにしっかり寄り添い学習支援を行うことで、子どもたちの居場所にもなり、子どもたちの進学意欲も高まる、そんな活動をめざしています。

福岡県

公益財団法人 福岡YWCA

https://fukuoka-ywca.jimdo.com/

外国につながる小中学生に日本語支援・宿題支援をしています。先輩の高校生ボランティアによる進路相談会、不就学や学齢超過生を教育の場につなげる支援もしています。

NPO法人 ともに生きる街ふくおかの会

https://tomoiki-fukuoka.blogspot.com/

福岡市を中心に、多言語（日・中・韓・英・フィリピノ）で多文化の子どもの就学・進路相談会を開催しています。それ以外にも相談は随時受付し、情報提供を行います。

佐賀県

佐賀県日本語学習支援"カスタネット"～ Citizens from Abroad to Saga, Teaching Assistant NETworks ～ CASTANETs for Kids

https://castanetnihongo.jimdofree.com/

県内に住む外国籍住民を支援しています。その中の"Kids"は、行政と連携して県下JSL児童生徒の日本語サポート体制作り、日本語指導者研修会、交流会等を行っています。

長崎県

みんなで暮（く）らす凸凹（でこぼこ）ひろば

https://decobocohiroba.jimdofree.com

長崎県で、就学支援や日本語学習支援を行っています。また地域の他団体への紹介も行っています。「やさしい日本語」の勉強会も開催しています。

熊本県

NPO法人 外国から来た子ども支援ネットくまもと

https://shiennetkumamoto.jimdofree.com/

県内在住の外国につながる子どもたちに、小中学校への日本語指導員派遣、進路ガイダンス、居場所作り、学習支援、人権講演活動などに取り組んでいます。

一般財団法人 熊本市国際交流振興事業団

http://www.kumamoto-if.or.jp/

熊本市国際交流会館を拠点に、外国につながる子どもに日本語や学校の勉強をサポートしています。進路ガイダンスの開催、在留資格、法律などの相談も18言語で対応します。

多文化教育・福祉プロジェクト（大分人権教育ワークショップ研究会）

http://esdwsoita.exblog.jp/

大分で進路ガイダンスや多文化中高生交流会の開催をはじめ、学校での進路相談もお手伝いしています。日本語、学習支援、福祉、人権など様々な相談に対応します。

多文化に生きるこどもネットワーク大分

https://kodomonet-oita.blogspot.com/

県内で「多文化に生きるこどもたち」のより良い育ちを応援したいと思う個人や団体で、「つどう・ふかめる・つながる」を柱に定期的にネットワーク会を開催しています。

みやざき外国人サポートセンター

https://support.mif.or.jp/

行政・生活全般の情報提供や相談対応を多言語（日本語を含む20言語）で行っています。お気軽に御相談ください。教育に関しては、教育委員会等の適切な機関につなぎます。

沖縄県子ども日本語教育研究会（略称：JSLOネット）

https://jslonet.jimdofree.com

県内で子どもの日本語支援にかかわる「人」をつなげ、「情報」をつなげ、「実践」をつなげる場として、年に3回程度、勉強会や研修会を行っています。

[松本一子、小林芽里、小島祥美]

執筆者紹介（掲載順、所属は2022年1月現在）

小島祥美（こじま・よしみ）［編著者］

＊編著者紹介を参照。

小貫大輔（おぬき・だいすけ）

東海大学国際学科教授。ブラジルのコミュニティ活動でのボランティア体験をベースに、エイズや自然分娩・母乳育児に関する国際協力に従事。2006年に帰国して現職。ブラジル政府と協力して「在日ブラジル人教育者向けオンライン教員養成講座」を開講。その後もブラジル学校への支援を続ける。

齋藤ひろみ（さいとう・ひろみ）

子どもの日本語教育の方法論、リテラシーの発達、外国人児童生徒等教育の担当教員の養成・研修に関する研究、実践に取り組む。子どもの日本語教育研究会発足、雑誌『言語教育実践 イマ×ココ』（ココ出版）発刊に携わる。

中島和子（なかじま・かずこ）

トロント大学名誉教授。バイリンガル・マルチリンガル子どもネット（BMCN）会長。主な著書に『言葉と教育』（海外子女教育振興財団、2020年）、『バイリンガル教育の方法』（アルク、2016年）、『言語マイノリティを支える教育』（訳著、慶應義塾大学出版会、2011年）、『カナダの継承語教育』（訳書、明石書店、2020年）など。

山崎一人（やまざき・かずと）

元大阪市立小学校校長。在任中、地域のNPO等とともに外国につながる子どもの支援教室を開設。現在大阪市で、外国からの編入児童生徒支援教室、プレクラスのコーディネーター、文部科学省外国人児童生徒等教育アドバイザーを務める。

松波良宏（まつなみ・よしひろ）

豊橋市立岩西小学校教諭。2010年度から2020年まで日本語教育適応学級担当教員として、来日したばかりの外国につながる子どもを中心に、小・中学生での初期の日本語や学校への適応指導支援を行う。

越智さや香（おち・さやか）

JICA日系社会青年ボランティアOV（派遣国：ブラジル）。2007年度愛知県プレスクール事業指導員。現在は知立市教育委員会早期適応教室指導員、NPO法人みらい代表理事を務める。

青木由香（あおき・ゆか）

JICA日系社会青年ボランティアOV。NPO法人アレッセ高岡理事長。富山県西部教育事務所外国人相談員。主な著書に『日本で生まれ育つ外国人の子どもの日本語力の盲点』（共著、ひつじ書房、2018年）など。

菊池寛子（きくち・ひろこ）

西尾市教育委員会学校教育課 日本語初期指導教室カラフル室長兼日本語教育指導アドバイザー。ポルトガル語翻訳に携わった書籍に『日本語能力試験対策　にほんごチャレンジ3級［ことばと漢字］』（アスク出版、2007年）、『ストーリーで覚える漢字300』（くろしお出版、2008年）、『ストーリーで覚える漢字Ⅱ301-500』（くろしお出版、2010年）がある。

森顕子（もり・あきこ）

認定NPO法人プラス・エデュケート理事長。愛知教育大学総合科学課程日本語教育コースを卒業後、教師経験を積み、愛知県豊明市で活動を開始。子どもへの日本語教育と教科教育が専門。

伊藤敦子（いとう・あつこ）

愛知県豊田市立西保見小学校教諭。1998年より国際学級担当として指導に携わり、各地でJSLカリキュラムによる教科指導について実践報告を行っている。国際教室では「分かる楽しい授業」をモットーに、教科指導に当たる。

市川昭彦（いちかわ・あきひこ）

群馬県大泉町立北小学校教諭。2022年度文部科学省外国人児童生徒等教育アドバイザー。「JSLカリキュラム」の開発。東京学芸大学JSL研修など日本語指導者養成研修の講師を務める。

櫻井千穂（さくらい・ちほ）

大阪大学大学院言語文化研究科講師。専門は年少者日本語教育、バイリンガリズム。主な著書に『外国にルーツをもつ子どものバイリンガル読書力』（大阪大学出版会、2018年）、『ことばで社会をつなぐ仕事』（共編著、凡人社、2019年）など。

藤川純子（ふじかわ・じゅんこ）

三重県四日市市立笹川小学校教諭。中学校で日本語指導を担当したのを機に、2000年にJICAボランティアとしてブラジルへ。帰国後、三重県国際交流財団外国人生活相談員を経て、2003年より再び日本の学校現場で勤務している。

田中宝紀（たなか・いき）

1979年東京都生まれ。フィリピンの子ども支援NGOを経て2010年より外国につながる子どもための専門家による教育支援事業『YSCグローバル・スクール』を運営するほか、日本語を母語としない若者の自立就労支援に取り組む。

若林秀樹（わかばやし・ひでき）

宇都宮大学国際学部客員准教授、公立中学教員経験を基に外国につながる子ども支援情報をメディア発信、散在化対策や学校業務デジタル化を目的に多言語翻訳技術の活用を研究、日本初の多言語翻訳連絡帳システムを開発。

松岡洋子（まつおか・ようこ）

岩手大学国際教育センター教授。いわて多文化子どもの学習支援連絡協議会事務局担当。散在地域の外国につながる子どもの支援の仕組みづくり、啓発活動に関わり、多文化キッズキャンプ、外国人児童生徒等指導者研修会等の企画、運営を行う。

大谷千晴（おおたに・ちはる）

平塚市立中学校教諭（英語科）。横内プロジェクト（海外につながる子どもの学習支援）、平塚パトロール（野宿者支援）、平塚レインボー（LGBTQの子どもとその親の会）にてボランティア活動。『まんが　クラスメイトは外国人』（明石書店、2009年）シリーズの原作者集団の１人。

高橋清樹（たかはし・せいじゅ）

元神奈川県立高校教員。現在は、認定NPO法人多文化共生教育ネットワークかながわの事務局長、神奈川県央地域若者サポートステーションの総括コーディネーター、文部科学省外国人児童生徒等教育アドバイザー。

金光敏（キム・クァンミン）

大阪市生まれ、在日コリアン３世。大阪市立大学大学院修了。常磐会短期大学非常勤講師。主な著書に『大阪ミナミの子どもたち』（彩流社、2019年）ほか。

笹山悦子（ささやまえつこ）

1958年生まれ。愛知県立高校国語科教諭。10年前に転勤した先の夜間定時制高校での外国につながる生徒への日本語指導をきっかけに、日本語教師の資格を取り現在に至る。

海老原周子（えびはら・しゅうこ）

一般社団法人kuriya代表理事。認定NPO法人カタリバ・パートナー。外国ルーツの高校生を対象にキャリア教育を行うと同時に、文部科学省外国人児童生徒等教育アドバイザー、東京都教育委員会スーパバイザーを務める。

角田仁（つのだ・ひとし）

東京都立高校教員。現在、都立一橋高等学校に勤務。外国につながる高校生と出会い、多文化共生教育に取り組む。日本語を母語としない親子のための高校進学ガイダンスや外国につながる高校生の進路ガイダンスに参加。

松本一子（まつもと・かずこ）

名古屋柳城女子大学准教授。NPO法人「子どもの国」理事。専門は外国人児童生徒教育。主な著書に『外国人児童生徒と共に学ぶ学校づくり』（ナカニシヤ出版、1996年）。2016年からは特に、愛知県の就学前の子ども支援・子育て支援事業に関わっている。

早瀬郁子（はやせ・いくこ）

福岡大学日本語講師、日本語教育学博士。専門はJSL児童生徒教育、ICT教育。佐賀県日本語学習支援"カスタネット"forキッズで「佐賀子ども日本語指導者研修会」を主催し、学校現場の日本語指導にも携わっている。

田所希衣子（たどころ・きいこ）

1989年「国際都市仙台を支える市民の会」の日本語教室の日本語ボランティア。2000年「乳幼児を連れた学習者etc.に開かれた日本語教室を考える会」の事務局を担当。2005年「外国人の子ども・サポートの会」の代表を務める。

各務眞弓（かかむ・まゆみ）

（特活）可児市国際交流協会理事・事務局長。2000年に「うちなる国際化」を目指して発足した「可児市国際交流協会」の運営委員となる。2008年1月可児市国際交流協会NPO法人格取得と同時に理事となり、同年4月オープンした可児市多文化共生センターの事務局専任となる。2010年度より現職。（特活）可児市NPO協会理事、岐阜県多文化共生推進員、文化庁日本語教育施策推進アドバイザー。

坪内好子（つぼうち・よしこ）

元中学校教員。1996年からの14年間、大阪市「帰国した子どもの教育センター校」を担当し、日本語教材作成や多文化進路ガイダンス開催に力を注いだ。現在は、西淀川インターナショナルコミュニティー運営委員及びNPO法人おおさかこども多文化センター理事を務める。

岩谷美代子（いわたに・みよこ）

1986年に中国帰国児童生徒に出会って以来、熊本県の小中学校への日本語指導員派遣、居場所作り、進路ガイダンス、学習支援に取り組む。現在、NPO法人外国から来た子ども支援ネットくまもと副代表

伊東浄江（いとう・きよえ）

NPO法人トルシーダ代表。外国につながる子どもたちの居場所づくり、日本語初期指導教室、プレスクール等でコーディネーターを務める。またブラジル学校生徒への日本語支援、キャリア教育等にも取り組む。

川上貴美恵（かわかみ・きみえ）

愛知県出身、2005年〜2007年、JICA青年ボランティアとしてブラジル連邦にて活動。2008年より西尾市多文化子育て支援事業を担当、プレスクール開始。2014年より多文化ルームKIBOU兼務。

築樋博子（つきひ・ひろこ）

豊橋市教育委員会外国人児童生徒教育相談員。子どもたちに日本語指導を行うと共に外国人児童生徒教育に関する資料作成や支援体制整備に携わる。2019年度より文部科学省外国人児童生徒等教育アドバイザーを務める。

高橋徹（たかはし・とおる）

高校教員。1980年代中頃からから、ボランティアで移住外国人労働者の相談断活動を開始。NPO法人移住者と連帯する全国ネットワーク（運営委員、子ども若者担当）、認定NPO法人多文化共生教育ネットワークかながわ（理助長、教育相談担当）に携わる。

恩田由之（おんだ・よしゆき）

1959年生まれ。群馬大学大学院教育学研究科修了後、英語教員として主に太田市内の中学校で指導にあたる。太田市での「定住化に向けた外国人の教育特区」申請およびその後の運用での中心メンバー。太田市立南中学校校長、市教育委員会教育部副部長、教育研究所所長等を歴任し、2020年6月より太田市教育長に就任。座右の銘は、「只管」（ただひたすら取り組むこと）。

増山悦子（ますやま・えつこ）

1969年生まれ。青山学院大学文学部英米文学科卒業後、英語教員として、群馬県館林市、桐生市、太田市の中学校で指導にあたる。2018年度より太田市教育委員会学校教育課指導主事として、現在の「ブロック別集中校システム」を統括。座右の銘は、「Ask, you will be given」（求めよ、そうすれば与えられるだろう）、趣味は料理、水泳、ダンス。

西山直希（にしやま・なおき）

1998年より中学校教諭。18年の教員生活を経て、2015年より松阪市教育委員会事務局の指導主事に。主に人権教育及び外国人児童生徒の就学に関する業務を担当。

志岐良子（しき・よしこ）

NPO法人神戸定住外国人支援センター（KFC）で2005年より外国につながる子どもの学習支援を担当。2007年より定住外国人子ども奨学金実行委員会の事務局も担当。

大倉安央（おおくら・やすお）

大阪府立高校講師。1996年、中国帰国生徒を受け入れたことから、渡日生教育にかかわる。その後、特別枠入試の実現や母語教育の推進に力を注ぐ。

金箱亜希（かねばこ・あき）

フリー通訳として活動後、2014年から愛知県尾張教育事務所外国人児童生徒スペイン語相談員として勤務。現在は、愛知県立大学大学院人間発達学研究科博士前期課程に在籍し、子ども対象の継承スペイン語教室を開催している。

編著者紹介

小島祥美（こじま・よしみ）

東京外国語大学 多言語多文化共生センター長（准教授）。博士（人間科学）。

小学校教員、NGO職員を経て、一地方自治体（岐阜県可児市）の全外国籍の子ども
の就学実態を日本で初めて明らかにした研究成果により、同市教育委員会の初代外
国人児童生徒コーディネーターに抜擢されて不就学ゼロを実現。

大学生と地域の連携を推進する教育センター（コミュニティ・コラボレーションセ
ンター）開設に伴って愛知淑徳大学に着任し、愛知淑徳大学教授を経て、2020年9
月に東京外国語大学に着任、2021年4月より現職。文部科学省「外国人学校の各種
学校設置・準学校法人設立の認可等に関する調査委員会」「夜間中学設置推進・充実
協議会」委員をはじめ、全国各地の自治体の外国につながる子どもの教育にかかわ
る委員を歴任。現在は文部科学省外国人児童生徒等教育アドバイザーの一人。

主な著書に、『外国人の就学と不就学——社会で「見えない」子どもたち』（単著、
大阪大学出版会、2016年）、『外国人の子ども白書』（共編著、明石書店、2018年）
などがある。

Q&Aでわかる外国につながる子どもの就学支援

「できること」から始める実践ガイド

2021 年 3 月 1 日 初版第 1 刷発行
2022 年 2 月 1 日 初版第 2 刷発行

編著者	小 島 祥 美
発行者	大 江 道 雅
発行所	株式会社 明石書店

〒101-0021 東京都千代田区外神田 6-9-5
電 話 03 (5818) 1171
FAX 03 (5818) 1174
振 替 00100-7-24505
http://www.akashi.co.jp

装幀	清水肇(プリグラフィックス)
編集／組版	有限会社 閏月社
印刷／製本	モリモト印刷株式会社

(定価はカバーに表示してあります)　　　　　　ISBN978-4-7503-5153-7

芝園団地に住んでいます

住民の半分が外国人になったとき何が起きるか

大島隆 著

■四六判／並製／240頁 ◎1600円

2016年の米大統領選挙で排外主義の台頭を目の当たりにした著者は、取材から帰国した後、住民の半数が外国人の芝園団地（埼玉県川口市）に移り住む。日本人住民の間に芽生える「もやもや感」と、見えない壁を乗り越えようとする人々を描いたノンフィクション。

にほんで、いきる

外国からきた子どもたち

毎日新聞取材班 編

■四六判／並製／272頁 ◎1600円

外国人労働者の受け入れ拡大のなか、就学状況が不明な子どもが少なくとも1万6000人いることが判明した。文部科学省による全国調査の実施など、行政を動かす原動力にもなった連載の待望の書籍化。新聞労連ジャーナリズム大賞優秀賞、新聞協会賞受賞。

〈価格は本体価格です〉

外国人の子ども白書【第2版】
権利・貧困・教育・文化・国籍と共生の視点から

荒牧重人、榎井縁、江原裕美、小島祥美、志水宏吉、南野奈津子、宮島喬、山野良一 編

■A5判／並製／320頁 ◎2500円

現代日本における「外国につながる子ども」の現状と支援の課題が一冊でわかる画期的な入門書。第2版では、パンデミックが外国人の子どもの生活に及ぼした影響、入管政策の変化などに対応し、索引の付加、新節の追加、資料や数値データのアップデートを行った。

いっしょに考える外国人支援
関わり・つながり・協働する

南野奈津子 編著

■A5判／並製／240頁 ◎2400円

日本で暮らす外国人は、どのような生活困難を抱えているのか。本書では、その問題が起きる構造、行われている支援の実際、今後の課題と展望を、法律・医療・教育・労働・福祉・難民支援の各領域から明らかにする。外国人支援に関わる専門職必携の一冊。

〈価格は本体価格です〉